"十二五"国家重点图书出版规划项目

中国特色社会主义法治理论研究丛书

蒋传光　主编

马克思主义法律思想中国化发展史

（1921—2012）

MAKESI ZHUYI FALÜ SIXIANG

ZHONGGUOHUA FAZHANSHI

张　波　著

人民出版社

总　序

蒋　传　光

　　全面依法治国,建设社会主义法治国家,应着重从中国的内部寻找变革的动力。这种动力就是中国改革开放和法治国家建设实践中所面临的各种问题。我国一位经济学家曾这样说过,中国的问题就是最前沿的经济学问题,并不是只有美国著名大学里的经济学家研究的问题才是前沿的问题。这句话对当下我国的法学研究和法治国家实践创新也具有启发意义。在中国特色社会主义法治道路探索过程中面临的问题,就是当下法学研究最前沿的问题,并非只有国外学者研究的问题才是最前沿的问题。当今,我国面对世界百年未有之大变局,错综复杂的国际形势和发展、改革、稳定的艰巨繁重任务,正处于经济、政治和社会发展的转型时期。随着改革的深化、开放的扩大和社会主义市场经济的发展,在经济、政治、文化、社会关系和社会利益,以及司法实践等方面存在一系列难点和热点问题,对法学研究和法治国家建设来说,必须要关注这些问题,研究这些问题,然后进行理论概括和总结,实现法治理论体系的创新。一方面丰富中国特色社会主义法治理论体系,另一方面为解决这些问题提供理论支持、学理支撑。加强对中国特色社会主义法治理论体系问题的研究,就是当下中国法治国家建设和法学研究中要面对的问题,要认真研究的最新和最前沿问题。

中国特色社会主义法治理论体系，是和马克思主义法治理论中国化紧密结合在一起的，是伴随着马克思主义法治理论的中国化，总结社会主义法治国家建设的理论和实践而形成的。没有马克思主义法治理论的中国化，没有中华人民共和国成立以来法治建设实践的探索，就没有中国特色社会主义法治理论体系的产生。

在中共十一届三中全会以来改革开放的历史进程中，中国共产党坚持马克思主义的思想路线，不断探索和回答什么是社会主义、怎样建设社会主义，建设什么样的党、怎样建设党，实现什么样的发展、怎样发展，坚持和发展什么样的中国特色社会主义、怎样坚持和发展中国特色社会主义等重大理论和实践问题，不断推进马克思主义中国化，坚持并丰富党的基本理论、基本路线、基本方略。马克思主义基本原理不断与中国国情和实践相结合的过程就是马克思主义中国化的过程。

马克思主义中国化是马克思主义与中国国情、中国实践、中国文化的三大对接。从内容上讲，就是运用马克思主义的立场、观点和方法，研究和解决中国的实际问题，丰富和发展马克思主义的理论宝库；从形式上讲，就是运用中国人民喜闻乐见的民族语言来阐述马克思主义理论，揭示中国革命、建设和改革的本质规律，使之成为具有中国风格和中国气派的马克思主义。中国共产党在漫长的征途中，坚持把马克思主义基本原理与时代特征和中国国情相结合，实现了马克思主义的中国化，产生了其理论成果——毛泽东思想、邓小平理论、"三个代表"重要思想、科学发展观、习近平新时代中国特色社会主义思想。这些理论成果既体现了马克思列宁主义的基本原理，又包含了中华民族的优秀思想和中国共产党人的实践经验，是中国化的马克思主义。

　　马克思主义法治理论的中国化是中国特色社会主义法治理论体系形成的理论前提。在马克思主义理论体系中,包含着丰富的法治理论。伴随着马克思主义中国化的过程,马克思主义法治理论在指导当代中国法治建设实践的过程中,也实现了中国化。其理论成果构成了中国化的马克思主义的有机组成部分,具体表现为中国特色社会主义法治理论体系。毛泽东思想中的法治思想、邓小平法治思想、"三个代表"重要思想中的法治思想、科学发展观中的法治思想、习近平法治思想,这些理论成果,推动了马克思主义法治理论的创新,开辟了马克思主义法治理论中国化进程的新境界,是当代中国化的马克思主义法治理论,是中国特色社会主义法治理论体系的核心内容。

　　中国特色社会主义法治理论体系来源于对中国特色社会主义法治道路探索的实践。1949 年 10 月 1 日,中华人民共和国成立,废除以《六法全书》为基础的旧法统,法治国家建设进入一个新的历史时代。新中国成立以来,既有为创立、开拓和发展社会主义法治而进行的卓有成效的工作,也有一系列失误和"文化大革命"的灾难性破坏;随着时代的演进,经过不断探索和艰苦努力,我国法治国家建设积累了丰富的实践经验,但也留下了深刻的教训。新中国成立以来法治国家建设的曲折发展历程,构成了中国特色社会主义法治理论体系形成的实践基础。

　　在对上述中国特色社会主义法治理论体系形成的理论前提和实践基础进行分析、阐释、概括和总结基础上,《中国特色社会主义法治理论研究丛书》将包括以下方面的研究内容。

　　中国特色社会主义法治理论体系的思想渊源研究。如马克思主义法治理论的基本原理、列宁的社会主义法治理论、毛泽东思想中的法治思想等,对中国特色社会主义法治理论做出了什么样的理论贡献,起到了什么样的理论推动作用;中国优秀传统法律文化、西方资本主义法治理论、苏联社会主义法治理论对中国特色社会主义法治理论产生了什么样的影响。

马克思主义法治理论中国化的历程研究。着重梳理和阐释中共十一届三中全会以来,邓小平法治思想、"三个代表"重要思想中的法治思想、科学发展观中的法治思想、习近平法治思想,对全面依法治国理论的丰富和完善等;对这些中国特色社会主义法治理论的核心内容产生的时代背景、发展过程、理论特点等,进行概括和总结。

中国特色社会主义法治理论体系形成的路径研究。系统地阐释马克思主义法治理论中国化路径的内容,历时性地探讨从马克思主义法治理论到中国化的马克思主义法治理论之间的路径形成和演变过程,深入总结马克思主义法治理论中国化路径的经验启示,概括马克思主义法治理论中国化的路径理论。

中国特色社会主义法治实践研究。对中华人民共和国成立后,尤其是中共十一届三中全会以来,中国依法治国的理论和实践取得的巨大成就进行总结。对中共十八大以来,党中央明确提出全面依法治国,并将其纳入"四个全面"战略布局予以有力推进,从全局和战略高度对全面依法治国作出一系列重大决策部署,全面依法治国实践取得重大进展等进行总结和阐释。

西方法治文明与中国法治实践研究。对如何处理好学习、借鉴国外法治有益成果和法治经验与立足中国国情、传承中华优秀传统法律文化的关系,西方的法治理论中哪些值得我们学习和借鉴、如何学习和借鉴,结合中国的法治实践进行解读。

中国特色社会主义法治理论体系的基本内容和形成标志。主要研究中国特色社会主义法治理论体系由哪些理论元素构成、形成标志是什么、在什么时候形成等问题,在上述研究的基础上,主要研究中国特色社会主义法治理论的内容,概括和总结其理论体系。

我们要重视马克思主义法治理论的研究,也要重视对马克思主义法治理论中国化成果的研究。中国特色社会主义法治理论体系,作为马克思主义法治理论中国化的理论成果,是在中国法治建设的实践中形成的,同时也包含着广大法学理论工作者的思想智慧。因而,对在中国法治建设实践中形成,并对中国法治国家建设进程产生重要影响的中国特色社会主义法治理论进行研究,是有学术价值的,从事法学理论研究的学者不仅不应回避,还应积极地从建设性的角度进行研究,为完善相关理论提供思想智慧。《中国特色社会主义法治理论研究丛书》就是秉承这一指导思想的研究成果。

本丛书研究中国特色社会主义法治理论体系这一主题,具有理论和实践的双重意义。

从理论意义上来说,第一,中国特色社会主义法治理论体系不是凭空形成的,而是以丰富、深厚的思想理论为基础的。其中,马克思主义法治理论、列宁的社会主义法治理论提供了理论指导;毛泽东思想中的法治思想、邓小平法治思想、"三个代表"重要思想中的法治思想、科学发展观中的法治思想、习近平法治思想,为其奠定了思想理论基础;中华优秀传统法律文化,为其积累了重要的思想文化资源;西方资本主义法治理论和苏联的社会主义法治理论,为其提供了可资利用的学术资源。本丛书尝试通过对这几类思想理论的梳理与分析,揭示中国特色社会主义法治理论体系的知识谱系和历史脉络,有助于深入把握中国特色社会主义法治理论体系的思想内涵。

第二,改革开放以来,中国共产党坚持把马克思主义法治理论与社会主义法治建设实践结合起来,在不断推进中国特色社会主义法治建设伟大事业的基础上,提出一系列具有鲜明中国特色的社会主义法律思想、法治理论,为中国特色社会主义法治理论体系的形成奠定了丰富的思想理论基础。本丛书对中国特色社会主义法治理论发展过程的分析,有助于深入把握中国特色社会主义法治理论体系的形成规律。

第三,有助于全面、系统地把握中国特色社会主义法治理论体系的框架和基本观点。本丛书在对中国特色社会主义法治理论体系产生的历史背景进行分析的基础上,从不同角度,对中国特色社会主义法治理论体系基本内容进行全面的阐述,总结中国特色社会主义法治理论体系基本特征,从而使人们对中国特色社会主义法治理论体系有一个全面系统的了解。

第四,有助于了解中国特色社会主义法治理论体系在对马克思主义法治理论继承的同时,在哪些方面作出了新的理论贡献。中华人民共和国成立后,特别是中共十一届三中全会以来,中国共产党人立足于中国所面临的国际和国内形势,总结国际共产主义运动的经验教训,从建设中国特色社会主义法治国家的实践出发,对社会主义法治国家建设,作出了一系列的论述和阐释,从理论与实践的结合上回答了人们普遍关心、但又容易出现偏差的法治国家建设上的许多重大认识问题,丰富和发展了马克思主义法治理论的内容,在许多方面对马克思主义法治理论作出了原创性的新的理论贡献。

第五,有助于了解中国特色社会主义法治理论体系的历史地位。中国特色社会主义法治理论体系是中国化的马克思主义的重要组成部分。当代中国化的马克思主义理论不仅包括经济、政治、文化、社会、生态文明、国家安全、国防军队、"一国两制"和祖国统一、外交、党的建设等内容丰富的理论,也包括发扬社会主义民主,健全社会主义法制,全面依法治国,建设中国特色社会主义法治体系,建设社会主义法治国家,建设社会主义政治文明等内容丰富的法治理论。中国特色社会主义法治理论体系是马克思主义法治理论发展的一个新阶段。马克思主义的伟大力量,就在于它是同各个国家的具体实践相联系的;对于中国共产党人来说,在中国建设社会主义,就是要学会把马克思主义理论应用于中国的具体环境,必须立足中国国情,按照中国的特点去运用马克思主义。在中国全面依法治国、建设社会主义法治国家,也必须走自己的路,从中国的实际出发,建设有中国特色的社会主义法治国家。在坚持以马克思主义理论为指导的前提下,中国特色社会主义法治理论体系结合中国的国情和社会主义法治建设的实践,不仅为中国特色社会主义法治国家构建了框架、轮廓,勾画了清晰的蓝图,而且也指明了我国法治国家建设的未来走向,从而把马克思主义的法治理论发展到一个新阶段。

从实践意义上来说,依法治国,建设中国特色社会主义法治体系、建设社会主义法治国家,已成为我国全面依法治国的总目标和治国基本方略。如何建设社会主义法治国家,中国的法治之路如何走,为什么实行全面依法治国、怎样实行全面依法治国,无论在理论和实践上都有许多值得探讨的问题,但最根本的一条就是运用中国特色社会主义法治理论,走中国特色社会主义法治道路。

中国特色社会主义法治理论体系的精髓是解放思想、实事求是。解放思想、实事求是,其实质是敢于打破一切僵化思想的束缚,不把书本当教条,不照搬外国模式;其着眼点是立足中国国情,从中国的现实和当代世界发展的特点出发,敢于和善于走自己的路,强调有中国特色。全面依法治国,建设中国特色社会主义法治体系、建设社会主义法治国家,也应运用中国特色社会主义法治理论,坚持解放思想、实事求是,从中国国情出发,在学习、借鉴国外法治有益成果的同时,立足中国实际,进行创造性的建构,建设中国特色社会主义法治国家。

《中国特色社会主义法治理论研究丛书》经人民出版社申报,被列为"十二五"国家重点图书出版规划项目,在此,对人民出版社表达诚挚的谢意。

2020 年 12 月 5 日于上海

目 录
CONTENTS >>>>>>>>>

绪　　论

　　马克思主义法律思想中国化作为马克思主义中国化的重要组成部分、作为法学领域的马克思主义系统地中国化现象,历史已很久远。从1921年中国共产党成立之初所提出的革命纲领及其法律政治主张来看,马克思主义法律思想中国化历经新民主主义革命、社会主义革命和建设、改革开放和社会主义现代化建设等不同历史时期,生成了丰富的马克思主义法律思想中国化理论成果。对马克思主义法律思想中国化历史进行梳理,从学理上探究马克思主义法律思想中国化演进历程的起点、分期,概括出演进历程中的特点,总结出历程的演进规律、经验和启示,不仅对于推动学界进行马克思主义法律思想中国化的系统理论研究具有参考价值,而且对于推动马克思主义中国化发展史的研究也有一定的帮助。

　　马克思主义法律思想中国化既是一个理论的创新过程也是一个实践的演进过程。马克思主义法律思想中国化历史研究的实践意义有二:一是从实践的视域出发关注马克思主义法律思想中国化现象,从中国具体实践的需要出发,看待马克思主义法律思想及其中国化问题,探讨马克思主义法律思想及其中国化成果如何指导实践,以及如何在革命、建设和改革的实践进程中不断地完成自己的创新历程。二是分析马克思主义法律思想中国化的法治实践成就与经验教训,总结马克思主义法律思想中国化历程中的"得"

与"失"。马克思主义法律思想中国化进程主要是中国共产党推动的，是中国共产党领导人民通过将马克思主义经典作家的法律思想与中国的革命、建设、改革具体实践不断地相结合的过程中完成的。研究马克思主义法律思想中国化的历史，一方面可以更好地总结中国共产党在社会主义法治建设方面所取得的法治实践成就，坚定走中国特色社会主义法治道路的信心、坚定中国特色社会主义法治理论的理论自信；另一方面也可以总结各种经验教训，探讨中国共产党作为执政党在社会主义法治国家建设中的根本保证作用的发挥，坚持党对全面依法治国的领导、坚持以人民为中心、坚持走中国特色社会主义法治道路。

据笔者梳理，截至 2012 年，国内关于马克思主义法律思想中国化的研究，主要集中在以下几个方面：

第一，从宏观上提出了马克思主义法律思想中国化命题的研究论纲，以期为马克思主义法律思想中国化的进一步研究提供学术研究的方向，夯实马克思主义法律思想中国化基础理论研究的基石。[1] 第二，从讲法治和讲政治、民族性和时代性、理想性和现实性等多个层面分析和总结马克思主义法律思想中国化的经验和启示。[2] 第三，从人与法关系的视角分析马克思主义法律思想中国化的演进轨迹，分析马克思主义法律思想中国化的新变化。[3] 第四，将中国特色社会主义法律体系的构建放在马克思主义法律思想中国化的历史进程中进行研究，揭示中国特色社会主义法律体系的形成过程。[4] 第五，从马克思主义中国化的视角、马克思主义哲学中国化的视角、历史与逻辑相一致的视角、理论与实践相一致的视角等多角度探析马克

---

[1]　参见付子堂：《马克思主义法律思想中国化研究论纲——写在〈现代法学〉首任主编黎国智教授 80 寿辰之际》，《现代法学》2007 年第 5 期；蒋传光：《马克思主义法律思想的中国化及其在当代中国的新发展》，载《上海师范大学学报》（哲学社会科学版）2007 年第 4 期。

[2]　参见付子堂：《马克思主义法律思想中国化的三条经验》，载《人民日报》2008 年 7 月 23 日。

[3]　参见朱景文：《法理学》，中国人民大学出版社 2008 年版，第 602 页。

[4]　参见李婧、田克勤：《马克思主义法律思想中国化的历史进程及其经验启示——基于中国特色法律体系构建的视角》，载《马克思主义研究》2009 年第 9 期。

思主义法律思想中国化路径的内涵、形成根据和经验启示。①

　　此外,还有一些学者将法学领域的马克思主义中国化现象用马克思主义法学中国化、马克思主义法学理论中国化、马克思主义法律原理中国化等命题来概括,并以此为视角开展中国化的马克思主义法学理论成果研究。比如,公丕祥在《马克思主义法学中国化进程概览》一文中,梳理了马克思主义法学中国化的基本历程,认为在马克思主义法学中国化进程中,毛泽东法律思想是马克思主义法学中国化进程的第一个重大理论成果,邓小平的法律思想则是马克思主义法学中国化进程的第二个重大理论成果。江泽民提出依法治国、建设社会主义法治国家的战略思想,指明了当代中国法制建设的历史性任务,推动了当代中国马克思主义法理学的新发展。中共十六大以来,以胡锦涛同志为总书记的党中央在领导人民全面建设小康社会的伟大实践中,提出并系统阐述了树立科学发展观、坚持依法执政和构建社会主义和谐社会等一系列重大战略思想,推动了新世纪新阶段马克思主义法学的理论创新,开辟了马克思主义法学中国化进程的新境界。② 周世中以马克思主义法理学中国化的进程为研究对象,将马克思主义法理学的中国化进程划分为六个阶段:陈独秀、李大钊与马克思主义法理学在中国的初步传播阶段,李达与马克思主义法理学在中国的进一步传播阶段,毛泽东与马克思主义法理学的中国化阶段,董必武与马克思主义法理学在新中国成立初期的发展阶段,马克思主义法理学在中国曲折发展的阶段,当代中国的马克思主义法理学,或曰马克思主义法理学中国化的新阶段。③

　　就国内理论法学界的研究成果而言,可以概括为两个方面:一个是法学领域的马克思主义中国化研究的学者们已经形成了"中国化"问题的共识;

---

　　①　参见张波:《马克思主义法律思想中国化路径研究》,人民出版社 2011 年版,第 9 页。

　　②　参见公丕祥:《马克思主义法学中国化进程概览》,载《法制现代化研究》2007 年第 11 卷。

　　③　参见周世中:《马克思主义法理学的中国化及其进程》,载《山东社会科学》2006 年第 10 期。

另一个是在马克思主义法律思想中国化的命题、路径、经验等基础理论研究方面取得了诸多学术研究成果。

就国外的研究情况而言，国外有学者以毛泽东思想、邓小平理论等中国化的马克思主义理论成果为研究对象，并形成一些有影响力的研究成果。但对马克思主义法律思想中国化而言，由于马克思主义法律思想中国化是中国特有的带有强烈时代性的课题，国外学者鲜有专门性的研究。

综上，笔者认为：第一，伴随着马克思主义中国化问题研究的深入，理论法学界对法学领域的马克思主义中国化问题的研究会越来越重视。第二，基于马克思主义法律思想中国化的基础理论研究的不足，学界会越来越重视马克思主义法律思想中国化的基础理论问题的研究。第三，马克思主义法律思想中国化发展史作为马克思主义法律思想中国化的基础理论问题研究中一个重要内容，需要理论法学界给予高度关注，需要理论法学界对此问题进行系统性的和专门性的研究。

本书研究的主要问题有两个方面：

第一，探讨以何种标准确立马克思主义法律思想中国化历程的起点，分析马克思主义法律思想中国化的历史阶段和分期。在马克思主义中国化发展史中，马克思主义中国化的历史起点的确立一直是一个有争议的话题，有学者认为应以中国共产党成立为起点，有学者认为应该以中共二大为起点，有学者认为应该以 1938 年毛泽东提出马克思主义中国化命题为起点，等等。而就马克思主义法律思想中国化的起点研究而言，学界鲜有学者对此进行过研究，就起点研究而言，是以中国共产党的成立为起点还是以某个法律历史事件为起点或某个具体的法学理论成果为起点，这都需要进行大量的史料分析、选择科学的标准并进行科学的论证才行。同样，如同马克思主义中国化的阶段和分期一样，马克思主义法律思想中国化发展历程也应有自己的阶段与分期，这个阶段和历史分期是什么？应当如何确定？依据是什么？等等，这些问题基本上没有学者进行过系统的研究以及给出令人信服的科学结论。因此，探讨马克思主义法律思想中国化的起点、阶段和分期是本书研究的第一个主要问题,当然也是本书研究中的一个难点问题。

第二,尝试从多元视角理解马克思主义法律思想中国化的历程,总结马克思主义法律思想中国化历程的演进特征、演进规律以及马克思主义法律思想中国化演进历程中的经验和启示。这同时也是本书在研究过程中拟突破的重点。在马克思主义法律思想中国化的路径、起点和分期的研究基础之上,本书将从哲学革命与法学革命的互动中进一步研究马克思主义法律思想中国化的演进特征。

本书的创新点主要有以下四个方面:

第一,提出马克思主义法律思想中国化的起点。在现有的马克思主义法律思想中国化的研究成果中,尚无学者对马克思主义法律思想中国化的起点问题进行过系统性的研究。本书对马克思主义法律思想中国化的起点进行了系统性研究,并认为中共二大是马克思主义法律思想中国化的起点。

第二,梳理演进历程的三个分期。结合中国革命、建设和改革开放的历史,可以将马克思主义法律思想中国化发展历程分为三个历史分期,即新民主主义革命时期的马克思主义法律思想中国化、社会主义革命和建设时期的马克思主义法律思想中国化、改革开放和社会主义现代化建设时期的马克思主义法律思想中国化。同时,结合每个历史时期的马克思主义法律思想中国化时代主题的变化,概括出马克思主义法律思想中国化的内容差异和自身特征,系统地展现马克思主义法律思想中国化的历程。

第三,归纳演进历程中的两大理论成果。马克思主义法律思想中国化既是一种实践演进历程,也是一种理论演进历程。实践演进历程表现为中国共产党运用马克思主义法律思想指导中国的法律革命、法制建设、法治建设等实践活动,以及由此而形成的废法、立法、执法、司法等法律革命和法制建设成就,特别是社会主义法治国家建设的巨大成就。理论研究过程体现为马克思主义法律思想中国化的理论创新过程。马克思主义法律思想中国化产生了两大理论成果,毛泽东思想法学理论是中国共产党领导人民将马克思主义法律思想运用到中国的新民主主义革命、社会主义革命和社会主义建设的实践活动中而形成的中国化的马克思主义法律思想成果。中国特色社会主义法治理论是中国共产党在运用马克思主义法律思想、毛泽东思想法学理论指导中国特色社会主义建设、改革开放和社会主义现代化建设的实践活动而形成的中国化的马克思主义法学理论成果。从马克思主义法律思想中国化的演进历程来看，毛泽东思想法学理论是马克思主义法律思想中国化的第一个理论成果，中国特色社会主义法治理论是马克思主义法律思想中国化的第二个理论成果。两大理论成果之间是一脉相承的关系，但后者是在继承基础之上对前者的超越，这种超越表现在时代任务上的超越、治国基本方略认识上的超越和中国共产党执政观念上的超越三个方面。

第四，揭示演进历程的重要特征。马克思主义法律思想中国化是一个哲学革命和法学革命的互动历程。自马克思始，马克思完成自己的法律思想革命就是通过哲学革命的方式来实现的，马克思的丰富法律思想都镶嵌在马克思的唯物史观之中，并通过哲学变革完成了自己法律思想的自我革命。在这个互动过程中，哲学革命会影响法学革命，哲学思维会影响法学思维。正确的哲学判断会推动马克思主义法律思想中国化进程，生成丰富的马克思主义法律思想中国化理论成果，错误的哲学认识也会阻碍马克思主义法律思想中国化进程，致使马克思主义法律思想中国化发生停滞现象。哲学革命和法学革命的互动是马克思主义法律思想中国化演进历程的重要特征之一。

第 一 章

马克思主义法律思想中国化的起点

一、马克思主义中国化起点研究评析

（一）马克思主义中国化起点研究概况

学界关于马克思主义中国化的起点问题研究，概括起来，大致有以下七种不同的观点。

第一种观点是"中共成立说"。这种观点的主要根据是毛泽东的一个论断。1941 年 5 月，毛泽东在《改造我们的学习》一文中指出："中国共产党的二十年，就是马克思列宁主义的普遍真理和中国革命的具体实践日益结合的二十年。"①1941 年 8 月，艾思奇撰文表达了同样的观点。他说，"自从中国共产党的成立，就可以说是马克思主义与中国实际相结合的开始"②。这种观点也是学术界的主流观点，为众多学者所认同。龚育之说："从中国共产党成立起，实际上就开始了把马克思主义同中国革命实践相统一即马

---

① 《毛泽东选集》第三卷，人民出版社 1991 年版，第 795 页。
② 《艾思奇文集》第一卷，人民出版社 1981 年版，第 552 页。

克思主义中国化的进程。"①石仲泉认为，"中国共产党从建党伊始就致力于马克思主义中国化，即马克思主义与中国实际相结合"②，"马克思主义中国化的历史进程，与中国共产党的历史进程，从总体上说是同质的"③。程明欣认为，"中国共产党的孕育和创立，是马克思主义被初步运用于指导中国革命实践的标志性事件，是马克思主义中国化的'起点'和开端"④。梅荣政则持折衷性观点，他说："马克思主义中国化的历史进程同这一理论反映有一个时间差。自从中国共产党的成立，就可以说是马克思主义与中国革命实践相结合的开始，即马克思主义中国化的开始，而关于马克思主义中国化的理论研究则发端于延安时期。"⑤

第二种观点是"马克思主义传入说"。该观点认为，马克思主义中国化的起点应该从马克思主义传入中国时算起。主要代表学者有何一成、叶险明。何一成认为，马克思主义"作为一个实践过程，可以说马克思主义中国化从马克思传入中国时就开始了，尽管那时并不是真正自觉地'中国化'，而且理解和表述都不完全标准、科学"⑥。叶险明认为，马克思主义中国化的过程就是马克思主义在中国的传播和发展过程，因为"'马克思主义中国化'的逻辑规定来自于马克思主义与中国实际的关系"⑦。

第三种观点是"共产主义知识分子群体的形成说"。该观点认为，1920

---

① 龚育之：《关于马克思主义中国化和当代化问题答记者问》（上），载《学习时报》2005年4月4日。

② 石仲泉：《中国共产党与马克思主义中国化》，中国人民大学出版社2011年版，第27页。

③ 石仲泉：《马克思主义中国化的历史进程和基本经验研究》，载《马克思主义与现实》2010年第4期。

④ 程明欣：《马克思主义中国化"起点"与"第一人"问题再认识》，载《郑州大学学报》（哲学社会科学版）2011年第2期。

⑤ 梅荣政：《揭开马克思主义中国化研究的理论新篇》，载《武汉大学学报》（哲学社会科学版）2005年第1期。

⑥ 何一成：《马克思主义中国化专题研究》，湖南人民出版社2005年版，第2—3页。

⑦ 叶险明：《关于马克思主义中国化的历史和逻辑研究中的两个问题》，载《哲学研究》2001年第2期。

年前后共产主义知识分子群体的形成以及他们的主张,可以视为马克思主义中国化的起点。张远新等认为,中国早期共产主义知识分子群体一经形成,他们便以马克思主义为武器,向旧中国社会"实境"开火。虽没有"化"中国果实,但他们掀起了这一历史的伟大开端。① 张世飞认为,马克思主义中国化的起点大致在五四运动之后、中国共产党成立之前,其标志为李大钊在《再论问题与主义》和《社会主义与社会运动》中提出的两个著名论断。②

第四种观点是"中共二大说"。该观点认为,中共二大是马克思主义中国化的历史起点。"中共二大说"发端于张静如、齐卫平《论马克思主义在中国发展的引进阶段》一文。在这篇文章中,作者把马克思主义在中国的传播和发展分为两个阶段,即引进阶段(1918 年下半年—1922 年中共二大)、同中国实际相结合阶段。③ 王小拥认为,该文作者"虽然没有点明中共二大是马克思主义中国化的历史起点,但是他的观点和逻辑已经非常清楚。他所谓'引进阶段'的下限自然也就是'与中国实际相结合阶段'的上限,而所谓'与中国实际相结合阶段'的上限自然也就是马克思主义中国化的开始"④。但是,学界普遍认为马乙玉是"中共二大说"的明确提出者。马乙玉主张 1922 年在上海召开的中共二大是马克思主义中国化的起点,理由有

---

① 参见张远新、张正光:《马克思主义中国化逻辑起点新探》,载《马克思主义研究》2008 年第 6 期。

② 张世飞所说的李大钊的两个著名论断,一个是"一个社会主义者,为使他的主义在世界上发生一些影响,必须要研究怎么可以把他的理想尽量应用于环绕着他的实境。"(《李大钊文集》第 3 卷,人民出版社 1999 年版,第 3 页);另一个是社会主义理想"因各地、各时之情形不同,务求其适合者行之,遂发生共性与特性结合的一种新制度(共性是普遍者,特性是随时随地不同者),故中国将来发生之时,必与英、德、俄……有异。"(《李大钊文集》第 4 卷,人民出版社 1999 年版,第 5 页)。参见张世飞:《论马克思主义中国化的历史起点与形成标准——兼与张远新等商榷》,载《马克思主义研究》2009 年第 8 期。

③ 张静如、齐卫平:《论马克思主义在中国发展的引进阶段》,载《中共党史研究》1998 年第 3 期。

④ 王小拥:《马克思主义中国化历史起点研究述评》,载《马克思主义研究》2012 年第 6 期。

四:一是中共二大运用马克思主义原理分析了中国半殖民地半封建社会的现实国情;二是中共二大正确地确定了中国革命的发展战略,提出了彻底的反帝反封建的民主革命纲领和一系列政治主张;三是中共二大正确分析了中国革命所面临的世界政治形势;四是中共二大正确阐述了中国革命的对象。① 贺朝霞等人也持此观点,认为中共一大党纲没有把马克思列宁主义关于无产阶级社会主义革命的理论和中国社会历史的实际状况结合起来,制定出符合中国实际的革命纲领和革命政策,而中共二大则制定出来符合中国国情的革命纲领和革命政策,中共二大应为马克思主义中国化的历史起点。②

第五种观点是"多元起点说"。持此观点的是王国敏、陈加飞。王国敏等人认为,马克思主义中国化是一个理论与实践有机结合的历史过程,其起点可以分解为逻辑起点、理论起点、实践起点、历史起点和理论创新起点等五个起点。逻辑起点源于经典马克思主义的民族化思想,理论起点为五四运动时期以李大钊为代表的"言说",实践起点是各地共产主义小组的筹建,历史起点是中国共产党的成立。中共二大第一次创造性地运用马克思主义基本原理分析中国的国情,提出了第一个反帝反封建的民主主义革命纲领和一系列行动策略和方针,指明了中国的革命对象,堪称是马克思主义中国化的理论创新起点,属于中国化马克思主义的起点。③

第六种观点是"大革命后期说"。该观点认为,毛泽东在大革命后期的《中国社会各阶级的分析》和《湖南农民运动考察报告》两篇文章的发表,可以视为马克思主义中国化伟大历程的启动。其理由是,依据马克思主义中国化开始标准的三个条件:掌握马克思主义基本理论;用马克思主义理论分

---

① 参见马乙玉:《马克思主义中国化的历史起点问题理论辨析》,载《南华大学学报》(社会科学版)2005年第6期。

② 参见贺朝霞、李亮:《马克思主义中国化历史起点再探讨》,载《江西社会科学》2010年第7期。

③ 参见王国敏、陈加飞:《对马克思主义中国化起点的探索——兼与几种流行的观点商榷》,载《毛泽东思想研究》2012年第6期。

析解决中国问题;中国人的独立思考。可以判断出,毛泽东当时已经运用阶级斗争的观点和方法,开展中国社会阶层的调查研究,已经在贯彻实事求是的路线。①

第七种观点是"土地革命战争前期说"。徐光寿持此观点。徐光寿认为,判断马克思主义中国化这样一个理论与实践相结合的重大历史进程的起点,显然不是单一的革命理论和历史事件所能承载,往往需要从实践到理论,再从理论到实践的若干相互联系的重要历史现象共同担当。秋收起义和井冈山革命根据地开辟的伟大实践,以及毛泽东1928至1930年间以《反对本本主义》为代表的一系列重要文献的发表和重大理论的阐述,是两个相互联系、相互渗透的重大历史现象,构成了一个完整的历史过程,其理论和实践相结合的直接成果则是中国革命新道路的开辟。一个实践起点,一次理论飞跃,两者的有机结合,真正拉开了马克思主义中国化的序幕,堪称马克思主义中国化历史进程的起点。②

（二）马克思主义中国化历史起点确立评析

1. 对马克思主义中国化内涵的理解程度不同所致

1938年,毛泽东在提出马克思主义中国化命题之始,就表达了马克思主义具体化的意思。他指出:"马克思列宁主义的伟大力量,就在于它是和各个国家具体的革命实践相联系的。对于中国共产党说来,就是要学会把马克思列宁主义的理论应用于中国的具体的环境。成为伟大中华民族的一部分而和这个民族血肉相联的共产党员,离开中国特点来谈马克思主义,只是抽象的空洞的马克思主义。因此,马克思主义的中国化,使之在其每一表现中带着必须有的中国的特性,就是说,按照中国的特点去应用它,成为全

---

① 参见赵秀华:《马克思主义中国化的历史起点新探》,载《江汉学术》2013年第5期。

② 参见徐光寿:《对马克思主义中国化起点的探索——兼与几种流行的观点商榷》,载《马克思主义研究》2011年第1期。

党亟待了解并亟须解决的问题。"①因此，毛泽东反对离开中国特点来谈马克思主义，反对抽象的空洞的马克思主义，主张将马克思列宁主义和各个国家具体的革命实践相联系，就表达了马克思主义具体化的意思，即马克思主义普遍真理与中国革命具体实践相结合。而从当时的马克思主义中国化的提出和使用情况来看，在"相当长时间内，特别是在抗日战争时期，'马克思主义中国化'和'马克思主义普遍真理与中国革命具体实践相结合'这两种提法，是同时广泛使用的"②。在新中国成立后公开出版的《毛泽东选集》中的《中国共产党在民族战争中的地位》一文里面，"马克思主义中国化"又被毛泽东亲笔改为"马克思主义在中国的具体化"③。此后，大致30年中，基本上都统一采用普遍真理与具体实际相结合的提法。

如果仅仅从具体化的角度来理解，把马克思主义中国化的过程，理解为马克思主义普遍原理与中国具体革命实践相结合的过程，那么，马克思主义中国化的起点就可以理解为马克思主义普遍原理与中国具体革命实践的初次结合。"中共成立说"就是从这个角度来理解的。1921年7月，中共一大召开，中国共产党由此成立，而中国共产党的成立为马克思主义基本理论与中国的具体实践相结合提供了组织保障。同时，中共一大的"推翻资本家阶级的政权、承认无产阶级专政、消灭资本家私有制和联合第三国际"的政治主张也是中国共产党解决中国问题的一个主张。从此，中国共产党就开始运用马克思主义基本原理来解决中国具体革命问题。正是因为如此，在

---

① 《中共中央文件选集》第11册，中共中央党校出版社1991年版，第658—659页。

② 鲁振祥：《"马克思主义中国化"解读史中若干问题考察》，载《中国特色社会主义研究》2006年第1期。

③ 有学者对这段历史做了考察，分析了外部原因。认为中共中央可能考虑到"马克思主义中国化"和"毛泽东思想"两个提法容易被误解为所谓民族主义倾向，而中国共产党又面临着夺取政权后争取苏联的支持和帮助的问题，所以在提法上作了改变。参见冯蕙：《六届六中全会与马克思主义中国化》，载《毛泽东邓小平与马克思主义中国化》，第121—122页。鲁振祥又补充了内部原因，即马克思主义具体化本身符合毛泽东所说的马克思主义中国化的本意。参见鲁振祥：《"马克思主义中国化"解读史中若干问题考察》，载《中国特色社会主义研究》2006年第1期。

建党 20 周年时,毛泽东才说中国共产党的二十年,就是马克思列宁主义的普遍真理和中国革命的具体实践日益结合的二十年。1944 年中共六届七中全会通过的《关于若干历史问题的决议》也是从具体化的角度来理解马克思主义中国化历程的,该《决议》指出:"中国共产党自一九二一年产生以来,就以马克思列宁主义的普遍真理和中国革命的具体实践相结合为自己一切工作的指针,毛泽东同志关于中国革命的理论和实践便是此种结合的代表。我们党一成立,就展开了中国革命的新阶段——毛泽东同志所指出的新民主主义革命的阶段。"①

将共产主义知识分子群体的形成视为马克思主义中国化的起点,也同样是基于这一种理解思路。1920 年前后,李大钊、陈独秀、蔡和森、毛泽东、周恩来都在实际斗争中实现了自己世界观向马克思主义的转变,形成了众多的中国早期马克思主义先进知识分子群体,这一群体"一开始就不是把马克思主义当作单纯的学理来探讨,而是把它作为观察国家命运的工具加以接受的"②。他们"注意同实际结合,群众结合,这是中国马克思主义思想运动一开始就具有的一个特点和优点"③。

马克思主义中国化概念还表达了马克思主义民族化的意思。马克思主义中国化不仅是马克思主义基本原理与中国具体实践的结合,即马克思主义"化",也是中国"化"马克思主义,即通过马克思主义基本原理与中国实践的结合,形成中国化的马克思主义理论新观点。马克思主义中国化不仅仅是一个过程还包含着这个过程所产生的理论成果,即通过"化"马克思主义,形成适合于中国具体革命实践需要的中国化的马克思主义理论新成果。

"中共二大说"就是建立在对马克思主义民族化的理论成果的理解之上而提出来的。"中共二大说"的主张者认为,中共二大与中共一大不同,

① 《毛泽东选集》第三卷,人民出版社 1991 年版,第 952 页。
② 张远新、张世光:《马克思主义中国化逻辑起点新探》,载《马克思主义研究》2008 年第 6 期。
③ 胡绳:《中国共产党七十年》,中共党史出版社 1991 年版,第 18 页。

中共一大没有把马克思主义与中国具体实际相结合,制定出符合中国实际的革命纲领及方针政策、没有把马克思主义和中国具体实际结合起来,确定党成立后的具体工作任务。中共二大则把马克思主义与中国具体实际相结合并制定出符合中国实际的革命纲领及方针政策,虽然这些"革命纲领和方针政策还不是完整系统化的马克思主义理论,但是,中共二大通过的《宣言》、制定的革命纲领及各项议案表明它已经把马克思主义的基本原理与中国革命的具体实际结合起来,它们是符合中国实际的并具有中国民族形式和特点的马克思主义的革命纲领、方针和政策"①。正是因为中共二大有了民族化的马克思主义理论新成果,中共二大才成为马克思主义中国化的起点。

2. 评价标准设定的多元化

马克思主义中国化起点的认定争议的形成,与国内一些学者对马克思主义中国化的评价标准的设定也有很大关系。"多元起点说"、"大革命后期说"、"土地革命战争前期说"均是这种思路。以"多元起点说"为例,该学说提出了马克思主义中国化有五个层面的起点。作者以经典作家的民族化思想为根据,将其视为马克思主义中国化的逻辑起点;以李大钊为代表的中国早期知识分子的根本改变说等"言说"为最早的马克思主义中国化的理论起点;以中国共产党成立前的各地共产主义小组的筹建活动为实践起点;以中国共产党成立为马克思主义中国化的历史起点;以中共二大纲领的提出为马克思主义中国化的理论创新起点,即中国化马克思主义的起点。②该观点虽然标准混乱,但也富有新意,促进了人们对马克思主义中国化起点的多角度思考。"大革命后期说"也比较典型。该学说首先提出了马克思主义中国化开始标准的三个条件:掌握马克思主义基本理论;用马克思主义

---

① 马乙玉:《马克思主义中国化的历史起点问题理论辨析》,载《南华大学学报》(社会科学版)2005 年第 6 期。

② 参见王国敏、陈加飞:《对马克思主义中国化起点的探索——兼与几种流行的观点商榷》,载《毛泽东思想研究》2012 年第 6 期。

理论分析解决中国问题;中国人的独立思考。即马克思主义中国化的起点需要满足的条件就是:"一主体"+"一理论"+"一结合"。从这三个条件出发,可以认为,毛泽东在大革命后期的《中国社会各阶级的分析》和《湖南农民运动考察报告》两篇文章,因掌握了马克思主义的阶级分析方法、调查研究的群众路线和实事求是的精髓,并试图独立思考并解决中国革命问题,事实上已经开启了马克思主义中国化的伟大历程。① 这种通过条件设定而来界定马克思主义中国化起点的做法也是一种非常有价值的探索。"土地革命战争前期说"也是如此。该学说的提出者认为判断马克思主义中国化这样一个理论与实践相结合的重大历史进程的起点,显然不是单一的革命理论和历史事件所能承载,往往需要从实践到理论,再从理论到实践的若干相互联系的重要历史现象共同担当。秋收起义和井冈山革命根据地开辟的伟大实践,以及毛泽东 1928 至 1930 年间以《反对本本主义》为代表的一系列重要文献的发表和重大理论的阐述,互相呼应,构成了一个完整的历史过程。一个实践起点,一次理论飞跃,两者的有机结合,真正拉开了马克思主义中国化的序幕,堪称马克思主义中国化历史进程的起点。②

3. 对马克思主义法律思想中国化起点研究的启示

第一,不能忽视马克思主义法律思想中国化的起点研究。马克思和恩格斯作为马克思主义的创始人在创立马克思主义学说时,也提出了不同于以往法律思想流派所提出来的法律思想。马克思和恩格斯第一次科学地论证并揭示了经济决定法律、法律又反作用于经济、法律与上层建筑其他部分相互作用的基本原理,并以历史唯物主义为基本立场,分析了法律的起源、演变和发展、分析了法律的本质、作用和功能、形成了"与形形色色的唯心主义法律观相对立的历史唯物主义法律观"③。马克思主义传入俄国以后,

① 参见赵秀华:《马克思主义中国化的历史起点新探》,载《江汉学术》2013 年第 5 期。
② 参见徐光寿:《论马克思主义中国化历史进程的起点——兼论判断马克思主义中国化肇始的标准》,载《马克思主义研究》2011 年第 1 期。
③ 付子堂:《马克思主义法律思想研究》,高等教育出版社 2005 年版,第 249 页。

列宁作为"马克思主义法学的最卓越的继承人和发展者"①，又将马克思主义法学推进了一个新的时代，列宁在运用马克思主义法律思想指导俄国的法律革命过程中，不仅系统地阐述了马克思主义国家学说、无产阶级专政理论，而且第一次提出了社会主义法制的基本理论，丰富和深化了历史唯物主义的法学理论。俄国十月革命以后，马克思主义传入中国，马克思主义法律思想作为马克思主义的有机组成部分，也一并传入中国。

马克思主义中国化有自己的起点，那么，马克思主义法律思想中国化有没有自己的起点呢？这是学界在研究马克思主义法律思想历程的过程中，无法回避的问题之一。从马克思主义中国化的研究成果来看，可以肯定的是，既然马克思主义中国化有自己的起点，那么，马克思主义法律思想也应该有自己的起点。当然，学界对马克思主义法律思想中国化的起点研究的意见也可能不统一，甚至出现存在较大争议的情况。此外，由于马克思主义中国化和马克思主义法律思想中国化之间是一个整体与部分的关系，那么，马克思主义中国化的起点与马克思主义法律思想中国化的起点是否是相同的？或者说，马克思主义中国化的起点是否就可以理解为马克思主义法律思想中国化的起点呢？如果不是，根据又是什么呢？这是学界在研究马克思主义法律思想历程的过程中，无法回避的一个具体的问题。

第二，提供了探寻马克思主义法律思想中国化起点的思路。从马克思主义中国化起点的探寻情况来看，马克思主义中国化的起点研究与人们对马克思主义中国化内涵的理解有关。如果我们仅仅将马克思主义中国化理解为马克思主义基本原理与中国的具体革命实践相结合的过程，那么，中国共产党的成立就可以视为马克思主义中国化的起点。如果人们对马克思主义中国化的内涵理解"着眼于对于马克思主义中国化的思想认识上的自觉、觉悟程度为主要的考察向度，以是否认识到必须坚持把马克思主义理论中国化以及认识的深邃与自觉程度为标准，更多侧重考察从思想认识上是

---

① 付子堂：《马克思主义法律思想研究》，高等教育出版社2005年版，第250页。

否养成将马克思主义理论与中国实际相结合的自觉"①,那么,我们可以说,中国早期的马克思主义知识分子群体,在传播和应用马克思主义基本原理来解决这个问题的过程中,已经有了这样的一种主体自觉意识,那么,也可以将其视为马克思主义中国化的起点。如果以理论创新为中国化的应有内涵,中共二大由于提出了一系列适合中国国情的纲领和政策,那么,中共二大就可以视为马克思主义中国化的起点。由此可见,对马克思主义中国化内涵的理解不同,人们对马克思主义中国化的起点的确定也可能有所不同。对马克思主义法律思想中国化而言,应该也是如此。确立马克思主义法律思想中国化的起点,需要我们对马克思主义法律思想中国化的内涵予以准确把握。

二、马克思主义法律思想中国化的内涵与起点

(一)马克思主义法律思想中国化的内涵

马克思主义法律思想中国化作为马克思主义中国化的组成部分,是指法学领域的马克思主义中国化。马克思主义中国化有两条线,可以从时空两个维度来理解:一是时间维度,即"不断地马克思主义中国化";另一个是空间的维度,即"马克思主义系统地中国化"。从学界的研究状况来看,大多数学者关注的都是时间维度的马克思主义中国化,主张不断地推动马克思主义中国化,不断地将马克思主义与中国的具体实际相结合,不断地产生能够指导中国革命和现代化建设的当代中国的马克思主义理论新成果。相比较而言,学界比较忽视空间维度的马克思主义中国化②,即马克思主义系

---

① 程明欣:《马克思主义中国化"起点"与"第一人"问题再认识》,载《郑州大学学报(哲学社会科学版)》2011年第3期。

② 纵观学界的研究状况,只有一些具体的学科的学者才更多地关注马克思主义系统地中国化,使用马克思主义哲学中国化、马克思主义经济学中国化、马克思主义科学社会主义中国化、马克思主义法学中国化。其中,使用最多的是马克思主义哲学中国化,但是,一些使用这些概念的学者往往并不区分马克思主义中国化与马克思主义哲学中国化,而是将这两个概念混同使用。

统地中国化现象。实际上，马克思主义系统地中国化现象很早就被一些党和国家的领导人所重视。1945年，刘少奇在中共七大所作的《关于修改党章的报告》（1950年1月经作者改名为《论党》）中就提到了这个问题，他说："由于中国社会、历史的发展有其极大的特殊性，以及中国的科学还不发达等条件，要使马克思主义系统地中国化，要使马克思主义从欧洲形式变为中国形式，就是说，要用马克思主义的立场与方法来解决现代中国革命中的各种问题，……这乃是一件特殊的、困难的事业。这决不是如某些人所想的，只将马克思主义的著作加以熟读、背诵和摘引，就可成功的。"①1956年，邓小平谈到了马克思主义中国化问题，也指出："一个国家的问题是多方面的，不论是革命时期还是建设时期，如何使马克思列宁主义与各个时期的具体情况相结合，这是一个需要不断解决的问题。"②邓小平的这段话既强调了"不断地马克思主义中国化"问题，也强调了"马克思主义系统地中国化"的问题，这是从时空两个维度对马克思主义中国化的最完整的理解。现实中，人们常常关注马克思主义不断地中国化，而容易忽视马克思主义系统地中国化。马克思主义中国化中所要"化"的对象就是马克思主义。而作为"中国化"对象的马克思主义本身就是一个包罗万象的学说，包含着"一个核心（社会主义学）、两个基础（哲学、政治经济学）、十几个周围部分（政治学、法学、军事学等）"③。在马克思主义中国化过程中，体系化的马克思主义的各种学说提供了中国化的理论可能性。而中国社会和中国革命自身的特殊性和复杂性也需要马克思主义系统地中国化。中国共产党需要学会利用马克思主义来解决中国革命具体实践中的各种各样的具体问题，包括政治、经济、军事、文化、法律问题等各种各样的具体问题。

由此可见，马克思主义法律思想中国化与马克思主义中国化是部分与

---

① 《刘少奇选集》（上卷），人民出版社1981年版，第335—336页。
② 《邓小平文选》第一卷，人民出版社1994年版，第258页。
③ 高放：《马克思主义确有三个组成部分》，载《中共银川市委党校学报》2005年第1期。

整体的关系,是马克思主义系统地中国化的有机组成部分。当然,马克思主义法律思想中国化的内涵和马克思主义中国化的内涵有联系也有不同。就马克思主义中国化的内涵而言,可以从两个层面来理解,一个就是指将马克思主义的基本原理同中国革命和建设的具体实践相结合,用马克思主义基本原理指导中国的社会实践。这实际上是指马克思主义的具体化。另一个就是指将马克思主义与中国历史、中国国情、时代主题相结合,形成具有中国风格、中国气派的具有时代精神的民族化理论成果。这实际上是指马克思主义的民族化和时代化。而马克思主义法律思想中国化也应包含着这两个方面的内涵,一个就是指将马克思主义的法学基本原理同中国革命和建设的具体法律实践相结合,用马克思主义法学基本原理指导中国的法治实践,即马克思主义法律思想的具体化。当然,马克思主义法律思想中国化也包括这样一种情形,即站在马克思主义的立场之上,运用马克思主义的法学研究方法,研究和分析中国具体的法律问题。另一个内涵就是指在具体化或应用化的基础之上,将马克思主义法律思想与中国历史、传统法律文化、时代法治主题相结合,形成具有中国风格、中国气派的具有时代精神的理论成果。即马克思主义法律思想的民族化和时代化。

完整地理解马克思主义法律思想中国化内涵有利于准确地确立马克思主义法律思想中国化的起点。如果我们将马克思主义法律思想中国化理解为马克思主义法律思想的具体化或应用化,理解为马克思主义法律思想与中国的具体革命实践的结合,那么,马克思主义法律思想中国化的起点,可能就会比较早。如果我们将马克思主义法律思想中国化理解为马克思主义法律思想的民族化,将马克思主义法律思想中国化理解为马克思主义法律思想中国化的理论创新,那么马克思主义法律思想中国化的起点,可能就会比较晚。

（二）马克思主义法律思想中国化起点确立的两个要求

1.确立适宜的评价标准

从学界对马克思主义中国化的起点的研究情况来看,由于确立的评价标准不一样,那么,马克思主义中国化的起点的确立,可能也不完全相同。对马克思主义法律思想中国化而言,评价标准的确立同样重要。马克思主义法律思想中国化的起点不能随意确定,不能背离马克思主义中国化和马克思主义法律思想中国化的内在要求和历史史实。

何为马克思主义法律思想中国化的适宜的评价标准呢? 笔者认为,第一,适宜的评价标准应该符合马克思主义法律思想中国化内涵的基本要求。马克思主义法律思想中国化本身是马克思主义法律思想与中国具体法律革命实践相结合的过程,是用马克思主义法律思想指导中国具体法律革命实践活动的过程。同时,马克思主义法律思想中国化也是"化"马克思主义法律思想的过程,是马克思主义法律思想民族化的过程,是马克思主义法律思想的理论创新过程,因此,如能从理论与实践相统一的角度来界定马克思主义法律思想中国化的起点,是符合马克思主义法律思想中国化的本意的,单纯的真理标准和单纯的理论标准,都不适宜。第二,马克思主义法律思想中国化的评价标准的确立要和马克思主义法律思想指导中国具体的法律实践活动相统一。在确立某种评价标准时,如果没有具体的法律实践活动做支撑,那么,这个标准的确立也不适宜。以此为要求,从理论和实践的有机结合角度来判断马克思主义法律思想中国化历史起点的标准应是适宜的。

2. 区分传播、接受、应用和创新

在确立马克思主义法律思想中国化的起点过程中,要注意马克思主义法律思想的传播、马克思主义法律思想的接受、马克思主义法律思想的应用和马克思主义法律思想的创新或发展等不同节点。

李大钊、陈独秀等人是最早接受马克思主义法律思想的先进知识分子。马克思主义法律思想的传播是李大钊、陈独秀等早期的马克思主义者来完成的。李大钊1913年在北洋法政专门学校学习法律与政治,后留学日本,并系统地学习了西方资产阶级的政治学、法学等社会科学知识,是一位法学家。只不过李大钊当时的立场是激进的民主派立场。俄国十月革命以后,李大钊在接受马克思主义的同时,其"法律思想也逐渐从资产阶级的民主主义法律思想转变为无产阶级的法律思想"①。在马克思主义的传播过程中,李大钊作出了重要的贡献。在《我的马克思主义观》中,李大钊在传播马克思的唯物史观过程中也传播了马克思主义法律思想。他说:"他们有一个根本相同的论点,就是:经济的构造,依他内部的势力自己进化,渐于适应的状态中,变更全社会的表面构造,此等表面构造,无论用何方法,不能影响到他这一方面,就是这表面构造中最重要的法律,也不能与他以丝毫的影响。有许多事实,可以证明这种观察事物的方法是合理的。"②为了证明马克思主义法律思想的合理性,李大钊还举了17和18世纪间那些维持商业平准,奖励金块输入的商法,欧洲中世纪时禁抑暴利、英国禁遏托拉斯(Trust)的法律都归无效的例子。通过这些例子,李大钊说明马克思主义的经济决定法律、决定其他社会现象的观点。他说:"这类的事例不胜枚举,要皆足以证明法律现象只能随着经济现象走,不能越过他,不能加他以限制,不能与他以影响。而欲以法律现象奖励或禁遏一种经济现象的,都没有一点效果。那社会的表面构造中最重要的法律,尚且如此,其他如综合的理想等等,更不能与经济现象抗衡"③。陈独秀与李大钊的思想转变是一样的,从其这个时期对马克思主义法律思想中国化的作用来看,也是一样的。"五四前陈独秀的宪政思想带有明显的自由民主主义色彩,在理论上以西方资产阶级启蒙学说为依据,在现实中以欧美发达国家为蓝本,民主、人权、法治构成其宪政思想的三大基石。五四后伴随着由自由民主主义者向马克思主义者的转变,陈独秀开始批判资产阶级宪政制度,以此希望建构真正体现人民民主的社会主义宪政制度。"④李达也是马克思主义法学的重要传播者之一。在1920年12月26日发表的《马克思还原》中,李达对马克思社会主义做了七点具体说明,将马克思社会主义的性质概括为"是革命的,是非

① 侯欣一:《李大钊法律思想研究》,载《甘肃政法学院学报》1996年第2期。
② 《李大钊文集》(下),人民出版社1984年版,第53页。
③ 《李大钊文集》(下),人民出版社1984年版,第54页。
④ 周建超、魏吉华:《论五四前后陈独秀的宪政思想》,载《黑龙江社会科学》2010年第2期。

妥协的,是国际的,是主张劳动专政的"①。但是,李大钊、陈独秀等早期的马克思主义者,在这个时期的"言说",只表明他们是马克思主义法律思想的传播者和接受者,或者说,他们是马克思主义法律思想的引入者。

马克思主义法律思想的中国化与马克思主义法律思想的应用化,也是有所不同的。毛泽东在提出马克思主义中国化命题时,也谈到了马克思主义应用化的意思,即主张中国共产党要学会将马克思主义的理论应用于中国的具体的环境。从这个意思上讲,毛泽东所说的应用马克思主义是包含在马克思主义具体化之中。但是,单纯地强调马克思主义应用化是不科学的,或者用马克思主义应用化来取代马克思主义具体化是不科学的,因为"应用"只是一种使用,不能等同于"化"。正因为如此,有学者敏锐地指出,"某种理论的'应用'是指用它来解决问题,'化'则是指这种理论本身的变化。'应用'充其量是为理论的变化提供条件,但不能等同于变化"②。这个观点和毛泽东在《反对党八股》一文中所提出的"'化'者,彻头彻尾彻里彻外之谓也"③的要求是一致的。正因为如此,有学者将毛泽东的马克思主义中国化内涵归纳为一个基本原则和三个基本要求。所谓的"一个基本原则"就是"把马克思主义的普遍真理与中国革命、建设的具体实际相结合";"三个基本要求"就是"按照中国的特点去应用马克思主义"、"使中国革命丰富的实际马克思主义化"、"表达方式的民族化和大众性"④。这表明马克思主义法律思想中国化除了强调马克思主义经典作家的法律思想与中国具体法律革命实践结合以外,还必须要使马克思主义法律思想中国化具有创新性。

马克思主义法律思想中国化就是要强调马克思主义经典作家的法律思

---

① 《李达文集》第一卷,人民出版社 1980 年版,第 31 页。

② 安启念:《马克思主义哲学中国化研究》,中国人民大学出版社 2006 年版,第 2 页。

③ 《毛泽东选集》第三卷,人民出版社 1991 年版,第 841 页。

④ 王增智:《"走俄国人的路"与马克思主义中国化——兼与周尚文、张远新两位教授商榷》,载《探索》2010 年第 2 期。

想在中国的新发展或者说创新。从这个意义上讲,马克思主义法律思想中国化也可以理解为马克思主义法律思想在中国的新发展,这种新发展是指马克思主义法律思想在指导中国具体实践活动中的新发展,是站在马克思主义的立场之上,运用马克思主义的基本方法,来解决这个具体革命实践问题的过程中,对马克思主义法律思想的新发展。这种发展有阶段性发展也有体系化发展。但不论哪种情形,都属于对马克思主义法律思想的新发展。确立马克思主义法律思想中国化的起点,需要以此为内在要求。

(三)中共二大是马克思主义法律思想中国化的起点

按照理论与实践相一致的评价标准,笔者认为,1922年在上海召开的中共二大既是马克思主义中国化的起点,同时也应是马克思主义法律思想中国化的起点。

与马克思主义中国化起点的其他学说比较而言,"中共二大说"有自己的理由和根据。"中共二大说"的主张者认为,中共二大运用马克思主义原理分析了中国半殖民地半封建社会的现实国情,正确分析了中国革命所面临的世界政治形势,阐述了中国革命的对象,并在此基础之上正确地确定了中国革命的发展战略,提出了彻底的反帝反封建的民主革命纲领和一系列政治主张。换句话说,中共二大之所以可以成为马克思主义中国化的起点,是因为中国共产党已经开始运用马克思主义基本原理分析中国的具体国情,并创造性地提出中国化的马克思主义主张。而中共一大之所以不能成为马克思主义中国化的起点,也是因为如此。1921年7月,中共一大成立了中国共产党,并通过《中国共产党第一个纲领》,比较而言,中共一大的《中国共产党第一个纲领》只是宣布承认阶级斗争、承认无产阶级专政、消灭资本家私有制,联合第三国际,同时承认苏维埃管理制度。这实际上是对马克思主义主要观点的认可,以及对苏俄的苏维埃制度的承认,尚没有进一步形成针对中国现实问题的具体战略和举措。

中共二大是马克思主义法律思想中国化的起点,理由有三:

　　第一,1922 年召开的中国共产党第二次全国代表大会站在马克思主义立场之上,提出了七个明确的奋斗目标:(一)消除内乱,打倒军阀,建设国内和平;(二)推翻国际帝国主义的压迫,达到中华民族完全独立;(三)统一中国本部(东三省在内)为真正民主共和国;(四)蒙古、西藏、回联二部实行自治,成为民主自治邦;(五)用自由联邦制,统一中国本部、蒙古、西藏、回疆,建立中华联邦共和国;(六)工人和农民,无论男女,在各级议会市议会有无限制的选举权,言论、出版、集会、结社、罢工绝对自由;(七)制定关于工人和农人以及妇女的法律。在第七个制定关于工人和农人以及妇女的法律的奋斗目标里,又有六条具体主张:1. 改良工人待遇:(甲)废除包工制;(乙)八小时工作制;(丙)工厂设立工人医院及其他卫生设备;(丁)工厂保险;(戊)保护女工和童工;(己)保护失业工人等;2. 废除丁漕等重税,规定全国——城市及乡村——土地税则;3. 废除厘金及一切额外税则,规定累进率所得税;4. 规定限制田租率的法律;5. 废除一切束缚女子的法律,女子在政治上、经济上、社会上、教育上、一律享受平等权利;6. 改良教育制度,实行教育普及。① 不仅如此,中共二大还明确指出:上面的七条,是对工人、农民和小资产阶级都有利益的、是解放他们脱离现下压迫的必要条件。我们一定要为解放我们自己,共同来奋斗!② 中共二大的一些主张涉及对马克思主义的立宪思想的运用,特别是涉及对马克思主义的劳动者权益保护思想的运用。如何赋予工人、农民的选举权、维护工人的合法权益、实现男女平等、教育平等是马克思和恩格斯的一贯主张。在《共产党宣言》当中,马克思和恩格斯就提出了"实行普遍劳动义务制"、"对所有儿童实行公共的和免费的教育。取消现在这种形式的儿童的工厂劳动"③。马克思非常注重对劳动者的法律保护。马克思说:"劳动力的买和卖是在流通领域或商品交换领域的界限以内进行的,这个领域确实是天赋人权的真正伊甸园。那

---

① 参见李颖:《从一大到十六大》,中央文献出版社 2003 年版,第 101 页。
② 参见李颖:《从一大到十六大》,中央文献出版社 2003 年版,第 101 页。
③ 《马克思恩格斯选集》第 1 卷,人民出版社 1995 年版,第 294 页。

24

里占统治地位的只是自由、平等、所有权和边沁。"①1864 年,马克思在自己起草的《国际工人协会成立宣言》中,高度评价英国工人阶级为促使了十小时工作日法案的通过的斗争,认为"十小时工作日法案不仅是一次重大的实际的成功,而且是一个原则的胜利"②。"至于谈到英国的工作日的限制,像其他各国一样,它向来只靠立法的干涉。"③恩格斯在为《民主周报》写的《资本论》第一卷书评中也指出:"为规定工作日而进行的斗争,从自由工人在历史上最初出现的时候起,一直延续到现在。……英国的工厂工人获得这一法律,是由于多年的坚持,是由于与工厂主作过最激烈最坚决的斗争,是由于新闻出版自由,集会结社的权利,并且由于巧妙地利用统治阶级内部的分裂。这个法律成了英国工人的保护者。"④"工人只有进行群众性的反抗,才能争取到一项国家法律,使自己不致再通过自愿与资本缔结的契约而把自己和后代卖出去送死和受奴役。工厂法的朴素的大宪章,代替了不可剥夺的人权这种冠冕堂皇的条目。"⑤

　　第二,中共二大以后即 1922 年 8 月 16 日,中国劳动组合书记部(中国共产党建立的公开领导工人运动的总机关)立即开始利用曹锟、吴佩孚上台后收买人心之际,发布《劳动法大纲》。该《大纲》共 19 条,涉及劳动者的集会结社权、同盟罢工权、国际联合权以及关于工时、工资、假日、教育等具体要求。随后,中国劳动组合书记部又开展了两个方面的工作:一个是给众议院发出《关于劳动立法的请愿书》。《请愿书》称:"同人等素从事劳工运动,连年来亲睹国内劳工饱受暴力摧残之惨状,深知国内劳工无法律保护之痛苦,加以感受操政柄者之巧于舞文玩法,益觉得劳动法案规诸宪法之重要。为全国劳工请命计,为国家立法前途计,理合拟具劳动法案大纲 19 条,

---

① 《资本论》第 1 卷,人民出版社 2004 年版,第 204 页。
② 《马克思恩格斯全集》第 21 卷,人民出版社 2003 年版,第 12 页。
③ 《马克思恩格斯全集》第 21 卷,人民出版社 2003 年版,第 209 页。
④ 《马克思恩格斯全集》第 21 卷,人民出版社 2003 年版,第 367—368 页。
⑤ 《马克思恩格斯全集》第 21 卷,人民出版社 2003 年版,第 401 页。

依法请愿贵院尽量采纳通过,规诸宪法。"①该请愿书获得了 22 位国会议员的支持。另一方面的工作是向全国工会发出《关于开展劳动立法运动的通告》。该《通告》指出:"吾等之自由屡受他人侵害,正式劳动工会始终未为法律所承认,同盟罢工屡为军警所干涉。凡此种种,均缘法律尚未承认劳动者有此权利之故也。倘能乘此制宪之机会,将劳动者应有之权利以宪法规定之,则将来万事均易进行也。"②《劳动法大纲》发布后,唐山铁路、煤矿、纱厂、洋灰厂等工会首先响应,组织起唐山劳动立法大同盟。武汉、上海等地也纷纷响应,并举行游行、集会,通电全国,要求将《劳动法大纲》纳入宪法。9 月 14 日,安源路矿工人俱乐部发表《罢工宣言》,提出保障工人权利、增加工资、改善待遇、废除封建把头等 17 项要求。经过 5 天的斗争,获得了胜利。10 月 15 日,中国民权运动大同盟发布《宣言》,《宣言》指出,劳动者和妇女所受痛苦的来源,"简单说:无法律保障","劳动者因宪法上没有劳动者权利之规定,遂有新刑律上罢工为骚扰罪之产生"、"最大多数的劳苦人民,宪法剥夺了他们的选举权,所以他们没有申诉诉苦的地方,只好活活的饿死苦死"③。由此,同盟提出了民权运动的"四大标的":(1)集会结社出版有绝对自由权;(2)普遍选举权;(3)劳动立法;(4)男女平等。

第三,中共二大前后,党内的一些马克思主义理论家也开始注重马克思主义法律思想和中国具体实际结合过程中的理论或观点创新。1922 年 6 月,陈独秀发表了《对于现代中国政治问题之我见》,文章分析了中国的三种经济状况和三种政治状况,指出中国革命不得不分为两段路程,一段时间是资产阶级对地主封建军阀的民主主义斗争,一段时间是无产阶级对资产阶级的社会主义斗争。在第一阶段,必须强调保障人民集会、结社、言论、出

---

① 中共中央党史研究室第三研究部:《中国共产党奋斗进取的 90 年》第 1 卷(1921—1949),北方联合出版传媒(集团)有限公司辽海出版社 2011 年版,第 20 页。
② 中共中央党史研究室第三研究部:《中国共产党奋斗进取的 90 年》第 1 卷(1921—1949),北方联合出版传媒(集团)有限公司辽海出版社 2011 年版,第 20 页。
③ 中共中央党史研究室第三研究部:《中国共产党奋斗进取的 90 年》第 1 卷(1921—1949),北方联合出版传媒(集团)有限公司辽海出版社 2011 年版,第 21 页。

版之绝对自由,废止治安警察条例等压迫罢工的刑律、制定保护工人农民的各种法律等四项最重要的原则。① 1922 年 9 月 10 日,李达在《劳动立法运动》一文中指出:"初期劳动运动的暴动和革命,只有劳动立法能够避免他。换言之,劳动者已经表示了自身的实力时,握着权力的特权阶级,只有因势利导,承认劳动者在法律上的地位和权利,资本主义才有向上发达的希望。欧美各国资本阶级政府,从十九世纪初叶起,即已从事劳动立法,承认劳动者的权利,到现在差不多一切资本主义国家所应有的劳动法都已完备了。中国虽然是产业后进国家,比不上欧美各国,但欧美各国在十九世纪已实行之事,难道还不可以仿行吗? ……劳动立法,实是万不容缓的急务了。"② "劳动者若真有自谋解放的决心,就要急起直追来干劳动立法运动。机会不可失,全国劳动同胞团结起来!"③1922 年 10 月,李达在上海《民国报》副刊《妇女评论》第 59、61、63、68、70 期上,发表《女权运动史》一文,文章分析了英国、法国、德国、奥匈帝国、巴尔干、俄国、中国等国家的女权运动,特别分析革命前俄国与革命后的俄国之间女权变化,指出:"一九一七年十一月,作无产阶级革命的先驱的,也是彼得格勒各大工场中纤维女工人的同盟罢工。伊们成群结队拥到市内来,煽起了彼得格勒市无产者革命的烽火,布尔什维克一举掌握了俄国的政权,建设了男女平等的社会主义共和国。真正的妇女解放,如前面所引的列宁一段话,竟在劳农俄国首先实现了。社会主义与妇女解放的关系如何,做女权运动的人们大概可以明白了。"④1923 年 5 月 13 日,李达撰写了《马克思学说与中国》一文,文章尝试着根据列宁分析俄国的经济进化的五种要素来分析中国的经济情形,认为中国的经济社会正是"家长的"、"小规模的商品生产"、"私的资本主义"三种经济的要素混合存在的状况,并假使中国无产阶级能够掌握政权,当然可以利用政治

---

① 参见中共中央党史研究室第三研究部:《中国共产党奋斗进取的 90 年》第 1 卷 (1921—1949),北方联合出版传媒(集团)有限公司辽海出版社 2011 年版,第 16 页。
② 《李达文集》第一卷,人民出版社 1980 年版,第 189 页。
③ 《李达文集》第一卷,人民出版社 1980 年版,第 191 页。
④ 《李达文集》第一卷,人民出版社 1980 年版,第 184 页。

的权力把私的资本主义促进到国家资本主义去。在此基础上,李达在文中进一步尝试着根据马克思学说的原则和中国的产业状况及文化程度,拟定12条大纲:不作工者不得吃饭;平均地权,开辟荒地;银行国有;交通及运输机关国有;对外贸易国有;大产业国有;废除一切税厘,征收严重累进率的所得税;有条件地输入外资;中学以下实行免费及强迫教育;立定保工法;工人及农人的无条件的选举权及被选举权;妇女在政治上经济上社会上一切与男子平等。① 基于此,从理论与实践相结合的角度来看,中共二大既形成了中国化的马克思主义法律思想主张,又有马克思主义法律思想的实践性运动和实践性成果,比较适宜将其视为马克思主义法律思想中国化的起点。

---

① 参见《李达文集》第一卷,人民出版社 1980 年版,第 214—215 页。

第 二 章

始终服从和服务于新民主主义革命
（1921—1949）

一、新民主主义革命与马克思主义法律思想中国化

（一）毛泽东论新民主主义革命

新民主主义革命是中国无产阶级革命的第一个阶段。1939 年，毛泽东在《中国革命和中国共产党》一文中，从中国的国情出发，以马克思主义为指导，分析了中国革命的对象（帝国主义与封建主义）、中国革命的任务（反帝反封建）、革命的动力（工人阶级、农民、城市小资产阶级和民族资产阶级）后，首次明确提出了"新民主主义革命"这个科学概念，认为新民主主义革命在性质上是"无产阶级领导之下的人民大众的反帝反封建的革命"①。革命的目的就是要造就"一个工人、农民、城市小资产阶级和其他一切反帝反封建分子的革命联盟的民主共和国"②。"革命的全部结果是：一方面有资本主义因素的发展，又一方面有社会主义因素的发展。这种社会主义因

---

① 《毛泽东选集》第二卷，人民出版社 1991 年版，第 647 页。
② 《毛泽东选集》第二卷，人民出版社 1991 年版，第 649 页。

素是什么呢？就是无产阶级和共产党在全国政治势力中的比重的增长，就是农民、知识分子和城市小资产阶级或者已经或者可能承认无产阶级和共产党的领导权，就是民主共和国的国营经济和劳动人民的合作经济。"①毛泽东要求每个党员都必须知道，"中国共产党领导的整个中国革命运动，是包括民主主义革命和社会主义革命两个阶段在内的全部革命运动；这是两个性质不同的革命过程，只有完成了前一个革命过程才有可能去完成后一个革命过程。民主主义革命是社会主义革命的必要准备，社会主义革命是民主主义革命的必然趋势"②。1940年1月，毛泽东在陕甘宁边区做了《新民主主义的政治和新民主主义文化》的讲演，系统地阐述了新民主主义的基本理论和基本观点，指出中国的政治是不同于旧民主主义的新民主主义政治、中国的经济是不同于其他任何经济形态的新民主主义经济、中国的文化是不同于任何文化形态的新民主主义文化，从中国的历史与国情出发，中国的出路在于建立以新民主主义政治、新民主主义经济、新民主主义文化为内容的新民主主义共和国。1948年4月，毛泽东《在晋绥干部会议上的讲话》中第一次全面、系统地提出了新民主主义革命的总路线，即"无产阶级领导的，人民大众的，反对帝国主义、封建主义和官僚资本主义的革命"③。

（二）新民主主义革命成为马克思主义法律思想中国化的主题

毛泽东的新民主主义理论为新民主主义革命时期中国共产党的各项工作确立了总的指导方针，当然，也是中国共产党新民主主义法律革命的指导方针。这一时期，马克思主义法律思想中国化的发展无不以新民主主义革命为主题，马克思主义法律思想中国化始终服从和服务于新民主主义革命。

---

① 《毛泽东选集》第二卷，人民出版社1991年版，第650页。
② 《毛泽东选集》第二卷，人民出版社1991年版，第651页。
③ 《毛泽东选集》第四卷，人民出版社1991年版，第1313页。

新民主主义革命的目的就是要建立以新民主主义政治、新民主主义经济、新民主主义文化为内容的新民主主义共和国。这种共和国，在政治上实行民主政治；在经济上，节制资本、平均地权；在文化上，反帝反封建。这种新民主主义共和国既不同于旧形式的、欧美式的、资产阶级专政的、资本主义的共和国，也不同于苏联式的、无产阶级专政的、社会主义的共和国，而是殖民地半殖民地国家的革命所采取的过渡的国家形式。建立国体为"各革命阶级联合专政"，政体为"民主集中制形式的共和国"，就是要建立新民主主义宪制。

新民主主义革命的直接目标是改变买办的封建的生产关系以及腐朽的政治法律上层建筑。马克思主义认为，生产力与生产关系、经济基础与上层建筑之间存在着矛盾运动，而从中国的实际情况来看，当时的中国正处于帝国主义与封建主义的双重压迫之下。从生产关系的现状来看，"帝国主义列强侵略中国，在一方面促使中国封建社会解体，促使中国发生了资本主义因素，把一个封建社会变成了一个半封建的社会；但是在另一方面，它们又残酷地统治了中国，把一个独立的中国变成了一个半殖民地和殖民地的中国"①。帝国主义只是在一定程度上破坏了封建时代的自给自足的自然经济基础，封建剥削制度的根基并没有瓦解，不仅如此，地主阶级"同买办资本和高利贷资本的剥削结合在一起，在中国的社会经济生活中，占着显然的优势"②。民族资本主义虽然有了某些发展，但"它没有成为中国社会经济的主要形式，它的力量是很软弱的，它的大部分是对于外国帝国主义和国内封建主义都有或多或少的联系的"③。从政治法律等上层建筑来看，建立在这样的经济基础之上的政治法律上层建筑也是腐朽的、反动的，它不给人民民主与自由。1939 年 12 月，毛泽东在《中国革命和中国共产党》一文中，就批判当时政治法律上层建筑的腐朽性和反动性。他一针见血地指出："中

---

① 《毛泽东选集》第二卷，人民出版社 1991 年版，第 630 页。
② 《毛泽东选集》第二卷，人民出版社 1991 年版，第 630 页。
③ 《毛泽东选集》第二卷，人民出版社 1991 年版，第 630 页。

国人民没有任何的政治上的自由权利。"①1940年4月,谢觉哉在《民主政治的实际》一文中,对当时的民主政治现状也进行批判,他说:"统治者不许我们自由,不和我们讲平等,不采取我们的意见,一味压迫,——压迫即是不民主,于是我们就要革命,革命是争取民主,推翻反革命是推翻不民主。"②新民主主义革命就是要推翻现有的不民主,建立真正的民主,彻底改变政治、经济、法律和文化等社会不公正。沿着"'节制资本'和'平均地权'的路"③,中国共产党着手改变买办的封建关系为具有新民主主义因素的生产关系。一方面,反对私人资本垄断,主张建立国有资本,平均地权;另一方面,在革命根据地颁布施政纲领,推行资本节制,实行耕者有其田的土地革命。1927年12月,中国共产党领导广州工人和农民举行了广州起义。起义后,新建立的第一个工农兵苏维埃政府发布《广州苏维埃宣言》和《苏维埃告民众书》,提出了自己的施政纲领。《宣言》明确宣布:大工业、大运输业、银行,均收归国有,没收大资产阶级财产,工人监督生产;在土地方面,规定一切土地收归国有,完全归农民耕种,销毁一切田契、租约、债券。1929年,湘鄂赣边革命委员会发布二十七条《湘鄂赣边革命委员会革命政纲》,该《政纲》第一条就是彻底推翻帝国主义在华统治。没收外国资本的企业、银行和工厂。第四条就是实行土地革命,发展农业生产。没收一切地主阶级的土地和财政。1931年11月,第一次全国工农兵代表大会通过的《中华苏维埃共和国宪法大纲》,规定了不同于国民党统治区的苏区经济制度。该《宪法大纲》规定,苏区建立中华苏维埃共和国经济制度,规定苏区经济由国营经济、私人经济和合作社经济组成,其中,国营经济在各种经济成分中处于领导地位,是社会主义的因素。私人经济符合于苏维埃当前的根本利益和需要,在不超出苏维埃法律范围之外,提倡和奖励私人经济的发展。合作经济主要是消费合作社、粮食合作社和生产合作社。对三种经济形式,

① 《毛泽东选集》第二卷,人民出版社1991年版,第635页。
② 《谢觉哉文集》,人民出版社1989年版,第339页。
③ 《毛泽东选集》第二卷,人民出版社1991年版,第678页。

苏维埃共和国政府实行尽可能地发展国营经济，大规模地发展合作社经济，奖励私人经济发展的方针。规定没收一切地主阶级的土地、分配给雇农、贫农和中农使用，消灭剥削、改善农民生活。1946年4月的《陕甘宁边区宪法原则》中也规定，在经济方式上，采用公营、合作、私营三种方式，组织边区所有的人力、资力，为促进繁荣，消灭贫穷而斗争，做到劳动者有职业，企业者有发展的机会。更重要的是，边区还欢迎外来投资，保障其合理利润，有计划地发展农工矿各种实业。在土地制度上，确立了"耕者有其田"的原则。1948年8月，《华北人民政府施政方针》继续沿着这种思路，在土地制度方面，规定在土改完成地区，确权发证，在土改未完成地区，继续调剂土地，从法律上，保障各阶层人民的土地财产；在节制资本方面，贯彻公私兼顾、劳资两利的方针，发展工商业。同时，发挥国营工商业的领导作用。通过经济制度改革，瓦解半殖民地半封建社会的经济基础。

在政治法律等上层建筑的变革方面，中国共产党则通过发布施政纲领，宣传自己的政治主张、宪法主张和法律主张，变腐朽、反动的宪制为新民主主义宪制，给公民以普遍的民主自由，建立各革命阶级联合专政的新民主主义共和国。1922年，中国共产党发表了《中国共产党第一次对于时局的主张》，提出了要建立"真正的民主共和国"的主张，提出要实现人民的普遍选举权、保障人民享有集会、结社、言论、出版和罢工的自由权等各项权利。制定保障工人、农民和其他社会阶层的法律。1929年，湘鄂赣边革命委员会发布的《湘鄂赣边革命委员会革命政纲》宣布：保障工人的罢工、结社、集会、言论、出版之绝对自由。增加工资、实行八小时工作制，推行社会劳动保险和失业救济，废除包工制，严禁压迫学徒店员，实行男女同工同酬，保护童工和女工，男女平等，等等。1931年11月，第一次全国工农兵代表大会通过的《中华苏维埃共和国宪法大纲》意义重大，该宪法大纲不仅从根本法的角度规定了苏维埃公民法律面前人人平等原则，也同时赋予苏维埃公民平等的政治权利、经济权利、受教育的权利、劳动妇女平等权利、少数民族自决权利,是"人民宪法的雏形"①。1948 年 8 月,《华北人民政府施政方针》规定要切实保障人民的合法民主自由权利。不得侵犯人民的言论、出版、集会、结社、信仰、迁徙、旅行自由、身体自由和安全。这些内容都是新民主主义时期马克思主义法律思想中国化过程中的实践性成果。

新民主主义的动力是工人、农民、城市小资产阶级和民族资产阶级。他们是中国共产党领导新民主主义革命的主要力量。1925 年,毛泽东运用马克思主义的阶级斗争理论,对半殖民地半封建的中国社会中的各阶级进行了深入的分析,提出:"谁是我们的敌人? 谁是我们的朋友? 这个问题是革命的首要问题。中国过去一切革命斗争成效甚少,其基本原因就是因为不能团结真正的朋友,以攻击真正的敌人。"②毛泽东认为,"一切勾结帝国主义的军阀、官僚、买办阶级、大地主阶级以及附属于他们的一部分反动知识界,是我们的敌人。工业无产阶级是我们革命的领导力量。一切半无产阶级、小资产阶级,是我们最接近的朋友。那动摇不定的中产阶级,其右翼可能是我们的敌人,其左翼可能是我们的朋友"③。因此,在新民主主义革命时期,为工人争得权利、为农民争得权利、保护城市小资产阶级、民族资产阶级的利益成了新民主主义革命时期法律革命实践的主要内容。1922 年 8 月,中国共产党就开始支持工人运动,其中一个重要的活动就是劳动立法运动。比如,制定《劳动法大纲》,发布劳动立法斗争纲领。为劳动者争取集会结社权、同盟罢工权、国际联合权等各项工作权利。比如,向全国工会发出《关于开展劳动立法运动的通知》,宣传工人的各项权利。对农民也是如此。为了支持农民运动,保护无产阶级运动的天然同盟军。毛泽东在 1927 年对湖南农民运动进行实地调查,在大量调查材料的基础上,发表了《湖南农民运动考察报告》一文,在该文中,毛泽东高度肯定了农民的革命作用,

①　张希坡、韩延龙:《中国革命法制史》(上)(1921—1949),中国社会科学出版社 1987 年版,第 40 页。
②　《毛泽东选集》第一卷,人民出版社 1991 年版,第 3 页。
③　《毛泽东选集》第一卷,人民出版社 1991 年版,第 9 页。

赞扬农民协会的打土豪劣绅行为,赞成一切权力归农会。从理论和实践两个层面解决了无产阶级领导权的农民同盟军问题。因此,无论是从新民主主义革命的目的、新民主主义革命的直接目标还是新民主主义的动力等三个方面都可以看出,新民主主义革命成为这一阶段的马克思主义法律思想中国化的主题。

毛泽东的新民主主义理论源自无产阶级专政理论、特别是列宁和斯大林关于半殖民地的民主革命思想。马克思、恩格斯在《共产党宣言》中指出:"共产党人的最近目的是和其他一切无产阶级政党的最近目的一样的:使无产阶级形成为阶级,推翻资产阶级的统治,由无产阶级夺取政权。"[1]列宁作为一个马克思主义的继承者和创新者,是马克思主义具体化的第一个实践者,他看到了无产阶级革命的地区差异。列宁专门为共产国际第二次代表大会的召开准备了一个关于殖民地和民族问题的提纲草案,交给大会讨论。1920 年 7 月 26 日,列宁在大会上作了《民族和殖民地问题委员会的报告》,列宁在报告中提出:"在帝国主义时代,对于无产阶级和共产国际来说,特别重要的是:弄清具体的经济事实;在解决一切殖民地和民族问题时,不从抽象的原理出发,而从具体的现实生活中的各种现象出发。"[2]落后的国家是存在资产阶级民主运动的问题,共产国际和各国共产党应该支持落后国家的资产阶级民主运动。不考虑到一个国家的民族情况,忽视了半殖民地半封建的事实,"不在实际上支持农民运动,就能在这些落后国家里实行共产主义的策略和共产主义的政策,那就是空想"。"我们一致决定:不提'资产阶级民主'运动,而改提民族革命运动。"[3]但"毫无疑问,任何民族运动都只能是资产阶级民主性质的"[4]。受当时的历史条件的限制,中共一大只从《共产党宣言》中接受了马克思恩格斯的无产阶级专政思想,而没有

---

① 《马克思恩格斯选集》第 1 卷,人民出版社 1995 年版,第 285 页。
② 《列宁选集》第 4 卷,人民出版社 1995 年版,第 275 页。
③ 《列宁选集》第 4 卷,人民出版社 1995 年版,第 276 页。
④ 《列宁选集》第 4 卷,人民出版社 1995 年版,第 276 页。

能够有机会接受列宁的新思想和新观点。1921年，中国共产党的第一个纲领就宣称要推翻资产阶级的政权，建立无产阶级专政，照搬了《共产党宣言》中马克思和恩格斯的论断，没有考虑到中国的半殖民地半封建的社会性质。对中国而言，由于中国处在一个半殖民地半封建的国情背景下，资产阶级民主革命是不可避免的。中共二大看到了中国的国情，强调中国无产阶级要帮助资产阶级革命，在这个过程中，积聚力量，建立无产阶级专政。1937年5月，毛泽东在中国共产党全国代表会议上指出："历史给予我们的革命任务，中心的本质的东西是争取民主。"[1]争取民主，就是要建立无产阶级专政，但是，中国革命是分阶段的，必须要经历新民主主义革命，才能进入到社会主义革命阶段，所以，毛泽东说，"我们是革命转变论者，主张民主革命转变到社会主义方向去。民主革命中将有几个发展阶段，都在民主共和国口号下面"[2]。1940年，毛泽东在《新民主主义论》中明确主张中国革命是世界革命的一部分，"中国革命的历史特点是分为民主主义和社会主义两个步骤，而其第一步现在已不是一般的民主主义，而是中国式的、特殊的、新式的民主主义，而是新民主主义"[3]。中国从事的革命任务就是反帝反封建，所要建设的政权就是新民主主义共和国政权，所建立的宪制只能是新民主主义宪制。中国共产党领导中国的民族革命，也要走向宪制，用宪法巩固我们的政权，但是，这种宪制有其特殊性和阶段性，所谓的特殊性，就是中国的民主革命是在半殖民地半封建的场域中进行的，而在反对帝国主义和反对封建主义的过程中，资产阶级和无产阶级必然要进行争夺领导权，"从资产阶级占优势到无产阶级占优势，这是一个斗争的长过程"[4]。无产阶级夺取革命领导权的过程，就是如何在半殖民地半封建的国情基础之上进行民主政治的建设过程。所谓的阶段性，就是随着中国的革命分为新民主主义

---

① 《毛泽东选集》第一卷，人民出版社1991年版，第274页。
② 《毛泽东选集》第一卷，人民出版社1991年版，第276页。
③ 《毛泽东选集》第二卷，人民出版社1991年版，第666页。
④ 《毛泽东选集》第一卷，人民出版社1991年版，第276页。

革命和社会主义革命两个阶段,无产阶级领导的民主政治建设必然也要分为两个阶段,即新民主主义宪制阶段和社会主义宪制阶段。新民主主义宪制在性质上是社会主义宪制的过渡。以毛泽东同志为主要代表的中国共产党人创造性地将马克思主义民主革命思想运用到中国的新民主主义革命实践之中,形成了毛泽东的新民主主义理论和新民主主义宪制思想,发展了马克思主义的民主革命思想、发展了马克思主义无产阶级专政学说,有力地指导了中国的新民主主义革命和新民主主义宪制建设。

二、马克思主义人权思想的传入与具体化

（一）马克思主义人权思想的传入

人权是指人作为人应当享有的权利。人权作为一种观念,"早在产生'奴役人、束缚人、压迫人、禁锢人、使人不成其为人'的公权力那天起便产生了"[①]。人权作为一个普遍的政治法律概念,最初是在 17、18 世纪,因反对封建神权、君权和等级特权的需要而由新兴的资产阶级思想家提出来的,他们高举"天赋人权"的旗帜,主张人人生而平等。1776 年,美国的《独立宣言》首先把"天赋人权"写进资产阶级革命的政治纲领。宣称:人人生而平等,他们都从"造物主"那边被赋予了某些不可转让的权利,其中包括生命权、自由权和追求幸福的权利。

资产阶级人权思想及其制度化只是近现代人权发展的第一个阶段,马克思主义人权思想的形成及其制度化是现代人权思想发展的第二个阶段。马克思有丰富的人权思想。在马克思还没有转变为一个历史唯物主义者的时候,马克思就批判专制、信仰人权。马克思说:"专制制度的唯一原则就是轻视人类,使人不成其为人,而这个原则比其他很多原则好的地方,就在

---

① 张文显:《法理学》,高等教育出版社 2011 年版,第 277 页。

于它不单是一个原则，而且还是事实。"①成为历史唯物主义者之后，马克思看清了资本主义人权的虚伪性，更加关注劳动人民的人权。马克思说，在资本主义生产关系下，"劳动力的买和卖是在流通领域或商品交换领域的界限以内进行的，这个领域确实是天赋人权的真正伊甸园。那里占统治地位的只是自由、平等、所有权和边沁。自由！因为商品例如劳动力的买者和卖者，只取决于自己的自由意志。他们是作为自由的、在法律上平等的人缔结契约的。契约是他们的意志借以得到共同的法律表现的最后结果。平等！因为他们彼此只是作为商品占有者发生关系，用等价物交换等价物。所有权！因为每一个人都只支配自己的东西。边沁！因为双方都只顾自己。使他们连在一起并发生关系的惟一力量，是他们的利己心，是他们的特殊利益，是他们的私人利益。正因为人人只顾自己，谁也不管别人，所以大家都是在事物的前定和谐下，或者说，在全能的神的保佑下，完成着互惠互利、共同有益、全体有利的事业"②。在自由资本主义制度下，"平等地剥削劳动力，是资本的首要的人权"③。站在历史唯物主义的立场上，马克思强调，"权利决不能超出社会的经济结构以及由经济结构制约的社会的文化发展"④。工人阶级要争取平等的权利与义务，就需要争得民主，建立无产阶级专政，而人民也有权利来为自己建立适宜自己权利发展的新的国家制度。马克思主义人权思想的制度化则产生于"1917年俄国十月革命以后，其内容是经济、社会和文化权利，其特点是强调人权的平等性、积极性，要求国家采取积极行动保障公民平等地享有经济、社会和文化权利"⑤，尤其强调劳动者的人权及其实现。

1840年鸦片战争后，中国的一些资产阶级知识分子开始接受西方的人

---

① 《马克思恩格斯全集》第1卷，人民出版社1956年版，第411页。
② 《马克思恩格斯全集》第44卷，人民出版社2001年版，第204—205页。
③ 《马克思恩格斯全集》第44卷，人民出版社2001年版，第338页。
④ 《马克思恩格斯选集》第3卷，人民出版社1995年版，第305页。
⑤ 付子堂：《法理学进阶》，法律出版社2013年版，第83页。

权思想。康有为、梁启超、孙中山都是重要的代表人物。康有为"早年的思想以《大同书》为代表，极言天赋人权，力批封建专制"①。梁启超亦主张，人人生而有应然之权利，生命与自由是人的两大基本要素，"二者缺一，实乃非人"②。孙中山领导的辛亥革命同样高举人权的旗帜。孙中山以"驱除鞑虏，恢复中华，创立民国，平均地权"为纲领，以民族主义、民权主义、民生主义为指导思想，以立法权、行政权、司法权、考试权、监察权五权分治的宪法思想为支撑，领导中国的资产阶级民主革命。五四运动高举民主与科学的旗帜，提出"人权平等"、思想言论自由、个性解放和个人权利等思想，极大地促进了中国的人权运动。陈独秀是五四运动的领导者，也是一位中国近现代史上最重要的人权战士。陈独秀最初接受个人主义之人权自由观，在《爱国心与自觉心》一文中，陈独秀指出："夫帝国主义，人权自由主义之仇敌也，人道之洪水猛兽也，此物不僵，宪政终毁。"③俄国十月革命以后，陈独秀的人权思想已经发生了转换，其人权主张开始与社会主义相结合，"从主张政治平等进而主张社会平等"④。陈独秀还将人权与言论自由权联系在一起，在《法律与言论自由》一文中，陈独秀明确指出："世界上有一种政府，自己不守法律，还要压迫人民并不违背法律的言论，我们现在不去论他，我们要记住的正是政府一方面自己应该遵守法律，一方面不但要尊重人民法律以内的言论自由，并且不要压迫人民'法律以外的言论自由'。法律只应拘束人民的行为，不应拘束人民的言论，因为言论要有逾越现行法律以外的绝对自由，才能够发现现在文明的弊端，现在法律的缺点。言论自由若要受法律的限制，那便不自由了。言论若是不自由，言论若是没有'违背法律的自由'，那便只能保守现在的文明，现在的法律，决不能够创造比现在更好的文明，比现在更好的法律。像这种保守停滞的国家社会，不但自己不能

---

① 杜钢建：《中国近百年人权思想》，汕头大学出版社2007年版，第32页。
② 梁启超：《梁启超选集》，上海人民出版社1984年版，第158页。
③ 《陈独秀文章选编》（上册），生活·读书·新知三联书店1984年版，第68页。
④ 杜钢建：《中国近百年人权思想》，汕头大学出版社2007年版，第114页。

独立创造文明,就是跟着别人的文明一同进步,也不容易。"①站在马克思主义的立场之上,陈独秀特别关心劳动者的人权,在《告劳动》一文中,陈独秀告诉工人阶级一要觉悟,二要革命。他说:"诸君知道诸君的困苦是从哪里得来的吗? 不用说了,诸君的困苦是从诸君都是一个被雇的劳动而来的。土地、机器、房屋那等生产工具都归资本家私人占有了,诸君要做工糊口,而没有土地、机器、房屋等工具,所以不得不把力气卖给资本家做他的雇工。资本家给雇工的工钱仅够糊口度命,其余大部分利益都归到资本家的荷包,因此资本家一天富似一天,劳动者一天穷似一天。诸君的困苦就是从这里来的,诸君想要免除困苦,非把资本家私有的土地、机器、房屋等生产工具改归劳动界大家公有不可。"②在中国的马克思主义群体中,"李大钊属于既接受社会主义无产阶级专政学说,又高举人权旗帜宣传人权理论的一代。他怀有坚定的社会主义信念,同时真诚执着地追求人权理想"③。李大钊在宣传马克思主义劳工理论过程中,不仅接受了马克思主义人权观,而且强烈主张劳动者通过革命而实现人权。在《我的马克思主义观》一文中,李大钊说:"少数资本家的工厂,就是多数无产阶级的大营。从前的有产阶级,为了这个事业,不知费了多少心力,奔走呼号了三世纪之久,他们所标榜的'人权'、'工人自由'的要求,正是他们胜利的凯歌。因为他们要想在市场里收买这种便宜货品,必须使这些工人脱离以前的关系,能够自由有权以出售他自己。他们的事业成功了,工人的运命也就沉落在地底了! 资本主义是这样发长的,也是这样灭亡的。他的脚下伏下了很多的敌兵,有加无已,就是那无产阶级"④。在《自由与秩序》一文中,李大钊指出了自由论者与秩序论者的冲突实质,他说:"极端主张发展个性权能者,尽量要求自由,减少社会及于个人的限制;极端主张扩张社会权能者,极力重视秩序,限制个

---

① 胡明编选:《陈独秀选集》,天津人民出版社 1990 年版,第 82—83 页。
② 胡明编选:《陈独秀选集》,天津人民出版社 1990 年版,第 153 页。
③ 杜钢建:《中国近百年人权思想》,汕头大学出版社 2007 年版,第 132 页。
④ 《李大钊文集》(下),人民出版社 1984 年版,第 84 页。

人在社会中的自由。'个人主义'（Individualism）可以代表前说；'社会主义'（Socialism）可以代表后说。"①李大钊认为，"真正合理的个人主义，没有不顾社会秩序的；真正合理的社会主义，没有不顾个人自由的"②，所以，"我们所要求的自由，是秩序中的自由；我们所顾全的秩序，是自由间的秩序。只有从秩序中得来的是自由，只有在自由上建设的是秩序"③。在《平民主义》一文中，李大钊介绍和分析了世界平民主义的潮流，认为，"人民对于国家要求解放，地方对于中央要求解放，殖民地对于本国要求解放，弱小民族对于强大民族要求解放，农夫对于地主要求解放，工人对于资本家要求解放，妇女对于男子要求解放，子弟对于亲长要求解放。这些解放的运动，都是平民主义化的运动"④。李大钊认为："纯正的'平民主义'，就是把政治上、经济上、社会上一切特权阶级，完全打破，使人民全体，都是为社会国家作有益的工作的人，不须用政治机关以统治人身，政治机关只是为全体人民，属于全体人民，而由全体人民执行的事务管理的工具。凡具有个性的，不论他是一个团体，是一个地域，是一个民族，是一个个人，都有他的自由的领域，不受外来的侵犯与干涉，其间全没有统治与服属的关系，只有自由联合的关系。这样的社会，才是平民的社会；在这样的平民的社会里，才有自由平等的个人。"⑤

（二）马克思主义人权思想的具体化

马克思主义人权观随着马克思主义一起传入中国，为中国共产党所主张。在新民主主义革命阶段，"保障人权是中国新民主主义革命的重要纲领之一。中国共产党重视人权保障，加强人权法制建设，以团结广大群众，争取民主革命的胜利。中国共产党领导人民进行的革命斗争，从广泛意义

---

① 《李大钊文集》（下），人民出版社1984年版，第437页。
② 《李大钊文集》（下），人民出版社1984年版，第437—438页。
③ 《李大钊文集》（下），人民出版社1984年版，第438页。
④ 《李大钊文集》（下），人民出版社1984年版，第596页。
⑤ 《李大钊文集》（下），人民出版社1984年版，第609页。

上来说,就是争取和实现人权的伟大斗争"①。

1922年6月,中国共产党中央执行委员会发表了《中共中央第一次对时局的主张》,主张建立民主主义联合阵线,通过民主主义革命,建立民主政治、保障公民的基本权利。针对中国工人受帝国主义、封建势力和资产阶级的三重压迫,在政治上毫无自由现状,《时局的主张》提出,必须要废止治安警察条例和压迫罢工的专制主义法律,强调无论男女一律实行无限制的普遍选举权,保障人民结社、集会、言论、出版自由权;针对妇女地位低下的现状,《时局的主张》提出应"承认妇女在法律上与男子有同等的权利";针对童工与女工人权的悲惨现状,《时局的主张》提出应制定保护童工女工的法律及一般工作卫生的保险法。

大革命失败后,中国共产党的人权保护主张发生了一点变化,人权的权利主体范围由"人民"具体化为"工农劳动群众",即保护工人、农民、士兵的基本权利和利益。在革命根据地,中国共产党建立工农民主共和国,赋予工农兵等劳苦大众最广泛的民主自由权利。根据1931年的《中华苏维埃宪法大纲》的规定,在苏维埃政权领域内,工人、农民、红色战士及一切劳苦民众和他们的家属,不分男女、民族、宗教,在苏维埃法律面前一律平等,皆为苏维埃共和国的公民。公民依法享有广泛的政治权利、经济权利、受教育的权利。

抗日战争全面爆发以后,中国共产党为动员全民参加抗战,更加注重人权保障。毛泽东在《论政策》一文中,明确提出了自己的人权保护主张。他说:"关于人民权利。应规定一切不反对抗日的地主资本家和工人农民有同等的人权、财权、选举权和言论、集会、结社、思想、信仰的自由权,政府仅仅干涉在我根据地内组织破坏和举行暴动的分子,其他则一律加以保护,不加干涉。"②受毛泽东的人权保护思想的影响,几乎所有根据地都制订了人权保障条例。概括起来,此阶段,中国共产党的人权思想和人权政策,都发

① 付子堂:《马克思主义法律思想研究》,高等教育出版社2005年版,第199页。
② 《毛泽东选集》第二卷,人民出版社1991年版,第768页。

生了一些新变化。这种新变化体现在人权的主体和内容两个方面。对人权的主体"人"的规定，分为两种类型：一是把人规定为抗日人民，二是把"人"规定为国民和人民的综合。在人权内容上，分为三种类型或做法：第一种以《山东省人权保障条例》为代表，它规定的人权内容有民主平等权利、四大民权（选举、罢免、创制、复决之权）和各项自由权。第二种以《陕甘宁边区保障人权财权条例》为代表。规定边区一切抗日人民享有各项自由权和民主平等权。第三种以《晋西北保障人权条例》为代表。它规定人权的内容主要是人民的各项自由权。①

抗日战争结束后，中国共产党的人权思想和人权政策，随着形势的变化又有了新发展。在《和平建国纲领草案》中，中国共产党主张应赋予人民广泛的民主自由权利。《草案》规定：政府应保证国内人民享受一切民主国家在平时应享有之思想、信仰、言论、出版、集会、结社、通讯、居住、迁移、营业、罢工、游行、示威及免于贫苦、免于恐怖等自由；严禁司法和警察以外的机关有拘捕并审讯和处罚人民之权；所有侵害人民权利的一切特务机构，应即解散，并立即无条件释放汉奸以外之一切政治犯；立即无保留地废除一切新闻、出版、戏剧、电影及邮电等检查制度；一切政府机关与军政人员，凡有侵犯上述人民自由之行为者，应予处罚；等等。1946 年 4 月，《陕甘宁边区宪法原则》规定，人民行使政治上各项自由权利，受到政府指导与物质帮助。此外，还有两项特别规定：一个是规定边区人民不分民族，一律平等；一个是规定人民有武装自卫的权利。解放战争开始后，各解放区人民政府仍然注重人权保护。1947 年 4 月的《内蒙古自治政府施政纲领》和 1948 年 8 月的《华北人民政府施政方针》就是典型代表。这些施政纲领规定，解放区要切实地保障人民的合法民主自由权利。不得侵犯人民的言论、出版、集会、结社、信仰、迁徙、旅行等自由。凡年满十八岁的华北解放区人民，除精神病患

---

① 参见张希坡、韩延龙：《中国革命法制史》（上）（1921—1949），中国社会科学出版社 1987 年版，第 49—50 页。

者和依法判决褫夺公民权者外,不分性别、种族、阶级、职业、信仰、教育程度等,一律享有选举权和被选举权。对于居住在华北解放区的外国人或游历者,只要尊重中国主权和遵守华北人民政府法令,一律加以保护。①

总之,在新民主主义革命阶段,中国共产党站在马克思主义的立场上,根据每个阶段的不同形势变换,不断调整自己的人权政策,推动了马克思主义人权思想在中国的新发展,并形成了中国化的马克思主义人权思想成果。这种思想成果为社会主义人权思想的形成打下了基础。

三、马克思主义党法关系思想的传入与具体化

（一）马克思和列宁的党法关系思想

马克思主义党法关系思想主要体现在马克思和列宁的法律思想当中。马克思和列宁对政党与法律之间关系有精辟分析和精深论述。马克思认为,"暴力是每一个孕育着新社会的旧社会的助产婆"②。"革命是人民权利的法律根据;人民根据革命提出自己的强烈要求。""我们的基础不是法制的基础,而是革命的基础。"③就巴黎公社而言,马克思认为"公社是一个实干的而不是议会式的机构,它既是行政机关,同时也是立法机关"④。列宁认为"党的机关和苏维埃机关应该划清职权"⑤。"在党的代表大会上是不能制定法律的。"⑥"我们的政权愈趋向稳固,民事流转愈发展,就愈需要提出加强革命法制这个坚定不移的口号"⑦。"假如我们指望写上 100 个法

---

① 参见张希坡、韩延龙:《中国革命法制史》(上)(1921—1949),中国社会科学出版社1987年版,第60页。

② 《马克思恩格斯全集》第23卷,人民出版社1972年版,第819页。

③ 《马克思恩格斯全集》第6卷,人民出版社1961年版,第130、118页。

④ 《马克思恩格斯文集》第3卷,人民出版社2009年版,第154页。

⑤ 《列宁全集》第43卷,人民出版社1987年版,第118页。

⑥ 《列宁选集》第4卷,人民出版社1995年版,第458页。

⑦ 《列宁全集》第42卷,人民出版社1987年版,第353页。

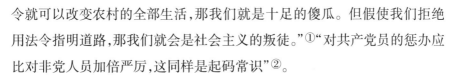

令就可以改变农村的全部生活，那我们就是十足的傻瓜。但假使我们拒绝用法令指明道路，那我们就会是社会主义的叛徒。"①"对共产党员的惩办应比对非党人员加倍严厉，这同样是起码常识"②。

马克思和列宁的这些论述主要涉及两个方面的内容：一个是马克思主义政党是否要遵守资产阶级国家的法律，特别是马克思主义政党如何看待革命和守法之间的关系，以及要不要在政权革命之外再掀起法律革命问题？二是马克思主义政党及其成员是否要遵守自己制定的法律，特别是马克思主义政党成为执政党以后，应如何处理好党组织与立法机关、司法机关等国家机构之间的关系？涉及在国家治理和社会建设中，是主要依靠政策还是主要依靠法律等基本问题。比较而言，马克思主要偏重于对第一个方面内容的论述，在革命与法律之间，马克思以剥夺剥夺者、生产力发展为根据主张暴力革命，马克思以革命的正当性否定了资产阶级政党和法律，当然，马克思在主张无产阶级也要有自己的法制原则，在马克思看来，巴黎公社既是行政机关，也是立法机关。列宁偏重于对第二个方面内容的论述，涉及党的机关和苏维埃机关职权划分问题，涉及是否加强革命法制问题，涉及党员是否需要更严格的守法问题。

马克思、列宁关于党法关系的重要论述是马克思主义党法关系中国化的理论渊源，构成了马克思主义党法关系思想的最初内容。自马克思主义传入中国并成为中国共产党的指导思想开始，党法关系问题就成为中国共产党发展历程中的一个"关乎党和国家生死存亡的重大理论与实践问题"③。从学界的研究来看，当今国内学界的研究内容主要集中在以下四个方面：一是梳理和分析列宁的党法关系思想及其价值。④ 二是梳理和分析

①　《列宁选集》第3卷，人民出版社1995年版，第783页。

②　《列宁选集》第4卷，人民出版社1995年版，第633页。

③　张国安：《列宁的党法关系思想及其当代启示》，载《社会主义研究》2008年第1期。

④　参见付子堂：《学习列宁关于党与法关系理论的启迪》，载《现代法学》1990年第5期；张国安：《列宁对社会主义国家党法关系问题的探索》，《学术论坛》2007年第5期。

邓小平的党法关系思想及其现代价值。① 三是研究党法关系的基本理论问题,主张党法关系是党政关系的一个重要方面,必须进行认真的研究。② 四是对社会主义党法关系的演进历程进行简单的历史考察。③ 从马克思主义中国化的角度来看,现有的研究成果尚缺乏对马克思主义党法关系思想的中国化问题的系统性研究。

（二）中国共产党早期对党法关系的探索

从建党到新中国成立前后,中国共产党便以马克思主义理论为指导,以马克思主义政党的身份领导广大劳动人民开展了一系列的法律革命运动,并在法律革命的过程中,建构了一系列的革命性质的法律。这一时期是中国共产党对马克思、列宁的党法关系思想的学习模仿以及对自身的党法关系的探索时期。

中国共产党在新民主主义革命时期,一直在与资产阶级政党争夺革命的领导权。在第一次国内革命战争期间,革命的领导权牢牢地掌握在国民党手中。中国共产党作为代表劳苦大众的无产阶级政党主张要废除不适合新民主主义革命的法律,建立适用新民主主义革命需要的法律。1922 年 6 月,中国共产党中央执行委员会发表《中共中央第一次对时局的主张》就涉及这个问题,《时局的主张》要求必须废止治安警察条例和压迫罢工的粗暴法律,制定宪法,保障人民的各项民主权利。中国共产党这一时期的主张只是一种法律主张,还没有涉及中国共产党自身与法律之间的党法关系问题。

从大革命失败以后,中国共产党开始进行武装革命和土地战争,在革命根据地建立自己的工农民主专政政权。党法关系也成了中国共产党不能不

① 参见杜耀富:《领导人民制定宪法和法律的党必须在宪法和法律范围内活动——学习邓小平关于党与法关系的理论》,载《现代法学》1994 年第 5 期;王光森:《邓小平党法关系思想及其现实启示》,载《中共福建省委党校学报》2013 年第 11 期。
② 参见李学斌、薛静:《论党法关系》,载《河北学刊》1988 年第 6 期。
③ 参见陈建:《社会主义"党法关系"演化进程的历史考察》,载《佳木斯大学社会科学学报》2013 年第 6 期。

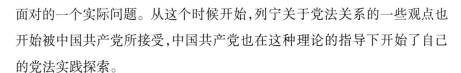

面对的一个实际问题。从这个时候开始,列宁关于党法关系的一些观点也开始被中国共产党所接受,中国共产党也在这种理论的指导下开始了自己的党法实践探索。

1. 坚持党的政治领导,党政分工,由政府立法

中国共产党作为革命根据地的工农民主专政政权的领导党,面临的重要问题之一就是如何处理好自己和苏维埃政府之间的关系。这个问题,中国共产党从1928年有了自己的政权组织就认识到了这个问题。1928年3月19日,中共发布了《关于没收土地和建立苏维埃》的第37号中央通告。《通告》指出,"苏维埃是直接之民众政权,苏维埃的组织必须经过群众大会或代表会议选举,绝对禁止由党部指派式之组织"。1928年,中共六大通过的《苏维埃政权的组织问题决议案》,再一次理顺了党与苏维埃之间的关系。一方面,党是苏维埃思想的领导者,党随时随地都应作苏维埃思想上的领导者,而不应限制自己的影响。党对苏维埃的具体领导方式是:党应经过党团指导苏维埃。党在各处苏维埃中,均应有党团的组织,经过这些党团,经过党员所发的言论,表示党对苏维埃工作上各种问题的意见。另一方面,应预防以党代苏维埃或以苏维埃代党的种种危险。党政分工的思想和做法非常重要。在革命根据地,涉及立法问题,中国共产党都只是行使立法建议权,具体的法律法规都是苏维埃政府或革命根据地人民政府做出来的。如1931年的《中华苏维埃宪法大纲》、1941年冀鲁豫边区政府制定的《冀鲁豫边区保障人民权利暂行条例》、1942年陕甘宁边区政府制定的《陕甘宁边区保障人权财权条例》、1946年陕甘宁边区政府制定的《陕甘宁边区宪法原则》、1948年的华北人民政府制定的《华北人民政府施政方针》,都是遵循这一原则的。

诚然,在新民主主义革命过程中,由于各种各样的原因,革命根据地也曾经出现过党政不分的现象,甚至出现过党包办一切的现象。对这个问题,毛泽东、邓小平、董必武等都有清醒的认识,并强烈反对这种现象。1928年,毛泽东结合井冈山革命斗争实际情况,在写给中共中央的报告中谈到了

这个问题：毛泽东说："党在群众中有极大的威权，政府的威权却差得多。这是由于许多事情为图省便，党在那里直接做了，把政权机关搁置一边。这种情形是很多的。政权机关里的党团组织有些地方没有，有些地方有了也用得不完满。以后党要执行领导政府的任务；党的主张办法，除宣传外，执行的时候必须通过政府的组织。国民党直接向政府下命令的错误办法，是要避免的。"①1941年，邓小平写的《党与抗日民主政权》是一篇全面阐述共产党关于党法关系的重要文献。在这篇文章中，邓小平指出，有些"同志误解了党的领导，把党的领导解释为'党权高于一切'，遇事干涉政府工作，随便改变上级政府法令；不经过行政手续，随便调动在政权中工作的干部；有些地方没有党的通知，政府法令行不通，形成政权系统中的混乱现象。……一切要决定于共产党。于是要钱的是共产党，要粮的是共产党，政府一切法令都是共产党的法令，政府一切错误都是共产党的错误，政府没有威信，党也脱离了群众。这实在是最大的蠢笨！"②

2. 党组织和党员应成为服从法令的模范，党员犯法应加重治罪

在革命根据地，如果党员犯法，在适用法律的过程中，是否有例外呢？党组织和党员是否要遵守革命根据地的革命法制呢？这成为中国共产党在处理党法关系过程中必须要认识清楚并要予以妥善解决的问题。

在土地革命时期，受阶级斗争理论的影响，中华苏维埃共和国在《中华苏维埃共和国惩治反革命条例》过程中，曾经把"'贯彻阶级路线'作为一条重要的刑法原则，即对工农出身和对革命有功绩者犯罪，得减免其刑罚"③。该《条例》第三十五条规定：凡对苏维埃有功绩的人，其犯罪行为可按照本条例各该条文的规定减轻处罚。张希坡和韩延龙认为关于工农出身者得减免刑罚的规定，是在纠正肃反扩大化时，同"分清首要与附和"同时提出的，

---

① 《毛泽东选集》第一卷，人民出版社1991年版，第73页。
② 《邓小平文选》第一卷，人民出版社1994年版，第11页。
③ 张希坡、韩延龙：《中国革命法制史》（上）（1921—1949），中国社会科学出版社1987年版，第303页。

有其特定的历史背景,对于这些规定,应作具体分析。① 笔者赞成这样的观点。当然,这个问题从法理上讲,还涉及法律适用的公平性问题。巧合的是,这项刑法适用原则因为一个案件而为中国共产党人所认识,并最终加以改变。1937 年,陕北发生了黄克功因逼婚不成而枪杀革命青年刘茜的故意杀人案。因黄克功对革命有突出贡献,当时许多人认为应对黄克功从轻处罚。审判长雷惊天决定写信向党中央和毛泽东主席请示。很快,毛泽东就给出指示,指示认为,黄克功"以一个共产党员红军干部而有如此卑鄙的,残忍的,失掉党的立场的,失掉革命立场的,失掉人的立场的行为,如为赦免,便无以教育党,无以教育红军,无以教育革命者,并无以教育做一个普通的人。……他之处死,是他的自己行为决定的。一切共产党员,一切红军指战员,一切革命分子,都要以黄克功为前车之戒"②。毛泽东对该案的指示,已经反映出来中国共产党对刑法面前人人平等观点的形成,开创了革命法制的平等适用原则。

党员犯法应加重治罪,是列宁在 1922 年提出来的。列宁在给库尔斯基的信中说到,"对共产党员的惩办应比非党人员加倍严厉,这同样是起码常识"③。这一观点与延安判决黄克功案的思路是一致的。

当然,黄克功案的公正审判和正义裁决并没有彻底改变革命根据地的党员遵守法律问题。反而有些党员居功自傲,不遵守政府法令。1940 年 8 月,董必武在陕甘宁边区中共县委书记联席会议上发表了《更好地领导政府工作》的讲话,直接分析了这个问题。他指出,边区政府的法令是"政府在党领导下所颁行的法令,所公布的布告,所提出的号召,我们的党组织和党员首先应当服从那些法令,遵照那些布告,响应那些号召,成为群众中爱

---

① 参见张希坡、韩延龙:《中国革命法制史》(上)(1921—1949),中国社会科学出版社1987 年版,第 303 页。

② 《毛泽东书信选集》,人民出版社 1983 年版,第 110—111 页。

③ 《列宁全集》第 42 卷,人民出版社 1987 年版,第 426 页。

护政府的模范"①。有些党员犯了法,不想接受审判和制裁,而一些地方党组织也觉得党员犯法,是党内的事,可以不需要接受法律的审判和制裁。董必武认为这是不对的,为什么呢? 董必武进一步解释说:"那些法令和秩序是我们公共生活所必须,而且法令是经过了一定的手续才制定出来的,秩序是经过一定的时间才形成起来的。在制定和形成时已经渗透了我们自己的意见和活动。我们如果违背了政府的法令,破坏了社会的秩序,我们自己必须负责,受到国家法律的制裁。"②党员必须要遵守边区政府的法令,党员犯法,必须加重治罪。此后,抗日革命根据地在制定人权保障条例时就明显地增加了这个原则。如 1943 年的《渤海区人权保障条例》第二条规定,公务人员违反人权条例,从严治罪。

诚然,在新民主主义革命时期,由于新民主主义革命实践的需要,特别是武装斗争的需要,总的来说,中国共产党"主要是靠政策办事,注重的是政策,没有依法办事的习惯"③。但是,中国共产党在这个时期也并没有完全舍弃法律,其关于党政分工、党组织和党员应该成为服从于法令的楷模、党员犯法加重处罚以及犯法一定要接受法庭的审判和处罚的主张和观点,就是其在处理中国共产党作为执政党与法律之间关系的基本观点。这些观点有一定时代价值,更重要的是,对此后的社会主义革命和社会主义建设中如何处理好政党与法律之间的关系问题,提供了经验积累和理论积淀。

四、马克思主义国家和法的本质观的传入与具体化

（一）中国共产党的法律革命主张

在新民主主义革命时期,中国共产党不仅主张要进行生产关系的革命,

---

① 《董必武法学文集》,法律出版社 2001 年版,第 3 页。

② 《董必武法学文集》,法律出版社 2001 年版,第 3 页。

③ 彭真:《发展社会主义民主,健全社会主义法制有关重要论述摘编》,法律出版社 1988 年版,第 201 页。

而且也一直主张必须要进行法律革命。1922 年 6 月，中国共产党中央执行委员会发表了《中国共产党对于时局的主张》。该《主张》提出必须废止压迫工人罢工的治安警察条例等专制主义法律，保障人民结社、集会、言论、出版自由权。这是中国共产党第一次明确提出法律革命的主张。

1937 年 8 月，为了团结一切能够团结的力量，组建抗日民族统一战线，中国共产党根据时局的需要，发布《抗日救国十大纲领》，该《纲领》第三条明确主张：全国人民除汉奸外，皆有抗日救国的言论，出版，集会，结社，及武装抗敌之自由，废除一切束缚人民爱国运动的旧法令，颁布革命的新法令。这是中国共产党第二次明确地提出法律革命的主张。

抗日战争胜利后，中国面临着两种命运、两种前途的选择。1945 年 8 月，中共中央发布了《对目前时局的宣言》，正式提出"和平、民主、团结"三大口号。1946 年 1 月，以周恩来为团长的中共谈判代表团提出了《和平建国纲领草案》，提出一系列政治主张。该《草案》主张统一全国法律，以"保障人民基本的政治民主自由权利"和"承认男女平等及各党派的平等合法地位"为原则，废止和修改与这两个基本原则相抵触的现行法令。解放战争爆发后，和平修改现行法律成为泡影。1946 年 11 月，国民党在重庆单方面召开国民大会，通过《中华民国宪法》，引发了共产党的严重抗议，《解放日报》在 12 月 28 日发表了社论《弄真成假——评蒋介石"国大"的闭幕》，主张坚决否认和取消蒋介石的伪国大宪法。1949 年元旦，蒋介石发表了要求再次和谈的《新年文告》，以保存国民党的宪法、法统、军队为谈判条件。在此背景下，中国共产党第三次明确地提出了废除伪宪法、伪法统，废除六法全书的主张。1949 年 1 月 14 日，《中共中央毛泽东主席关于时局的声明》指出，"在这两年半的战争中，南京国民党反动政府违背民意，召集了伪国民大会，颁布了伪宪法，选举了伪总统，颁布了所谓'动员戡乱'的伪令，出卖了大批的国家权利给美国政府"①。现在，蒋介石所提出的和中国共产

---

① 《毛泽东选集》第四卷，人民出版社 1991 年版，第 1386 页。

党和平谈判的建议是虚伪的，全国人民不能接受。从全国公意的角度出发，中国共产党提出了自己的八项条件："（一）惩办战争罪犯；（二）废除伪宪法；（三）废除伪法统；（四）依据民主原则改编一切反动军队；（五）没收官僚资本；（六）改革土地制度；（七）废除卖国条约；（八）召开没有反动分子参加的政治协商会议，成立民主联合政府，接收南京国民党反动政府及其所属各级政府的一切权力"[1]。1949 年 2 月，中共中央发布《废除国民党的六法全书与确立解放区的司法原则的指示》，该指示揭露了《六法全书》的阶级本质和废除《六法全书》的必要性，拉开了废除《六法全书》的序幕。1949 年 3 月 31 日，董必武以华北人民政府主席的名义签署《废除国民党的六法全书及一切反动的法律》的训令。废除《六法全书》是中国革命法制发展史上的重大事件，它应用并解释了马克思主义法律观，也是对马克思主义法律本质观的具体化。

（二）马克思主义国家和法的本质观的继受与应用

无产阶级暴力革命的思想及破坏国家法律体系的萌芽，是恩格斯法律思想的一次重大飞跃。[2] 早在《国内危机》一文中，恩格斯敏锐地认识到英国法制中包含的阶级性质及其内在矛盾。恩格斯感觉到英国人的守法传统将会有力地把工人运动局限在"合法"的范围内。他指出，"合法革命"的思想"本身就是矛盾，是实际上不可能的事……只有通过暴力变革现有的反常关系，根本推翻门阀贵族和工业贵族，才能改善无产者的物质状况。英国人所特有的守法观念还在阻碍着他们从事这种暴力革命"[3]。在《英国工人阶级状况》一文中，恩格斯不仅精辟地揭露了英国君主立宪政体的本质和特征，也抨击了资产阶级法律的本质和残酷性，他指出，资产阶级的法律基础是以无产阶级为敌人，因此，法律对资产阶级来说是很神圣，因为法律本

---

① 《毛泽东选集》第四卷，人民出版社 1991 年版，第 1389 页。
② 参见吕世伦：《法理的积淀与变迁》，法律出版社 2001 年版，第 39 页。
③ 《马克思恩格斯全集》第 3 卷，人民出版社 2002 年版，第 411 页。

来就是资产者创造的，"是经过他的同意并且是为了保护他和他的利益而颁布的"①。但是，在工人阶级看来，"法律对他来说是资产者给他准备的鞭子"②。资产阶级的法律政治实践与它的"法治国"的理论学说之间处于惊人的矛盾之中。解决这个矛盾的办法，只有建立无产阶级民主。在《共产党宣言》中，针对一些反对党派的态度，马克思恩格斯指出："你们既然用你们资产阶级关于自由、教育、法等等的观念来衡量废除资产阶级所有制的主张，那就请你们不要同我们争论了。你们的观念本身是资产阶级的生产关系和所有制关系的产物，正像你们的法不过是被奉为法律的你们这个阶级的意志一样，而这种意志的内容是由你们这个阶级的物质生活条件来决定的"③。马克思恩格斯的这段话，深刻地影响着人们对法的本质的看法，法的阶级意志性和物质制约性的特征就是从这段话中归纳出来的。马克思、恩格斯指出，法是阶级斗争发展到一定阶段的产物，它从来就是阶级斗争的重要工具。"要废除资产阶级的法，就必须废除这种法赖以产生、存在的资本主义私有制，但这要通过革命来实现。"④在《路易·波拿巴的雾月十八日》一文中，马克思进一步阐述了他的国家学说，特别是无产阶级对资产阶级国家和法律的态度。他根据法国的历史揭示了资产阶级国家的本质、特征以及各种不同形式，指出一切资产阶级革命都没有动摇在君主专制下已经形成的军事官僚机器，而是把现存的国家机器看作主要的战利品。"一切变革都是使这个机器更加完备，而不是把它摧毁。"⑤无产阶级则要"集中自己的一切破坏力量"⑥来反对这个国家机器。现代社会所需要的国家中央集权制，只能在旧的军事官僚政府机器的废墟上建立起来。这就是马克思主义的"打碎论"，而打碎的对象当然包括废除资产阶级的旧法体系。马

---

① 《马克思恩格斯文集》第1卷，人民出版社2009年版，第462页。
② 《马克思恩格斯文集》第1卷，人民出版社2009年版，第462页。
③ 《马克思恩格斯选集》第1卷，人民出版社1995年版，第289页。
④ 吕世伦：《法理的积淀与变迁》，法律出版社2001年版，第47页。
⑤ 《马克思恩格斯文集》第2卷，人民出版社2009年版，第565页。
⑥ 《马克思恩格斯文集》第2卷，人民出版社2009年版，第564页。

克思、恩格斯断然地批判无产阶级需要保存旧法制基础的说法。马克思在《对民主主义者莱茵区域委员会的审判》一文中指出："不能使旧法律成为新社会发展的基础，正像这些旧法律不能创立旧社会关系一样。""旧法律是从这些旧社会关系中产生出来的，它们也必然同旧社会关系一起消亡。""不顾社会发展的新的需要而保存旧法律，实质上不是别的，只是用冠冕堂皇的词句作掩护，维护那些与时代不相适应的私人利益，反对成熟了的共同利益。"①

废除"伪法统"和废除《六法全书》还不是一个概念，"伪法统"并不完全等于《六法全书》。1949年3月，新华社在"关于废除伪法统"答记者问时，解释了"法统"的三种含义：第一，"法统"就是"合法的正统"，是指"统治权力在法律上的来源而言"。第二，法统就是法律体系，或者叫"宪法和法律系统"。"有了什么样性质的国家政权，才有什么样的宪法和法律系统，才有什么样的法统……革命的阶级必须废除反革命统治阶级的反革命法统，重新建立自己的革命法统。"第三，法统就是法律传统。"旧统治阶级及其辩护者常散布一种欺骗，似乎先有一定的法统，一定的宪法和法律传统，然后根据这种传统的宪法和法律而产生某种国家政权。"②但无论如何，国民党的伪宪法和伪法统是建在官僚资本主义经济基础之上的，是为了维护官僚买卖资产阶级的利益的。而国民党的《六法全书》是为了保护封建地主、买办、官僚资产阶级的统治与镇压广大人民的反抗；人民要的法律，则是为了保护人民大众的统治与镇压封建地主、买办、官僚资产阶级的反抗。所以，董必武指出："阶级利益既相反，因而在法律的本质上就不会相同。不要以为国民党法律，也有些似乎保护人民的条文，因而也就值得留恋，要知道这是老虎的笑脸，其笑脸是为了吃人。不要以为新法律尚不完全，旧法律不妨暂时应用。要知道这是阶级革命，国民党反动统治阶级的法

---

① 《马克思恩格斯全集》第6卷，人民出版社1961年版，第292页。
② 《新华社"关于废除伪法统"答记者问》，载《解放日报》1949年3月15日。

律是广大劳动人民的枷锁。现在我们已经把这枷锁打碎了，难道我们又要从地上拾起已毁的枷锁，来套在自己的颈上吗？反动的法律和人民的法律，没有什么'蝉蜕交代'可言，而是要彻底地全部废除国民党反动的法律。"①

　　废除《六法全书》本身是一场法律革命，即是以"革"旧法的命为目的的革命运动。而之所以要"革"旧法的命，主要是因为遵循了马克思主义法学的阶级意志论。所以，董必武说："我们就不能不承认六法全书是统治者少数人压迫被统治者多数人的法律，也就是我们革命的对象。现在国家的本质已经变了，那么，旧国家的法律为什么不要推翻，还让它再存在下去呢。所以六法全书是一定要取消的。新的法律虽然还没有制定出来，但那不要紧，法律本是人造的。"②谢觉哉也谈到了这个问题，针对学过旧法律的人，留恋旧法和认为《六法全书》不好，改改就是，何必废掉的观点，谢觉哉指出，"这里有个必须弄清的道理：以前的革命（如也叫做革命的话），封建阶级也好，资产阶级也好，只是一种剥削方式代替另一种剥削方式，当权的都是剥削阶级，因此他们的法律，可以一脉相承，大同小异。现在是什么时代？非剥削阶级工农劳动者上了台，以前被统治者变为统治者，以前统治者变为被统治者，且要把它作为一个阶级消灭掉，这叫做'天翻地覆'，在历史上划个很深的鸿沟。所以那作为统治工具的法律，必须将它废除，在旧的废墟上建新房子，而不能只是把旧房子加以修葺。你如是个肯定了革命人生观的人，而又参加过人民革命的实际工作，那你定会对废除《六法全书》感到痛快"③。废除《六法全书》的过程，实际上就是"由法律革命，到革命法律"④过程的第一阶段。"旧的必须彻底粉碎，新的才能顺利成长"⑤，不冲破旧的法律概念及其形式，便不能有革命的法律出来，不废除旧法，就不能建立进

---

① 《董必武法学文集》，法律出版社 2001 年版，第 14—15 页。
② 《董必武政治法律文集》，法律出版社 1986 年版，第 88 页。
③ 《谢觉哉文集》，人民出版社 1989 年版，第 652 页。
④ 谢觉哉：《民主和法制——谢觉哉同志日记摘抄》，载《人民日报》1978 年 11 月 27 日。
⑤ 《董必武法学文集》，法律出版社 2001 年版，第 14—15 页。

步的新民主主义法律。因此,废除《六法全书》、摧毁旧法制和旧法学正是马克思主义法律思想中国化的必然过程和必然结果,是新民主主义革命时期最重要的马克思主义法律思想中国化实践。

第 三 章

艰辛探索和曲折发展（1949—1978）

从 1949 年新中国成立到 1978 年中共十一届三中全会召开,是中国社会主义革命和社会主义建设的探索与曲折发展时期,这一时期,中国完成了从新民主主义革命向社会主义革命、从社会主义革命向社会主义建设的方向转变。时代主题的转变和发展的曲折性对马克思主义法律思想中国化进程产生了重要影响。

一、从革命到建设的主题转变与马克思主义 法律思想中国化

（一）从革命到建设的主题转变

"马克思主义的各种词句中,'革命'和'建设'是两个关键词,前者和他们要推翻资本主义制度有关,后者与他们要建设共产主义社会的远大目标相联系。它们是马克思主义的创始人花费了毕生的精力而为之奋斗的两大事业。"①

---

① 朱景文:《革命的马克思主义法学和建设的马克思主义法学》,载朱景文:《法理学研究》(上),中国人民大学出版社 2005 年版,第 157 页。

马克思主义法律思想中国化是一个动态的过程，"这个过程是以中国人民革命和建设实践主题的转换和解答而划分成若干阶段"①，这三个阶段就是新民主主义革命阶段、社会主义革命阶段、社会主义建设阶段，这三个阶段是依次进行的，不能超越。"民主主义革命是社会主义革命的必要准备，社会主义革命是民主主义革命的必然趋势。"②社会主义革命是社会主义建设的必要准备，社会主义建设是社会主义革命的必然趋势。即将在全国取得胜利的时候，毛泽东明确指出，"我们不但善于破坏一个旧世界，我们还将善于建设一个新世界。中国人民不但可以不要向帝国主义者讨乞也能活下去，而且还将活得比帝国主义国家要好些"③。

新民主主义革命是一种解构上层建筑乃至整个国家和社会结构的活动。但是，在解构了国家和社会以后，党和国家还面临一个建设的任务。所以，毛泽东提出："夺取全国胜利，这只是万里长征走完了第一步。""我们能够学会我们原来不懂的东西"④。这里所谓不懂的东西，就是如何建设社会主义的问题，再具体而言，就是如何搞好经济建设的问题。为此，1949年，毛泽东在中国共产党第七届中央委员会第二次全体会议上提出接管城市后，党的工作重心就由乡村转移到城市，党和国家的一切"都是围绕着生产建设这一个中心工作并为这个中心工作服务的"⑤。1956年4月，毛泽东在主持起草《关于无产阶级专政的历史经验》一文时指出："这篇文章算是我们初步总结了经验教训。我认为最重要的教训是独立自主，调查研究，摸清本国国情，把马克思列宁主义的基本原理同我国革命和建设的具体实际结合起来，制定我们的路线、方针、政策。民主革命时期，我们走过一段弯路，吃了大亏之后才成功地实现了这种结合，取得革命的胜利。现在是社会主义革命和建设时期，我们要进行第二次结合，找出在中国进行社会主义革命

---

① 雍涛：《马克思主义哲学中国化的历史进程》，武汉大学出版社2006年版，第1页。
② 《毛泽东选集》第二卷，人民出版社1991年版，第651页。
③ 《毛泽东选集》第四卷，人民出版社1991年版，第1439页。
④ 《毛泽东选集》第四卷，人民出版社1991年版，第1438、1439页。
⑤ 《毛泽东选集》第四卷，人民出版社1991年版，第1428页。

和建设的正确道路。"①1963 年，毛泽东在听取国务院副总理兼国家科学技术委员会主任聂荣臻汇报十年科学技术规划时也谈到这个问题，毛泽东说："过去我们打的是上层建筑的仗，是建立人民政权，人民军队。建立这些上层建筑干什么呢？就是要搞生产。搞上层建筑、搞生产关系的目的就是解放生产力。现在生产关系是改变了，就要提高生产力。"②关于如何进行经济建设，中共中央提出"'三年准备、十年计划经济建设'的思想"③。当然，由于镇压反革命、"三反"和"五反"、社会主义改造等运动，中国共产党的主要精力仍没有放在建设这个主题上。毛泽东在 1956 年 4 月发表了著名的《论十大关系》讲话，开始反思苏联模式问题，探索如何进行社会主义建设，但他也同时指出了党和国家的工作重心还没有完全放在经济建设上。1959 年 6 月 11 日，毛泽东同秘鲁议员团谈话时也印证了这一点。他说，我们"过去干的一件事叫革命，现在干的叫建设，是新的事，没有经验"。"可以告诉你们，我们真正认真搞经济工作，是从去年八月才开始的。我就是一个。去年八月前，主要不是搞建设，而是搞革命。许多同志都是这样，把重点放在革命、社会改革上，而不是放在改造自然界方面。"④实际上，毛泽东此时所说的革命就是社会主义革命。当然，中国共产党的社会主义建设意识早就存在了。在渡过了国民经济的恢复期(1949—1952)以后，从 1953 年开始，新中国就制定了 1953—1957 年发展国民经济的计划，即第一个五年计划，力图尽快将中国建设成为社会主义工业强国。在第一个五年计划之后，中国又实施了第二个五年计划（1958—1962）、第三个五年计划（1966—1970）、第四个五年计划（1970—1975）。1975 年，中共中央还制定了《1976—1980 年发展国民经济十年规划纲要（草案）》，安排了"五五"计划。

---

① 转引自吴冷西：《十年论战——1956—1966 中苏关系回忆录》（上册），中央文献出版社 1999 年版，第 23—24 页。
② 《毛泽东文集》第八卷，人民出版社 1999 年版，第 351 页。
③ 《毛泽东文集》第六卷，人民出版社 1999 年版，第 143 页。
④ 《毛泽东文集》第八卷，人民出版社 1999 年版，第 72 页。

从宏观上讲,从新民主主义革命到社会主义革命,再到社会主义建设,是一种从革命实践活动到建设实践活动的主题转变过程,更是一个对经济基础和上层建筑的全面解构和建构过程。马克思主义法律思想中国化也受到了这个主题转换的影响。从新民主主义革命到社会主义革命、再到社会主义建设,这是三个不同的历史阶段,由于这三个阶段的主题不一样,其也直接影响了马克思主义法律思想中国化的内容。从中国共产党诞生到1949年,近代中国进入了新民主主义革命时期。在新民主主义革命时期,革命的任务就是要夺取和建立人民民主专政的政权。新民主主义革命和无产阶级专政就成为了马克思主义法律思想中国化的重要内容。马克思主义法律思想中国化的"突出标志就是新民主主义革命法制的诞生"①。建立了人民民主专政政权后,中国面临着一个从新民主主义向社会主义过渡的问题,必然面临着一个经济基础和上层建筑的全面革命。这种革命,一方面要进一步扫除阻碍生产力发展的上层建筑因素,另一方面要建构适合新的生产力发展需要的上层建筑因素,那就是打破国家机器和建立新的国家机构并举、改造旧司法和建构人民司法并举、废除旧法和移植与创建新法并举、对人民实行民主和对敌人实行专政并举。因此,由新民主主义法制向社会主义法制过渡,则成为马克思主义法律思想中国化的应有内容。搞建设则不同,搞建设必须搞法律,必须要用法律来管理国家,必须用法律为无产阶级新政权服务,确认无产阶级新政权的合法性;必须用法律来确认和保护新的所有制关系,维护社会主义新秩序;必须用法律的形式保护人民民主专政、扩大社会主义民主。正如董必武所说,"当国家的任务已经由解放生产力变为发展和保护生产力,……就必须进一步健全人民民主法制"②。此时,保护和发展生产力、维护无产阶级政权的合法性、维护社会的政治经济秩序是马克思主义法律思想中国化的应有内容。

---

① 公丕祥、夏锦文、刘旺洪:《当代中国的法律革命》,法律出版社 1999 年版,第 39 页。
② 《董必武法学文集》,法律出版社 2001 年版,第 380 页。

从微观上讲，从 1949 年到 1952 年是新中国国民经济恢复阶段。这一时期，主要是运用马克思主义的法律思想指导新中国的国家建构、人民民主政权的建立、移植苏联法学和打击反革命等。从 1953 年到 1956 年是社会主义革命阶段，从法律革命的角度来看，主要是运用马克思主义法律思想指导中国的社会主义改造，颁布新宪法，建立人民民主法制保障社会主义革命成果。上两个阶段是马克思主义法律思想中国化的比较顺利的发展阶段。从 1957 年以后到 1976 年这个阶段，是新中国曲折发展阶段，也是马克思主义法律思想中国化的曲折发展阶段，1957 年以后的"反右"运动以及随后人民公社运动、政法"大跃进"、"文化大革命"不仅使马克思主义法律思想中国化停滞，甚至出现了倒退现象。

（二）革命视域下的马克思主义法律思想中国化

在马克思主义法律思想中国化过程中，马克思主义包括马克思主义法律思想首先与中国的具体革命实践发生了结合，以服务于中国革命实践的需要。回顾 1956 年前的中国共产党历史，可以说这一时期的历史就是革命理论与革命实践相结合的历史。

马克思明确肯定革命的历史发展作用，认为"革命是历史的火车头"①，从而，从历史发展的角度论证了革命的价值和革命作用的进步性，为无产阶级革命进行合理性论证。在马克思主义法律思想的形成过程中，马克思、恩格斯同样强调法学理论服务于无产阶级革命实践需要的目的。首先，马克思立足于阶级斗争分析法律现象。自人类进入阶级社会以来，阶级、阶级斗争与法律就结下了不解之缘，从这个角度看，一部人类的法律史就是阶级斗争的历史。法律具有阶级意志性，是统治阶级意志的反映，是为统治阶级利益服务，是统治阶级统治人们的工具。无产阶级作为被统治阶级可以不遵守只反映资产阶级意志的法律，"以无产阶级的法律来代替资产阶级的法

---

① 《马克思恩格斯选集》第 1 卷，人民出版社 1995 年版，第 456 页。

律,这是再自然不过的事情"①,从而为无产阶级革命扫除法律上的障碍。其次,主张打碎论。马克思主义经典作家认为无产阶级不能简单地掌握现成的国家机器,必须要打碎旧的国家机器,其中包括废除资产阶级的旧法体系。因为旧法律是从这些旧社会关系中产生出来的,它们也必然同旧社会关系一起消灭。再次,提出"革命权"的概念和理论。针对无产阶级的革命问题,恩格斯还提出了"革命权"的概念和理论。在《卡·马克思〈1848年至1850年的法兰西阶级斗争〉一书导言》中,恩格斯指出:"须知革命权总是唯一的真正'历史权利',——是所有现代国家一无例外都以它为基础建立起来的唯一权利,连梅克伦堡也算在内,那里的贵族革命是1755年以《继承条约》这个至今还有效力的光荣的封建主义文书而告终的。革命权已经如此普遍地深入人心,甚至冯·博古斯拉夫斯基将军也只是根据这个人民权利才为自己的皇帝引伸出举行政变的权利。"②在《关于共产主义者同盟的历史》中,恩格斯进一步分析了革命权的行使条件,指出,"在这种普遍繁荣的情况下,即在资产阶级社会的生产力正以在整个资产阶级关系范围内所能达到的速度蓬勃发展的时候,也就谈不到什么真正的革命。只有在现代生产力和资产阶级生产方式这两个要素互相矛盾的时候,这种革命才有可能"③。总之,马克思和恩格斯作为国际共产主义运动的领袖,他们的一些法律思想明显地带有指导无产阶级革命功能,从而使得马克思主义法律思想具有浓厚的革命色彩。马克思主义的革命性概括起来主要表现为两种形式:一种表现为武器的批判,即马克思主义经典作家倡导通过暴力革命、实现无产阶级专政,争得无产阶级民主的现实的实践斗争;另一种表现为批判的武器,即对资产阶级的哲学理论等官方意识形态的批判。体现在法律思想上就是为暴力革命进行法律论证、批判资产阶级法学的唯心主义色彩、批判资产阶级法学的剥削本质、

① 《马克思恩格斯文集》第1卷,人民出版社2009年版,第463页。
② 《马克思恩格斯选集》第4卷,人民出版社1995年版,第522—523页。
③ 《马克思恩格斯选集》第4卷,人民出版社1995年版,第206—207页。

颠覆近代法学的形而上学基础,等等。因此,马克思主义法学在宣告新的法学世界观形成的同时,也非常强调自己理论的实践性,即服务于无产阶级革命实践的需要,也正因为如此,有学者称马克思主义法学为"革命马克思主义法学"①。

当具有革命性的法学理论与革命实践相结合时,马克思主义法学的革命性色彩更加鲜明。就俄国革命的情况来看,在列宁那里,革命更是一个中心问题,暴力革命、法律革命都是交织在一起的。在暴力革命面前,法律是无须遵守的。无产阶级政权是直接依靠革命的方法夺取,依靠下面的人民群众的直接的创举,而不是依靠集中的国家政权颁布的法律来实现。在俄国革命胜利后,苏联的一些法学家将法律、国家、阶级斗争死死地捆绑在一起,法学也由此成为了阶级斗争法学。

在新中国成立初期,同样出于无产阶级革命实践需要,新的人民政权根据马克思主义法律思想,一方面迅速着手打碎旧的国家机器,废除旧法统,另一方面同时移植苏联法学理论。这样,苏联的阶级斗争法学由此在中国迅速扎根。在法的起源问题上,认为法起源于阶级斗争的不可调和;在法的本质上,认为法是统治阶级的意志反映;在法的功能上,认为法是阶级镇压的工具,是无产阶级专政的刀把子;在法的类型上,认为以往的法都是剥削阶级的法,社会主义法不是剥削阶级的法;在法的发展问题上,认为法将随阶级和国家的消灭而消亡,法的一切都与阶级斗争密切地联系在一起,法制也被称为革命法制。陈守一在《中国法学三十年》一文中讲道,中国法学界在研究法学过程中曾形成一个公式:"法学＝政治性＝阶级斗争＝敌我矛盾"②,这是当时对革命的马克思主义法学理论的描述。由于马克思主义法学本身具有革命性,这种革命性的法学理论在与中国的具体革命实践结合

---

① 朱景文:《革命的马克思主义法学和建设的马克思主义法学》,载朱景文:《法理学研究》(上),中国人民大学出版社2006年版,第156页。

② 陈守一:《中国法学三十年》,《法学研究与法学教育论》,北京大学出版社1996年版,第60页。

过程中,就导致了"中国人开始接受的马克思主义并不是一个完整的理论体系,而首先接受的是历史唯物主义中关于暴力革命、阶级斗争的理论"①。1941 年,毛泽东在《关于农村调查》一文中讲过,1920 年第一次读了马克思、恩格斯的《共产党宣言》后,"我只取了它四个字:'阶级斗争'"②。这种理解方式的确影响了中国共产党人对马克思主义法律思想的阶级性、革命性、实践性的理解。但无论如何,在中国革命实践的沃土中,马克思主义法律思想得到了极大的弘扬,使得阶级斗争法学理论成为马克思主义法律思想中国化理论成果中的重要内容。

（三）建设视域下的马克思主义法律思想中国化

1949 年 3 月,在中国共产党第七届中央委员会第二次全体会议上,毛泽东指出中国共产党还面临着建设一个新世界的任务。1956 年 12 月,毛泽东在同工商界人士的谈话中,辩证地分析了革命与建设之间的关系问题,他认为革命是为建设扫清道路,革命改变了生产关系和上层建筑,改变了政府、意识形态、法律、政治、文化、艺术等,目的在于发展生产。因此,毛泽东开始从社会主义建设实践需要的角度来理解马克思主义。马克思主义也开始逐渐与社会主义建设实践相结合。这样,马克思主义中国化、马克思主义法律思想中国化又进一步发展到社会主义建设实践阶段。

就马克思主义而言,马克思主义不仅是批判性的、革命性的学说,也是一种建构性的学说。就马克思主义法律思想而言,其不仅具有革命性和批判性也具有建构性,即服务于巩固无产阶级专政的实践需要、服务于从资本主义向共产主义的过渡实践的需要。正是从这个角度出发,有学者认为,在无产阶级建立无产阶级国家以后,马克思主义成为官方意识形态后,还存在

---

① 张琳:《马克思主义中国化研究的现状分析与思考》,载《中共济南市委党校学报》2001 年第 3 期。

② 《毛泽东文集》第二卷,人民出版社 1993 年版,第 379 页。

一个"建设的马克思主义和建设的马克思主义法学"①的问题。在《共产党宣言》中，马克思、恩格斯就对如何建设共产主义社会做出构想，其中就涉及运用法律措施，一步一步地夺取资产阶级的全部资本，如剥夺地产、征收高额累进税、废除继承权、没收一切流亡分子和叛乱分子的财产，等等。在《哥达纲领批判》中，马克思明确提出，未来新社会产生过程中要有一个从资本主义社会到共产主义社会之间的过渡时期，以及与之相适应的无产阶级的革命专政的政治形式。在这个过渡期内，法律不能消亡，还要服务于无产阶级专政的需要、还要受制于物质生产实践。在《临时中央委员会就若干问题给代表的指示》中，马克思还谈到对未来理想社会制度所作的具体构思，其中主要是关于劳动立法、保护少年儿童和妇女权利立法等重要思想。恩格斯也认为社会主义者不应该"拒绝提出一定的法权要求。……从某一阶级的共同利益中产生的要求，只有通过下述办法才能实现，即由这一阶级夺取政权，并用法律的形式赋予这些要求以普遍的效力"②。但是，站在实践的唯物主义的立场，关于未来的社会的一些具体问题，恩格斯不主张试图预先面面俱到地回答，认为"那就是制造空想，这种事情我留给别人去做"③。在巩固俄国无产阶级政权过程中，列宁一反以前的"无产阶级革命不受法律约束"的主张，认为应该制定法律维护革命秩序，革命法制应当得到最严格的遵守。但遗憾的是，"社会主义究竟是个什么样子，苏联搞了很多年，也并没有完全搞清楚"④。由于不知道真正的社会主义是什么样子，当然也就不知道真正的社会主义法制是什么样子。1956年，中国在建设社会主义的实践中，党的第一代领导集体从中国的实际出发，形成了健全人民民主法制、加强人民民主思想等一系列马克思主义法律思想中国化理论成果，

---

① 这两个概念的使用，参见朱景文：《革命的马克思主义法学和建设的马克思主义法学》，载朱景文：《法理学研究》（上），中国人民大学出版社2006年版，第156页。

② 《马克思恩格斯全集》第21卷，人民出版社1965年版，第567—568页。

③ 《马克思恩格斯选集》第3卷，人民出版社1995年版，第217页。

④ 《邓小平文选》第三卷，人民出版社1993年版，第139页。

就是对马克思主义法律思想的创新和发展。但是，1957年以后，在如何建设社会主义、如何理解社会主义法学等问题上，出现了"左"的错误，特别是在"文化大革命"期间，马克思主义法律思想中国化几近停滞。

二、社会主义革命和建设时期马克思主义法律思想中国化的特征

从"革命"到"建设"是中国共产党执政历史中的一个重要转变，而从"革命"主题转为"建设"主题，对马克思主义法律思想中国化产生了重要影响，也使这一时期的马克思主义法律思想中国化进程带有两个明显的特征。

（一）模仿性强但创新性不足

在新中国成立初期，马克思主义法律思想中国化是一个"破旧"和"立新"同时进行的过程，所谓的"破旧"就是用马克思主义法学理论批判和解构传统的旧法学理论，摧毁旧法制的过程。所谓"立新"就是根据新民主主义革命实践的具体需要，建立新法学，而建立新法学就是确立马克思主义法学在法律文化的主导地位。"破旧"和"立新"相比，"破旧"比较容易，但"立新"却是一个很复杂的问题。

马克思主义法律思想在落户中国之前，首先落户于俄国，在与俄国十月革命的结合过程中、在与苏维埃政权建设的结合过程中得到发展，主要体现在列宁等人的法律思想之中。列宁作为创造性的革命领袖，不仅发展了马克思主义，而且将马克思主义所设想的社会主义国家变为现实。在这个创造性的实践中，列宁将马克思主义法律思想与俄国具体法律革命实践相结合，形成的列宁法律思想，极大地推动了马克思主义法律思想的发展。[1] 在

---

① 参见吕世伦：《列宁法律思想史》，法律出版社2000年版；龚廷泰：《列宁法律思想研究》，南京师范大学出版社2000年版；付子堂：《马克思主义法律思想研究》，高等教育出版社2005年版。

20 世纪 30 年代,苏联法学理论的发展进入到第二时期,而"苏联法学理论的发展到第二时期的最主要的法学家是维辛斯基"①。以维辛斯基为代表的苏联法学界上层提出了法的统治阶级意志说,这一理论不仅随即在苏联成为关于法的定义,甚至成为整个法律观的理论通说,并深远地影响到了受苏联巨大政治影响的国家关于法的本体论的基本构造。维辛斯基在其报告中说:"法是经过立法程序制定的体现统治阶级意志的行为规则以及国家政权认可的生活习惯和规则的总称,这些规则的运用以国家的强制力量为保证,其目的在于保护、巩固和发展有利于和适合于统治阶级的社会关系和秩序。""苏维埃法是劳动人民政权经过立法程序制定的行为规则的总和,反映着劳动人民的意志,这些规则的运用是以社会主义国家所有的强制力量为保证的,其目的在于保卫、巩固和发展有利于和适合于统治阶级的社会关系和秩序。"②这样,苏联法学关于法的本质和概念的理解和界定到此基本定型。在法的本质和功能问题上,苏俄的法学家一直强调法的阶级性和工具性,将法的功能定位为"阶级统治的工具"。

"苏联作为第一个社会主义国家,马克思主义理论的第一个实践者,它的成功给中国共产党和中国革命产生极大的权威性和影响力。"③新中国成立初期,我们实行"一边倒"的外交方针。"一边倒"就是"倒向社会主义一边",站在社会主义和世界和平民主阵营一边。毛泽东在《论人民民主专政》中正式提出"一边倒"。他说:"我们在国际上是属于以苏联为首的反帝国主义战线一方面的,真正的友谊的援助只能向这一方面去找,而不能向帝国主义战线一方面去找。""苏联共产党就是我们的最好的先生,我们必须向他们学习。"④在这种方针指导下,新中国全面采纳苏联模式。在法学上,

---

①　[奥]凯尔森:《共产主义的法律理论》,王名扬译,中国法制出版社 2004 年版,第147 页。

②　维辛斯基:《苏维埃社会主义法律科学的基本任务》,莫斯科 1938 年版,第 37、183 页。

③　蔡定剑:《历史与变革——新中国法制建设的历程》,中国政法大学出版社 1999 年版,第 356 页。

④　《毛泽东选集》第四卷,人民出版社 1991 年版,第 1475、1481 页。

全面模仿和移植苏联法学。在 1956 年,毛泽东曾对苏联模式做过一些反思,在《论十大关系》一文中,毛泽东指出:"苏联的办法把农民挖得很苦。他们采取所谓义务交售制等项办法,把农民生产的东西拿走太多,给的代价又极低。他们这样来积累资金,使农民的生产积极性受到极大的损害。你要母鸡多生蛋,又不给它米吃,又要马儿跑得好,又要马儿不吃草。世界上哪有这样的道理! 我们对农民的政策不是苏联的那种政策,而是兼顾国家和农民的利益。"① 毛泽东在《十年总结》一文中指出:"前八年照抄外国的经验。但从一九五六年提出十大关系起,开始找到自己的一条适合中国的路线。"②

1954 年 9 月 15 日,刘少奇在《关于中华人民共和国宪法草案的报告》中明确指出:"在我们的宪法草案中宣布的我国所走的道路,'就是苏联所走过的道路'。是的,我们所走的道路就是苏联走过的道路,这在我们是一点疑问也没有的。苏联的道路是按照历史发展规律为人类社会必然要走的道路。要想避开这条路不走,是不可能的。"③ 在当时的中国共产党人看来,苏联法学理论就是最正统的马克思主义法律思想。列宁、斯大林、斯图奇卡、莱斯涅尔、维辛斯基等人正是无产阶级的法律思想家的代表,他们的法律思想就是无产阶级法律思想,就是马克思主义法律思想。④ 在这种思路指引下,新中国在国家制度方面,几乎完全照搬了苏联模式。在某种程度上说,我国 1954 年宪法就是以苏联 1936 年宪法为蓝本的。需要指出的是,我

---

① 《毛泽东文集》第七卷,人民出版社 1999 年版,第 29—30 页。
② 《建国以来重要文献选编》第十三册,中央文献出版社 1996 年版,第 418 页。
③ 刘少奇:《关于中华人民共和国宪法草案的报告》,载《刘少奇选集》(下卷),人民出版社 1985 年版,第 154—155 页。
④ 有学者对这里的苏联法学进行了具体解释,认为从理论原则上讲,所谓苏联法学,是指列宁在领导俄国人民创建社会主义法制中对马克思主义法律思想的具体化和新贡献。然而需要特别强调指出的是,20 世纪 50 年代初引进我国的苏联法学,在很大程度上是斯大林化了的马克思主义。这种被歪曲了的马克思主义法学只重视阶级斗争,忽视生产力发展,用政治权力、领导者个人意志来代替规律、科学,用"阶级斗争为纲"的政治轴心来代替社会的全面发展。参见沈国明、王立民:《二十世纪中国社会科学》(法学卷),上海人民出版社 2005 年版,第 41 页。

国的 1954 年宪法在制定的过程中，也考虑了中国国情，坚持了从中国的具
体实践出发的原则，在统一战线问题上、人民民主专政的国体设置上、全国
人民代表大会的政体建制上等一些方面都与苏联不一致，体现了中国自己
的特色。此外，在土地法、婚姻法、刑事法律、经济法、司法制度等方面基本
以苏联为模式。在法院和检察院的建制上我们也直接采用了苏联模式。在
法学理论方面，我们亦全面移植苏联法学，特别是以维辛斯基为代表的苏联
法学家提出的关于法律是统治阶级意志的法的本质理论、法是统治阶级统
治的工具理论。中国法学家也一直将其视为最经典的马克思主义法的解
释。正如有学者所言："老一代的中国法学家都不会忘记苏联法学权威维
辛斯基被奉为中国法学的圣主，他的法学理论就代表了正统的马克思主义
法学理论。"①实际上，这一"经典"的法的概念在中国已经被严重教条主义
化了，谁也不准碰，否则就要犯错误。在法学教育上，我们更是开始全面向
苏联法学教育学习。1953 年教育部推出统一法学课程，规定法学院（系）开
设的课程是：苏联国家与法权史、苏联国家法、苏联刑法、土地法与集体农庄
法、人民民主国家法、中国与苏联法院组织法、中国与苏联民事诉讼法、中国
与苏联劳动法、中国与苏联行政法、中国与苏联财政法。整套教材和课程的
设计照搬苏联模式。正如有学者所言："这套课程的设计者，实际上已经把
苏联法律与中国法律合而为一或者认为两者本来就不应该有什么差别。"②
为了全面向苏联学习，新中国成立初期，人民政府决定成立中国人民大学，
而人民大学的任务就是接受苏联先进的建设经验，聘请苏联干部，有计划、
有步骤地培养新国家的各种建设干部。"人民大学法律系就是新中国法律
教育的发源地。"③对于这段历史，有学者进行了概括，认为："新中国的法律

---

① 蔡定剑：《历史与变革——新中国法制建设的历程》，中国政法大学出版社 1999 年
版，第 257 页。

② 方流芳：《中国法学教育观察》，载《中国法律教育之路》，中国政法大学出版社 1997
年版，第 16—17 页。

③ 方流芳：《中国法学教育观察》，载《中国法律教育之路》，中国政法大学出版社 1997
年版，第 17 页。

观念是从苏联法学家那里传来的，法律制度也几乎是从苏联移植来的，法律教育完全是从苏联搬来的。苏联法制被运用到中国法制建设中从理论到实践的各个方面，不胜枚举。如果说五十年代中国法制建设，特别是法学理论被'苏联化'了，是毫不夸张的。"①1956年，陈守一就非常清醒地认识到这种教条主义现象。他说："学习苏联经验，实质上并未真正懂得这些经验，而是生搬硬套，显然，这是教条主义的表现。"②由于简单照搬苏联法学理论，并把它作为不可怀疑的教条全盘接受。法学教条主义盛行，"法学理论也就步入了没有任何发展余地的角落"③。从1957年开始一直到"文化大革命"的发生，都验证了这个事实。

（二）探索性与曲折性同步

在《哥达纲领批判》一文中，马克思根据自己的主要经济学著作以及对1848—1949年革命和1871年巴黎公社的经验所作的理论概括，明确提出未来新社会产生过程中要有一个从资本主义社会向共产主义社会的过渡时期以及与之相适用的政治形式，即是无产阶级专政。④ 而"共产主义和所有过去的运动不同的地方在于：它推翻一切旧的生产关系和交往关系的基础"⑤。这和马克思、恩格斯在《共产党宣言》中提出的"消灭私有制"的目标是一致的。不仅如此，恩格斯还论述了无产阶级专政和消灭私有制之间的关系，认为社会主义改造的前提问题是无产阶级专政，无产阶级专政是最终消灭资本主义社会和建立共产主义社会的决定性前提。在坚持这个前提和目标的原则下，恩格斯实事求是地分析了如何进行社会主义改造的方法。

---

① 方流芳：《中国法学教育观察》，载《中国法律教育之路》，中国政法大学出版社1997年版，第27页。

② 陈守一：《法学研究与法学教育论》，北京大学出版社1996年版，第6—7页。

③ 方流芳：《中国法学教育观察》，载《中国法律教育之路》，中国政法大学出版社1997年版，第27页。

④ 参见《马克思恩格斯选集》第3卷，人民出版社1995年版，第314页。

⑤ 《马克思恩格斯选集》第1卷，人民出版社1995年版，第122页。

恩格斯从唯物主义的立场出发,认为无产阶级取得政权后是采用暴力手段还是采用和平手段,取决于具体的条件。他写道,"一般来说,问题并不在于,无产阶级取得政权后是去简单地运用暴力占有生产工具、原料和生活资料,还是为此立即给以补偿,或者是通过缓慢的分期付款办法赎买这些东西的所有权。试图预先面面俱到地回答这个问题,那就是制造空想"①。在马克思主义基本理论的指导下,苏联首先进行了无产阶级专政前提下的社会主义改造,建立了以公有制为基础的计划经济模式。

　　中国共产党在取得无产阶级领导下的新民主主义革命胜利以后,在摧毁旧的包括政治制度、法律制度等在内的上层建筑之后,面临的一个重要的任务就是继续进行社会主义革命,改变落后于上层建筑的经济基础。中国共产党首先界定了过渡时期,在此基础上提出了党在过渡时期的总路线和总任务。"从中华人民共和国成立,到社会主义改造基本完成,这是一个过渡时期。党在这个过渡时期的总路线和总任务,是要在一个相当长的时期内,逐步实现国家的社会主义工业化,并逐步实现国家对农业、对手工业和对资本主义工商业的社会主义改造。"②而"党在过渡时期的总路线的实质,就是使生产资料的社会主义所有制成为我国国家和社会的唯一的经济基础"③。不仅如此,毛泽东还强调,"我们所以必须这样做,是因为只有完成了由生产资料的私人所有制到社会主义所有制的过渡,才利于社会生产力的迅速向前发展,才利于在技术上起一个革命"④。党在过渡时期的总路线,被概括为"一化三改",即实现社会主义工业化和对农业、手工业、资本主义工商业的社会主义改造,也被形象地比喻为"一体两翼",即社会主义工业化是主体,对农业和手工业、资本主义工商业的社会主义改造是两翼。⑤ 其中,工业化的基本内容是新中国要建立独立完整的工业体系,实行

① 《马克思恩格斯选集》第3卷,人民出版社1995年版,第217页。
② 《毛泽东文集》第六卷,人民出版社1999年版,第316页。
③ 《毛泽东文集》第六卷,人民出版社1999年版,第316页。
④ 《毛泽东文集》第六卷,人民出版社1999年版,第316页。
⑤ 参见刘俊奇:《20世纪的社会主义》,广东经济出版社2007年版,第464页。

优先发展重工业的政策。而在社会主义改造过程中,对农业和手工业的社会主义改造则是通过把分散的小农经济和个体经济变成合作经济实现的,对资本主义工商业的社会主义改造主要是通过和平赎买的政策来实现的。

在社会主义改造过程中,毛泽东曾经反反复复强调过渡时间,反反复复告诫人们不要犯"左"和右的错误。针对很多人的急躁情绪,毛泽东指出,社会主义改造"基本上完成,不等于全部完成。讲基本上完成,是谨慎的讲法,世界上的事情总是谨慎一点好"①整个过渡时期"不是三五年所能办到的,而需要几个五年计划的时间。在这个问题上,既要反对遥遥无期的思想,又要反对急躁冒进的思想"②。但是,在建设社会主义的巨大热情下,中国共产党领导人民开创一条富有中国特色的社会主义改造道路。③ 没有用到三个五年计划,而是仅仅用了三年时间,就完成了社会主义改造。到1956年,中共八大就明确指出,社会主义制度已基本建立起来,无产阶级和资产阶级的矛盾已基本上解决;我国的主要矛盾,已经是先进的社会主义制度同落后的社会主义生产力之间的矛盾。党和人民的主要任务就是集中力量发展社会生产力,把我国尽快地由落后的农业国建成先进的工业国,逐步满足人们日益增长的物质和文化的需要。这里潜伏着一个生产力未获得较大发展的前提,这是社会主义走向曲折的一个隐患。快速废除私有制在理论上存在着条件不足的问题,因为马克思说废除私有制,实际上是有条件的。马克思指出:"现代的资产阶级私有制是建立在阶级对立上面、建立在一些人对另一些人的剥削上面的产品生产和占有的最后而又最完备的表现。从这个意义上说,共产党人可以把自己的理论概括为一句话:消灭私有制"④,无产阶级不能一下子就把私有制废除,"只能逐步改造现社会,只有创造了所必需的大量生产资料之后,才能废除私有制"⑤。在资本主义社会

---

① 《毛泽东文集》第六卷,人民出版社1999年版,第280页。
② 《毛泽东文集》第六卷,人民出版社1999年版,第293页。
③ 参见刘俊奇:《20世纪的社会主义》,广东经济出版社2007年版,第469页。
④ 《马克思恩格斯选集》第1卷,人民出版社1995年版,第286页。
⑤ 《马克思恩格斯选集》第1卷,人民出版社1995年版,第239页。

之前,历史上之所以不能废除私有制,就是废除私有制是有条件的,那就是"私有制成为这些生产力发展的桎梏和障碍"①。"共产主义的特征并不是要废除一般的所有制,而是要废除资产阶级的所有制。"②

这一时期,马克思主义法律思想中国化呈现出模仿性、探索性和曲折性等诸多特征,这些特征之间是有内在逻辑联系的。新中国成立以后,我们采取"一边倒"的方针,在进行法律革命和革命法制建设过程中,全面模仿苏联的法学理论。但是,中国的社会主义革命和社会主义建设本身具有特殊性,中国的革命和建设都要走自己的路,我们坚持马克思主义,但我们"绝不能要求马克思为解决他去世之后上百年、几百年所产生的问题提供现成答案"③。我们必须要摸索,必须要探索。在进行社会主义建设探索过程中,由于我们"在指导思想上出现了'左'的错误。还发生了'文革'那样的十年浩劫,加上我们对社会主义建设规律认识不够深入"④,所以实践中走了曲折的路。这样,马克思主义法律思想中国化实践层面的路径也发生了偏离,马克思主义法律思想中国化出现了曲折乃至停滞现象。

三、马克思主义民主立国思想的中国化

（一）马克思主义人民民主思想的中国化

马克思和恩格斯在《共产党宣言》中就明确指出:"工人革命的第一步就是使无产阶级上升为统治阶级,争得民主。"⑤列宁认为:"民主是国家形式,是国家形态的一种","民主意味着在形式上承认公民一律平等,承认大

---

① 《马克思恩格斯选集》第 1 卷,人民出版社 1995 年版,第 238 页。
② 《马克思恩格斯选集》第 1 卷,人民出版社 1995 年版,第 286 页。
③ 《邓小平文选》第三卷,人民出版社 1993 年版,第 291 页。
④ 中共中央文献研究室:《习近平总书记重要讲话文章选编》,中央文献出版社、党建读物出版社 2016 年版,第 385 页。
⑤ 《马克思恩格斯选集》第 1 卷,人民出版社 1995 年版,第 293 页。

家都有决定国家制度和管理国家的平等权利"①。俄国十月革命前夕,在
《国家与革命》一书中,列宁强调了无产阶级要"彻底发展民主,找出彻底发
展的种种形式,用实践来检验这些形式"②。列宁还认为,苏维埃"能够把议
会制的长处和直接民主制的长处结合起来,就是说,把立法的职能和执法的
职能在选出的人民代表身上结合起来"③,同资产阶级议会比较起来,这是
在民主发展过程中具有全世界历史意义的一大进步。无产阶级民主是最大
多数人的民主,是大多数居民即对被剥削劳动者的民主,而资本主义民主是
骗人的民主,是富人的天堂,"无产阶级民主比任何资产阶级民主要民主百
万倍;苏维埃政权比最民主的资产阶级共和国要民主百万倍"④。当然,列
宁认为苏维埃在严格意义上还不是社会主义民主国家的政体。他于1918
年上半年在《关于苏维埃政权的民主制和社会主义性质》一文中写道:"苏
维埃不仅把立法权和对执行法律的监督权集中在自己的手里,而且通过苏
维埃全体委员把直接执行法律的职能集中在自己的手里,以便逐步过渡到
由全体劳动居民人人来履行立法和管理国家的职能。"⑤因此,议行合一的
代表制也仅仅只是过渡时期即无产阶级专政时期的过渡性措施,社会主义
民主的目标乃是保证由全体劳动居民直接参加立法和管理国家。这就是列
宁对社会主义国家政体的设想。⑥ 这些民主的形式,包括苏维埃、代表制、
普选制等。十月革命胜利后,列宁立即把这些新型民主制付诸实践,列宁结
合俄国的具体实践,把苏维埃共和国规定为政权组织形式。

　　在新民主主义革命时期,中国共产党高举民主大旗,领导工人运动和农
民运动,在这个过程中,也依据马克思主义的民主理论建立工农民主政权,
对人民实行民主。在抗日战争时期,还建立抗日民主政权,扩大了民主的适

① 《列宁选集》第3卷,人民出版社1995年版,第201页。
② 《列宁全集》第31卷,人民出版社1985年版,第75页。
③ 《列宁全集》第32卷,人民出版社1985年版,第297页。
④ 《列宁全集》第35卷,人民出版社1985年版,第249页。
⑤ 《列宁全集》第34卷,人民出版社1985年版,第448页。
⑥ 参见付子堂:《马克思主义法律思想研究》,高等教育出版社2005年版,第164页。

用范围。从中国革命的前途出发，毛泽东一直在思考中国革命胜利后的国家建构的根据和方法问题。1945 年 7 月毛泽东在延安同民主人士黄炎培先生的谈话，清楚地表明了毛泽东的民主立国思想。① 1949 年 6 月，毛泽东在《论人民民主专政》一文中，完整地阐述了人民民主专政的理论，主张对敌人实行专政，对人民实行民主，已经向人民展示了中国共产党的民主建国纲领。这为 1949 年中国人民政治协商会议民主协商建国做了理论准备。

（二）《共同纲领》和马克思主义人民主权思想中国化

1949 年 9 月 21 日至 30 日，中国人民政治协商会议第一届全体会议在北平召开，会议正式讨论并通过了《中国人民政治协商会议共同纲领》（以下简称《共同纲领》）。《共同纲领》首先规定新成立的中华人民共和国为新民主主义即人民民主主义的国家，实行工人阶级领导的、以工农联盟为基础的、团结各民主阶级和国内各民族的人民民主专政，反对帝国主义、封建主义和官僚资本主义，为中国的独立、民主、和平、统一和富强而奋斗（第一条）。《共同纲领》还规定，中华人民共和国的国家政权属于人民。人民行使国家政权的机关为各级人民代表大会和各级人民政府。各级人民代表大会由人民用普选方法产生之（第十二条）。为了保障人民民主的实现，《共同纲领》规定人民依法有选举权和被选举权（第四条），同时规定人民有思想、言论、出版、集会、结社、通讯、人身、居住、迁徙、宗教信仰及示威游行的自由权（第五条）。

《共同纲领》除了规定中华人民共和国的性质、政权、人民权利以外，还

---

①　黄炎培在回答毛泽东参观延安的感想怎样的问题时，和毛泽东有一段对话：他说："我生六十多年，耳闻的不说，所亲眼看到的，真所谓'其兴也浡焉'，'其亡也忽焉'，一人，一家，一团体，一地方，乃至一国，不少单位都没有能跳出这周期率的支配力。……中共诸君从过去到现在，我略略了解的了，就是希望找出一条新路，来跳出这周期率的支配。毛泽东答：我们已经找到新路，我们能跳出这周期率。这条新路，就是民主。只有让人民来监督政府，政府才不敢松懈。只有人人起来负责，才不会人亡政息。"参见黄炎培：《延安归来》，载《八十年来——黄炎培自述》，文汇出版社 2000 年版，第 205—206 页。

规定了中华人民共和国的军事制度、经济政策、文化教育政策、民族政策、外交政策等重要内容。《共同纲领》也被人民认定为我们国家现实的根本大法,起到了临时宪法的作用。在中国人民政治协商会议闭会后,毛泽东要求地方也要召开地方各级人民政治协商会议,在中共七届三中全会的报告中,毛泽东强调:"必须认真地开好足以团结各界人民共同进行工作的各界人民代表会议。人民政府的一切重要工作都应交人民代表会议讨论,并作出决定。必须使出席人民代表会议的代表们有充分的发言权,任何压制人民代表发言的行动都是错误的。"①"从1950年到1952年,全国范围内形成了一个以召开各界人民代表会议为主要形式的民主建政高潮"②。到1954年6月,各级人民代表大会都通过普选而产生。

人民主权思想是资产阶级启蒙思想家提出来的,马克思、恩格斯对资产阶级启蒙思想家的人民主权思想积极扬弃。黑格尔鼓吹资产阶级立宪君主制和君主主权论,而马克思则针锋相对地倡导民主制和人民主权论。在《黑格尔法哲学批判》中,马克思从革命的民主主义者的立场和新理性批判主义的观点出发,认为民主制是一切国家制度的"类概念"、"实质"或"猜破了的哑谜"。人民是国家的主体,国家是人民的客体,即"不是国家制度创造人民,而是人民创造国家制度"③。一切国家制度都应当是人民自己的事情,是一种"人民的自我规定"④。国家权力不属于君主,"更大程度上属于全体人民"⑤。法律也是如此,"在民主制中,不是人为法律而存在;而是法律为人而存在;这里人的存在就是法律规定的存在"⑥。在总结巴黎公社运动的经验过程中,马克思和恩格斯提出"无产阶级的民主共和国必须由人

---

① 《毛泽东文集》第六卷,人民出版社1999年版,第71页。
② 蔡定剑:《历史与变革——新中国法制建设的历程》,中国政法大学出版社1999年版,第24页。
③ 《马克思恩格斯全集》第3卷,人民出版社2002年版,第40页。
④ 《马克思恩格斯全集》第3卷,人民出版社2002年版,第39页。
⑤ 《马克思恩格斯全集》第3卷,人民出版社2002年版,第69页。
⑥ 吕世伦:《法理的积淀与变迁》,法律出版社2001年版,第16页。

民当家做主的口号,而人民当家做主又是无产阶级民主理论的核心和基本点"①。因此,可以说,国家的一切权力属于人民,这是马克思主义人民主权思想的重要内容。但是,"不同国家的人民主权都有自己的具体形式。在中国,人民当家作主的社会主义民主以人民代表大会制度为核心"②。《共同纲领》的颁布和人民代表大会制度的建立正是马克思主义人民主权思想中国化的具体表现。

四、阶级斗争法律思想的继受与应用

在新民主主义革命时期,中国共产党就运用马克思主义的阶级斗争理论指导中国的新民主主义革命。根据阶级斗争的需要,中国共产党领导人民开展工人运动、农民运动、武装革命等活动,在这个过程中,中国共产党接受马克思主义的阶级斗争法律思想,并运用这种思想建设符合革命根据地政权需要的法律制度,包括宪法大纲、土地法、婚姻法、劳动法等诸多法律。这些法律实际上都是建立在马克思主义关于阶级斗争法律思想基础之上。但是,这种认识和应用都不能和社会主义革命和社会主义建设时期相比。在这个时期,中国共产党无论是在认识的系统性程度和应用的广泛程度上都超越了新民主主义革命时期。

（一）运用法的历史类型观点改造旧司法人员

马克思主义法学理论区别于其他法学理论的本质特征在于马克思主义认为,法律是一个历史现象,不是超阶级的产物,法律不仅具有阶级意志性而且更具有物质制约性,归根到底,法律的内容是由社会物质生活条件决定

---

① 李敬巍:《马克思恩格斯的人民主权思想及其现实意义》,载《学习与探索》2010年第5期。
② 任玉秋:《论马克思主义人民主权思想中国化的历史经验》,载《当代世界与社会主义》2011年第3期。

的。正是建立在对法的现象的历史性认识之上，根据法律所赖以建立的经济基础和法律的阶级本质的不同，马克思主义法学理论家发现了法的历史类型及其发展规律，即社会基本矛盾的运动是法的历史类型更替的根本原因，社会革命则是完成这一更替的根本手段。自阶级社会以来，人类社会产生了奴隶社会的法、封建社会的法、资本主义的法和社会主义的法，在马克思主义看来，奴隶制的法被封建制的法所代替，封建制的法被资本主义法所代替，社会主义的法取代资本主义的法带有历史的必然性，随着阶级和阶级斗争的灭亡，法律最终都要走向灭亡。这就是马克思主义的法的历史类型理论。

新中国成立后，中国共产党继续用马克思主义关于法的历史类型理论来指导中国革命。1949 年 2 月 22 日，中共中央发布的《关于废除国民党的六法全书与确定解放区的司法原则的指示》，这是建立新中国过程中摧毁旧法制、建立新法制的必要步骤。但是，废除旧法以后，人还是旧的。因此，还必须要解决人的问题。在新中国成立初期的各项改革运动中，司法人员的确出现了严重的政治不纯、组织不纯、思想不纯的问题。据当时调查，"从两千个法院的情况来看，过去政治上、组织上、思想上这三个方面的不纯（这里面包括反革命分子和一些退化了的老干部），占了我们司法人员的百分之二十四多，差不多有四分之一"①。因此，必须要进行旧司法人员改造。改造从哪儿入手，最有效的办法是从思想上入手，改造这些旧司法人员的法律观。1950 年，董必武在新法学研究院的大会上就运用马克思主义理论分析了这个问题，他说，国家是阶级矛盾不可调和的产物，在资本主义国家，"一切政权机关都是为他们少数人服务的，法律也一样"②。"国家本质改变了，法律也改变了，司法工作人员、律师和法学教授不改变怎能站住脚呢？ 所以旧的司法工作人员、律师和法学教授要继续担负起原来所负担的

---

① 《董必武法学文集》，法律出版社 2001 年版，第 155 页。
② 《董必武法学文集》，法律出版社 2001 年版，第 27 页。

工作,就必须要经过改造。"①为了正确从事人民司法工作的建设,首先必须划清新旧法律的原则界限。谢觉哉《在司法训练班的讲话》中指出:"国家是阶级的产物,法律是国家表现权力的工具,法律自然也是阶级的产物了。奴隶社会的国家和法律,是替奴隶主服务的;封建社会的国家和法律,是替地主贵族服务的;资本主义社会的国家和法律,是替资本家服务的;社会主义社会的国家和法律,就是为保卫无产阶级的利益服务的。"②"我在多年以前,翻过《六法全书》,觉得还不错,但现在再一看,觉得全不对。这是由于我的思想上起了变化。"③因此,新中国成立初期对旧司法人员的法律观改造就是马克思主义法的历史类型思想的中国化实践。

（二）颁布保护无产阶级利益的土地改革法案

在新民主主义革命时期,新中国就开始为实现"耕者有其田"的目标而奋斗。在革命根据地颁布土地改革法案,领导农民,开展土地改革运动。新民主主义革命胜利后,土地改革又被《中国人民政治协商会议共同纲领》规定为新中国成立初期国家的首要任务之一。1950 年 6 月 28 日,中央人民政府委员会第八次会议讨论并通过了《中华人民共和国土地改革法》。这部法律运用马克思主义的阶级分析方法,在对农村各阶级进行客观分析的基础之上,规定对农村各阶级实行不同的政策。对地主阶级而言,采取没收其土地、牲畜、农具和多余的粮食及其在农村中多余的房屋的做法,规定地主的其他财产不予没收;对富农而言,则规定要保护富农所有的自耕和雇人耕种的土地及其他财产,并规定不得侵犯;对中农而言,规定保护中农(包括富裕中农在内)的土地及其财产不得侵犯;对贫雇农而言,将没收来的土地,除了一部分归国家所有以外,其余的皆分给贫雇农所有。这部法律的颁

---

① 《董必武法学文集》,法律出版社 2001 年版,第 31 页。
② 《谢觉哉文集》,人民出版社 1989 年版,第 642 页。
③ 《谢觉哉文集》,人民出版社 1989 年版,第 645 页。

布将"中国历史上规模最大的土地改革运动纳入了法制的轨道"①。这部法律以及在这部法律指导下的土地改革运动废除了地主阶级封建剥削土地所有制,实现了农民的所有制。贫雇农成为了土地改革中经济上和政治上的最大受益者。这场大规模的土地改革运动实际上就是马克思主义土地所有权的革命,是在马克思主义土地所有权理论指导下而开展的。

（三）运用法是无产阶级专政的工具论指导镇反运动

新中国成立初期,国民党在大陆还留下大批的反革命分子,社会治安状况非常混乱。《共同纲领》提出将运用无产阶级专政的力量,将打击反革命分子视为新政权的又一个重要任务。1950 年 3 月 18 日,中共中央发出《严厉镇压反革命分子的指示》,要求各地政府和解放军部队对于反革命活动必须给予严厉打击。1950 年 6 月朝鲜战争爆发后,反革命分子气焰嚣张,认为美国已经把战火烧到了中国大门口,国民党"反攻大陆"的时机已到,"变天"的日子将要到来。他们破坏厂矿铁路、焚烧粮库、散布谣言、制造骚乱,妄图里应外合,颠覆人民政权。② 7 月 23 日,政务院、最高人民法院发布了《关于镇压反革命活动的指示》,指出:"坚决地肃清一切公开的与暗藏的反革命分子,迅速地建立与巩固革命秩序,以保障人民民主权利并顺利地进行生产建设及各项必要的社会改革,成为各级人民政府当前重要的任务之一。"③但由于不少干部和地方党委把正确的严厉镇压反革命与乱打乱杀相混淆,把"镇压与宽大相结合"的政策误解为"片面的宽大"。因此在镇压反革命问题上发生了严重右的偏向,以致大批首要的怙恶不悛的、在解放后甚至在经过宽大处理后仍然继续作恶的反革命分子,没有受到应有的制裁,这不仅助长了反革命分子的气焰,而且引起了群众抱怨,说我们"宽大无边"

---

① 韩延龙:《中华人民共和国法制通史》,中共中央党校出版社 1998 年版,第 62 页。
② 参见《中华人民共和国简史》,人民出版社、当代中国出版社 2021 年版,第 13 页。
③ 郭成伟:《新中国法制建设 50 年》,江苏人民出版社 1999 年版,第 21 页。

"有天无法"，说："天不怕地不怕，就怕共产党讲宽大。"①针对镇反工作中存在的"宽大无边"的右的偏向，党中央及时地予以纠正。1950年9月26日，公安机关破获美国间谍阴谋武装炮轰天安门检阅台的重大案件。为了打击反革命分子的活动，10月10日，中共中央发出《关于镇压反革命活动的指示》（"双十指示"），开始在全国范围内开展了清查、镇压反革命分子的政治运动。1950年12月26日，《人民日报》发表了《彻底纠正曲解"宽大政策"的偏向》的社论，要求必须在公安、司法工作的每一环节中，把宽大无边的偏向扫除净尽。各地公安机关、司法机关开始纠正镇反运动中"宽大无边"的错误偏向。② 1951年2月21日，颁布了《中华人民共和国惩治反革命条例》。1951年3月15日，《人民日报》发表最高人民法院院长沈钧儒文章《坚决镇压反革命巩固人民民主专政》。文章指出，人民法院是人民民主专政的武器之一，它的根本任务是镇压反动，保护人民，巩固国家权力，惩治反革命条例，给了我们人民和干部一个法律武器，给了我们审判人员一个量刑标准。对反革命分子必须依法镇压。③ 到1951年10月，全国规模的镇压反革命运动基本结束。

在镇压反革命运动过程中，毛泽东根据实践需要，提出来一些镇压反革命的基本政策。其基本内容是首恶必办，胁从不问；立功折罪，立大功受奖；坦白从宽，抗拒从严；过去从宽，今后从严。④ 毛泽东还提出在镇反工作中要注意讲规格，认为没有规格那是很危险的。要合乎标准才叫反革命，就是搞真反革命，不要搞出假反革命来。也要估计到，可能会出假反革命，但是我们要求出少一点，尽可能不出假反革命。要完全合乎规格，货真价实，便是真反革命，不要冤枉好人。⑤ 特别需要指出的是，在关于如何镇压反革命

---

① 郭成伟：《新中国法制建设50年》，江苏人民出版社1999年版，第21页。
② 参见周振想、邵景春：《新中国法制建设四十年要览》，群众出版社1990年版，第35—36页。
③ 参见周振想、邵景春：《新中国法制建设四十年要览》，群众出版社1990年版，第47页。
④ 参见王玉明：《毛泽东法律思想库》，中国政法大学出版社1993年版，第304页。
⑤ 参见《建国以来重要文献选编》第七册，中央文献出版社1993年版，第312页。

的过程中,毛泽东发展了马克思主义关于死刑问题的立法思想。列宁曾说:
"一个革命者,如果不愿意作个伪善者,就不能放弃死刑。"①立足于反革命
斗争的实践,毛泽东结合中国的实际,开创性地提出了死缓法律制度,即对
一些严重的反革命分子,可以视情节,判处死刑,缓期两年执行。在镇压反
革命过程中,董必武分析了革命胜利前后不同时期司法机关的地位和功能,
在第一届全国司法会议上指出,在人民民主专政的国家中,人民民主专政的
最锐利的武器,如果说司法工作不是第一位的话,也是第二位。当我们在跟
反革命作武装斗争的时候,当然武装是第一位的,在革命胜利的初期,武装
也还有很大的重要性,可是社会一经脱离了战争的影响,那么司法工作和公
安工作,就成为人民国家手中对付反革命、维持社会秩序最重要的工具。②
在马克思主义法律思想的指导下,镇压反革命运动取得了重要胜利。镇压
反革命运动发挥了法的作用,维护了新民主主义革命秩序。

（四）法律服务于政治观念的继受与运用

马克思主义认为,法律是受制于经济基础的,但是,就法律与上层建筑
的其他部分而言,它们相互之间也有内在联系。列宁从国家与法律之间的
关系出发,进一步强化了这个问题,列宁认为法律是阶级统治的工具,是为
无产阶级专政和无产阶级政治服务的。在运用马克思主义指导中国革命的
过程中,中国共产党从革命斗争的需要,也接受了列宁的观点,将政治与法
律的关系理解为目的与手段的关系,即认为法律是服务于政治的。谢觉哉
梳理了政治与法律之间的序位,他说:"我们的法律是服从于政治的,没有
离开政治而独立的法律。政治要求什么,法律就规定什么。当法律还没有
制定成条文的时候,就依据政策行事。这一点,从来就是这样。地主资产阶
级的法律,是照地主资产阶级的政治需要制定的。他们有意隐蔽他们统治

---

① 《列宁全集》第34卷,人民出版社1985年版,第470页。
② 参见《董必武政治法律文集》,法律出版社1986年版,第38页。

的阶级实质，于是说他们的法律是神圣的超阶级的，不和现行的事相干的。实际上没有这回事。他们的法律，是他们政治上压迫人民的工具。他们的政治需要什么，法律就有什么。"①"我们的司法工作者一定要懂政治，不懂得政治决不会懂得法律。我们看资产阶级的法律书，要看破它的背景，它表面上说得很好，实质上是为了资产阶级的利益。"②"法律是服从政治的。学过法律的人，把新旧政治对照一下，就可以知道如何创造法律。"③谢觉哉的观点代表当时中国共产党人对法律与政治关系的认识。1949 年 10 月，中央人民政府政务院成立政治法律委员会，政务院副总理董必武兼任主任。他对政法委员会工作的解释是，"政法委员会是指导各个政法部门工作的机构"。"政法委员会的任务，就是帮助行政首长解决政法部门的具体问题，它和政法部门是'指导与联系'的关系"④。政法一体的观念也由此形成。

　　就专政与法律、革命之间的关系而言，在 1918 年的《无产阶级革命和叛徒考茨基》一书，列宁做了详细的阐述，列宁认为："专政是直接凭借暴力而不受任何法律约束的政权。""无产阶级的革命专政是由无产阶级对资产阶级采用暴力手段来获得和维持的政权，是不受任何法律约束的政权。"⑤列宁在《关于专政问题的历史》中指出，"专政的科学概念无非是不受任何限制的、绝对不受任何法律或规章约束而直接依靠暴力的政权。'专政'这个概念无非就是这个意思"⑥。在《国家与革命》中，列宁认为："在过渡时期，法律只有暂时的意义。如果法律妨碍革命的发展，那就得废除或者修改。"⑦列宁的无产阶级专政是不受任何法律约束的观念对中国共产党的法

---

① 《谢觉哉文集》，人民出版社 1989 年版，第 644 页。
② 《谢觉哉文集》，人民出版社 1989 年版，第 645 页。
③ 《谢觉哉文集》，人民出版社 1989 年版，第 645 页。
④ 《董必武政治法律文集》，法律出版社 1986 年版，第 239、240 页。
⑤ 《列宁全集》第 35 卷，人民出版社 1985 年版，第 237 页。
⑥ 《列宁全集》第 39 卷，人民出版社 1986 年版，第 380 页。
⑦ 《列宁全集》第 34 卷，人民出版社 1985 年版，第 471 页。

律观念的形成产生重要影响。新中国成立后，毛泽东和党的一些领导人也主张建立人民民主法制，并要求人们遵守法律，在中共八大上，董必武还提出建立健全人民民主法制的主张。但是，党内的一些领导同志，对法律根本不重视。朱德作为党的主要领导人之一，比较早地发现了这个问题，他说，党内"更有些人轻视政府和法律，认为政府算什么，管不着我这个老党员；法律也只是给老百姓遵守的，我可以不遵守。所有这些，都是剥削阶级的思想和行为，对于我们共产党人来说，是一种耻辱。我们要做一个好的共产党员，就要服从组织，遵守纪律，尊重和爱护政府，遵守国家的法律和法令"①。董必武作为党的主要领导人之一，作为一名法律专家，同样也发现和提出了这个问题，他说："在我们党内，恰恰有这样一些同志，他们认为：天下是他打下来的，国家是他创造的，国家的法律是管别人的，对他没有关系，他可以逍遥法外，不遵守法律。""工人阶级是不是每个人都能遵守我们的革命法律呢？不是的，甚至一些党员和党的高级干部，对法律也是不够尊重的。"②毛泽东也发现了这个问题。在 1958 年的《工作方法六十条（草案）》一文中，毛泽东明确提出领导干部要"学点历史和法学"③。1962 年 3 月，毛泽东针对不讲法制带来的混乱局面指出："不仅刑法需要，民法也需要。现在是无法无天。没有法制不行，刑法、民法一定要搞。不仅要制定法律，还要编案例。"④但是，这些都没有从根子上解决党内的"左"的思想问题。中共八届十中全会后，中国逐渐进入了一个只讲阶级斗争不讲法制的非法理型社会状态之中。

（五）两种不同性质的矛盾分析与处理对策

新中国成立前，毛泽东在《论人民民主专政》一文中，分析了人民民主

① 《朱德选集》，人民出版社 1983 年版，第 285 页。
② 《董必武法学文集》，法律出版社 2001 年版，第 197 页。
③ 《毛泽东文集》第七卷，人民出版社 1999 年版，第 359 页。
④ 蒋传光等：《新中国法治简史》，人民出版社 2011 年版，第 30 页。

专政的国家政权,主张对人民实行民主和对敌人实行专政。毛泽东认为:
"军队、警察、法庭等项国家机器,是阶级压迫阶级的工具。对于敌对的阶
级,它是压迫的工具,它是暴力,并不是什么'仁慈'的东西。"①人民的国家
是保护人民的,当然,"人民犯了法,也要受处罚,也要坐班房,也有死刑,但
这是若干个别的情形,和对于反动阶级当作一个阶级的专政来说,有原则的
区别"②。在这篇文章中,毛泽东"初步地阐述两类不同性质矛盾中的法律
问题"③。新中国成立后,中国虽然空前统一了,但并不意味着中国社会没
有矛盾,相反,新中国的成立涉及人民政治利益、经济利益的大调整,矛盾更
多。1957年2月27日,毛泽东发表了《关于正确处理人民内部矛盾的问
题》一文。在这篇文章中,毛泽东指出,现在"在我们的面前有两类社会矛
盾,这就是敌我之间的矛盾和人民内部的矛盾。这是性质完全不同的两类
矛盾"④。毛泽东认为,敌我之间的矛盾是对抗性的矛盾,而人民内部的矛
盾,是非对抗性的矛盾,相应的,二者由于性质不同,解决的方法也不同。
"人民民主专政有两个方法。对敌人来说是用专政的方法,就是说在必要
的时期内,不让他们参与政治活动,强迫他们服从人民政府的法律,强迫他
们从事劳动并在劳动中改造他们成为新人。对人民说来则与此相反,不是
用强迫的方法,而是用民主的方法,就是说必须让他们参与政治活动,不是
强迫他们做这样做那样,而是用民主的方法向他们进行教育和说服的工
作。"⑤毛泽东也指出,"人民中间的犯法分子也要受到法律的制裁"⑥。
1962年5月,刘少奇在同中央政法小组的一次谈话中,对1957年后的政法
工作情况提出针对性的批评,这些主要内容包括:误我为敌,打击面过宽;用
对付敌人的专政的办法来处理自己人的问题;只处理敌我问题,不处理人民

① 《毛泽东选集》第四卷,人民出版社1991年版,第1476页。
② 《毛泽东选集》第四卷,人民出版社1991年版,第1476页。
③ 付子堂:《马克思主义法律思想研究》,高等教育出版社2005年版,第208页。
④ 《毛泽东文集》第七卷,人民出版社1999年版,第204—205页。
⑤ 《毛泽东文集》第七卷,人民出版社1999年版,第212页。
⑥ 《毛泽东文集》第七卷,人民出版社1999年版,第207页。

内部问题；劳动教养本来是处理人民内部问题的，结果用了同处理敌我问题一样的办法；行政拘留本来是有严格的时限的，结果长期拘留，不依法办事；行政拘留、集训、劳动教养，变成和逮捕一样；有的单位还自己搞拘留、搞劳改；等等。① 这是对建立在阶级斗争基础之上的关于两种不同性质矛盾的处理对策和实践的一种反思。

五、治国方略的初步探索

（一）新中国成立初期对法治方略的探索

新民主主义革命胜利后，中国共产党领导人民创建了中华人民共和国，而对如何治理国家，也面临着一种治国方略的选择问题。恩格斯在 1884 年《致奥古斯特·倍倍尔》信中，曾总结西方国家的革命与法制问题，他说："欧洲各国现有的政治制度，都是革命的产物。法制基础、历史性的法、法制到处被千百次地破坏着或者是整个被抛弃。但是所有通过革命取得政权的政党或阶级，就其本性来说，都要求由革命创造的新的法制基础得到绝对承认，并被奉为神圣的东西。"②1922 年 3 月，在俄共（布）十一大政治报告中，列宁总结法制建设的经验时指出："我们有一个阶段把法令当作宣传的形式。人们嘲笑我们，说布尔什维克不知道人们并不执行他们的法令；所有白卫分子的报刊也充满了这种嘲笑，但是这个阶段是合理的，那时布尔什维克夺得了政权，他们告诉普通农民、普通工人说：我们想这样来管理国家，这就是法令，请试试看吧！我们用法令的形式把我们的政策设想迅速告诉普通的工人和农民。结果我们在人民群众中过去和现在都获得了极大的信任。"③在马克思主义经典作家的思想指导下，董必武开始思考中国革命胜

---

① 参见《刘少奇选集》（下卷），人民出版社 1985 年版，第 450—452 页。
② 《马克思恩格斯全集》第 36 卷，人民出版社 1975 年版，第 238 页。
③ 《列宁全集》第 43 卷，人民出版社 1987 年版，第 108 页。

利后的法制建设问题。他说："建立新的政权，自然要创建法律、法令、规章、制度。我们把旧的打碎了，一定要建立新的。否则就是无政府主义。如果没有法律、法令、规章、制度，那新的秩序怎样维持呢？因此新的政权或国家建立后，就要求按照新的法律规章制度办事"①。董必武非常重视司法功能，他说，"人民民主专政的最锐利的武器，如果司法工作不是第一位的话，也是第二位"②。1949 年 1 月，谢觉哉《在司法训练班的讲话》中强调："我们不要资产阶级的法制，但我们确需要我们的法制。"③陶希晋在 1950 年的司法干部轮训班上也强调过类似的观点，他认为，目前世界上有两种法治，一个是资产阶级的法治，一个是革命人民的法治，二者本质上是不同，不能将二者混淆起来，人民革命的目的就是为了建立革命秩序以实现人民的法治，在这种情况下，司法工作特别重要，加强人民司法工作，目的仍是为了实现法治。④

尽快制定中华人民共和国第一部宪法，也明显地表明了中国共产党在新中国成立初期，对走上法治之路的一种探索。在制定宪法的重要性方面，毛泽东特别指出："一个团体要有一个章程，一个国家也要有一个章程，宪法就是一个总章程，是根本大法。用宪法这样一个根本大法的形式，把人民民主和社会主义原则固定下来，使全国人民有一条清楚的轨道，使全国人民感到有一条清楚的明确的和正确的道路可走，就可以提高全国人民的积极性。"⑤刘少奇指出："从一九五三年起，我国已经按照社会主义的目标进入有计划的经济建设时期，因此，我们有完全的必要在共同纲领的基础上前进一步，制定一个象现在向各位代表提出的这样的宪法，用法律的形式把我国过渡时期的总任务肯定下来。""一方面，我们必须更加发扬人民的民主，扩大我们国家民主制度的规模；另一方面，我们必须建立高度统一的国家领导

---

① 《董必武政治法律文集》，法律出版社 1986 年版，第 41 页。
② 《董必武法学文集》，法律出版社 2001 年版，第 38 页。
③ 《谢觉哉文集》，人民出版社 1989 年版，第 650 页。
④ 参见陶希晋：《新中国法制建设》，南开大学出版社 1988 年版，第 3 页。
⑤ 《毛泽东文集》第六卷，人民出版社 1999 年版，第 328 页。

制度。为了这样的目的,我们也有完全的必要制定一个比共同纲领更为完备的象现在向各位代表提出的这样的宪法。"①董必武指出:"宪法是国家的根本法,它规定我国的社会制度、政治制度、国家机构、公民权利义务等带有根本性质的问题。"②宪法是一部具有最高法律效力的根本大法,是我国走上人民法治的基础和保障。在马克思主义法治理论的指导下,1954年9月20日,第一届全国人民代表大会第一次会议通过了《中华人民共和国宪法》(以下简称1954年宪法)。在1954年宪法颁布前后,党和国家领导人在不同的场合解释宪法、宣传宪法。刘少奇说:"宪法是全体人民和一切国家机关都必须遵守的。全国人民代表大会和地方各级人民代表大会的代表以及一切国家机关的工作人员,都是人民的勤务员,一切国家机关都是为人民服务的机关,因此,他们在遵守宪法和保证宪法的实施方面,就负有特别的责任。"③"中国共产党是我们国家的领导核心。党的这种地位,决不应当使党员在国家生活中享有任何特殊的权利,只是使他们必须担负更大的责任。中国共产党的党员必须在遵守宪法和一切其他法律中起模范作用。"④董必武引用列宁的观点来阐释这个问题,他说:"我们的国家是共产党领导的,因此我们共产党员必须以身作则,对国家法律的严肃性要有充分的理解。什么叫法律呢? 照列宁的话来讲,法律是国家的最高权力机关依照规定的程序制定出来的,它是表现统治阶级的意志的东西。列宁又说,意志如果是代表统治阶级国家的意志,就应该用政权所制定的法律表现出来。列宁也说,今天在法律中统治阶级意志的内容归结到底即是由该阶级的政治经济生活条件所决定,所以法律是反映着革命在经济制度下社会发展的经济法则。列宁又说,整个规定的程序和颁布,表示最高法律效力。这样一个程序很严格。比如我们的宪法草案规定,全国人民代表大会是国家唯一的立法

① 《刘少奇选集》(下卷),人民出版社1985年版,第144—145页。
② 《董必武政治法律文集》,法律出版社1986年版,第355页。
③ 《刘少奇选集》(下卷),人民出版社1985年版,第168页。
④ 《刘少奇选集》(下卷),人民出版社1985年版,第168页。

机关。这就是说只有全国人民代表大会通过了的法规，才能叫作法律，它的
意义是庄严的，通过它的手续是慎重的，它的公布是中华人民共和国主席的
职权之一。这也就是说全国人民的意志经过一定的形式表现出来，又经过
一定的手续讨论通过以后，再经主席公布就算法律了。"①这就是说，"法律
和法令是一种庄严慎重的东西"②。全国人民都必须要尊重宪法和法律权
威。在 1957 年 3 月 18 日的《在军事检察院检察长、军事法院院长会议上的
讲话》中，董必武还阐释了法制基本含义和价值。究竟什么叫作法制？董
必武说："现代世界上对于法制的定义，还没有统一的确切的解释。我们望
文思义，国家的法律和制度，就是法制。"③从总结人类法律发展的历史经验
出发，董必武说："法制有什么用？没有它行不行？上面说过没有它是不行
的。人类进入文明社会以后，说到文明，法制要算一项。简单地说，国家没
有法制，就不能成为一个国家。法制不一定要有成文，无成文法也可以。"④
据此有学者认为："从 1949 年建国前的准备时期到建国后的 1957 年，占主
流的观点是应当奉行法治。"⑤

（二）中共八大与人民民主法制思想的形成

1956 年，中国共产党召开第八次全国代表大会，而中国共产党此时也
已经成为了"一个政治上成熟的伟大的马克思列宁主义的政党"⑥。其成熟
性表现在中国共产党已经有了毛泽东思想的指导，而且在马克思列宁主义、
毛泽东思想的指导下，开始对中国的国情、中国共产党的任务有了更清晰的
认识。在这次大会上，刘少奇作了《政治报告》、周恩来作了《关于发展国民

---

①　《董必武选集》，人民出版社 1985 年版，第 346 页。
②　《董必武选集》，人民出版社 1985 年版，第 347 页。
③　《董必武法学文集》，法律出版社 2001 年版，第 381 页。
④　《董必武法学文集》，法律出版社 2001 年版，第 381 页。
⑤　李龙、汪习根：《新中国法制建设的回顾与反思》，中国社会科学出版社 2004 年版，第
53 页。
⑥　《毛泽东文集》第七卷，人民出版社 1999 年版，第 114 页。

经济的第二个五年计划(1958—1962 年)的建议》的报告,朱德、董必武等作了重要发言。这次大会指出,中国社会的主要矛盾已经发生变化。大会决定把党的工作重点转向社会主义建设。更重要的是,这次大会把系统地制定比较完备的法律,作为党在国家生活中的重要任务。刘少奇在《政治报告》中指出:"现在,革命的暴风雨时期已经过去了,新的生产关系已经建立起来,斗争的任务已经变为保护社会生产力的顺利发展,因此,斗争的方法也就必须跟着改变,完备的法制就是完全必要的了。"[1]"为了巩固我们的人民民主专政,为了保卫社会主义建设的秩序和保障人民的民主权利,为了惩治反革命分子和其他犯罪分子,我们目前在国家工作中的迫切任务之一,是着手系统地制定比较完备的法律,健全我们国家的法制。"[2]

在这次大会上,董必武作了题为《进一步加强人民民主法制,保障社会主义建设事业》的发言。这个发言系统而全面地总结了新中国成立后头七年法制建设工作。更重要的是,董必武认为,目前我们党和国家的中心任务是把我国建设成为一个伟大的社会主义国家,在这样的任务面前,党就必须采取积极的措施,健全我们的人民民主法制,以便进一步保卫人民民主制度,巩固法律秩序,保障人民民主权利,保护公共财产,更有效地发挥人民群众的积极性和创造性;同时,继续肃清反革命分子,继续同一切违法犯罪的现象作斗争,保障社会主义建设事业的顺利进行。[3] 在立法方面,董必武指出,目前"我们还缺乏一些急需的较完整的基本法规,如刑法、民法、诉讼法、劳动法、土地使用法等"[4],虽然我们不要指望一下子就建立完备的法制,但"现在无论就国家法制建设的需要来说,或者是就客观的可能性来说,法制都应该逐渐完备起来。法制不完备的现象如果再让它继续存在,甚至拖得过久,无论如何不能不说是一个严重的问题"[5]。在守法方面,我们

---

[1] 《刘少奇选集》(下卷),人民出版社 1985 年版,第 253 页。
[2] 《刘少奇选集》(下卷),人民出版社 1985 年版,第 253 页。
[3] 参见《董必武法学文集》,法律出版社 2001 年版,第 351 页。
[4] 《董必武法学文集》,法律出版社 2001 年版,第 347 页。
[5] 《董必武法学文集》,法律出版社 2001 年版,第 347 页。

也存在严重的问题,董必武指出:"我们有少数党员和国家工作人员,对于国家的法制有不重视或者不遵守的现象,并且对于这些现象的揭露和克服,也还没有引起各级党委足够的注意。"①在司法方面,我们还存在着"严重的违法行为,必须彻底加以肃清"②。董必武还驳斥了党内存在的法律虚无主义的观点,他指出:"不重视国家法制的人们,还有一种颇为流行的理由,不是说国家法制是形式,就是说国家法制太麻烦,施行起来妨碍工作。实际上这种理由是牵强的,经不起一驳的。工人阶级领导的国家必须建立健全的法制,才能更有效地发挥国家的职能和保障人民的权利。一切国家机关和公民从法制中才能知道做什么和怎样做是国家允许的或不允许的。因此,我们依照法制进行工作,只会把工作做得好些、顺利些,不会做得坏些、不顺利些。无可置疑的,我们人民民主法制在党领导的民主革命和社会主义革命胜利的斗争中,是起了重要作用的;没有地方各级党委和党员同志对法制的尊重和正确运用,法制的作用是显现不出来的。"③在剖析了为什么不愿意遵守法制的深层原因后,董必武第一次明确地提出"依法办事是进一步加强法制的中心环节"④,而依法办事有两个方面的意义,其一是必须有法可依。其二,有法必依。⑤ 董必武的论断和主张在中共八大上获得通过。强调有法可依、有法必依,意味着中国共产党开始重视运用法律来治国理政、意味着法律至上的意识开始逐渐形成。在治国的基本方略探求上来讲,中国共产党已经迈进了法治的门槛。

（三）反右派斗争的影响

1957 年 1 月 27 日,毛泽东在省市自治区党委书记会议上的讲话中说:"一定要守法,不要破坏革命的法制。法律是上层建筑。我们的法律,是劳

① 《董必武法学文集》,法律出版社 2001 年版,第 347 页。
② 《董必武法学文集》,法律出版社 2001 年版,第 348 页。
③ 《董必武法学文集》,法律出版社 2001 年版,第 348 页。
④ 《董必武法学文集》,法律出版社 2001 年版,第 352 页。
⑤ 参见《董必武法学文集》,法律出版社 2001 年版,第 352 页。

动人民自己制定的。它是维护革命秩序,保护劳动人民利益,保护社会主义经济基础,保护生产力的。我们要求所有的人都遵守革命法制,并不是只要你民主人士守法。"①毛泽东这段话表明,他沿袭中共八大的法制建设路径,仍然是赞同走法制之路。1957年4月27日,中共中央发出了《关于整风运动的指示》,中共中央统战部从5月8日开始邀请一些民主党派人士负责人和无党派人士召开座谈会,听取意见。"然而,随着整风运动的开展,许多复杂情况出现了。极少数人乘机向党和新生的社会主义制度发动进攻。他们把共产党在国家政治生活中的领导地位攻击为'党天下',要求'轮流坐庄',把人民民主专政的制度说成是产生官僚主义、宗派主义和主观主义的根源。这种异常现象引起党的警觉。6月,中央要求组织力量反击右派分子进攻。"②"当时中共中央对政法界的反右斗争的形势作了错误估计,政法界的反右斗争被明显地扩大化了。审判独立、无罪推定等现代法治原则遭到批判否定。一大批敢于提出正确主张的政法干部被错划成右派,受到批判打击。"③反右派斗争影响了以毛泽东同志为主要代表的一部分党和国家领导人对治国方略的判断和选择,治国理政"究竟搞人治还是搞法治? 党的主要领导人的看法起了变化"④。1958年8月,在北戴河中央政治局扩大会议上,毛泽东在谈到上层建筑问题时说,"'法律这个东西没有也不行,但我们有我们这一套','我们基本上不靠那些,主要靠决议、开会,不靠民法、刑法来维持秩序。人民代表大会、国务院开会有他们那一套,我们还是靠我们那一套。''到底是法治还是人治? 看来实际靠人,法律只能作为办事的参考。'"⑤对于这些观点,党内没有人提出反对意见,该意见会后在一定范围内作了传达。这代表

---

① 《毛泽东文集》第七卷,人民出版社1999年版,第197—198页。
② 《中国共产党简史》,人民出版社、中共党史出版社2021年版,第192页。
③ 公丕祥、夏锦文、刘旺洪:《当代中国的法律革命》,法律出版社1999年版,第206页。
④ 《彭真传》第四卷,中央文献出版社2012年版,第1572页。
⑤ 《彭真传》第四卷,中央文献出版社2012年版,第1572页。

了当时党中央和全党大多数党员的认识,并为全党所接受。① 邓小平在《党和国家领导制度的改革》一文中讲道:"从一九五八年批评反冒进、一九五九年'反右倾'以来,党和国家的民主生活逐渐不正常,一言堂、个人决定重大问题、个人崇拜、个人凌驾于组织之上一类家长制现象,不断滋长。"② 习近平总书记亦深刻指出:"新中国成立初期,我们党在废除旧法统的同时,积极运用新民主主义革命时期根据地法制建设的成功经验,抓紧建设社会主义法治,初步奠定了社会主义法治的基础。后来,党在指导思想上发生'左'的错误,逐渐对法制不那么重视了,特别是'文化大革命'十年内乱使法制遭到严重破坏,付出了沉重代价,教训十分惨痛!"③

① 参见蔡定剑:《历史与变革——新中国法制建设的历程》,中国政法大学出版社 1999 年版,第 93 页。

② 《邓小平文选》第二卷,人民出版社 1994 年版,第 330 页。

③ 中共中央文献研究室编:《习近平关于全面依法治国论述摘编》,中央文献出版社 2015 年版,第 8 页。

第 四 章

开创马克思主义法律思想中国化
发展新境界（1978—2012）

一、"文化大革命"与马克思主义法律思想中国化

（一）"'文化大革命'变成了我们的财富"

1976 年 10 月 6 日,在毛泽东逝世后,华国锋、叶剑英等代表中央政治局,执行党和人民的意志,对"四人帮"及其在北京的帮派骨干实行隔离审查。① 粉碎"四人帮",结束了"文化大革命"。十年"文化大革命"中,"林彪、'四人帮'搞得工人不能做工,农民不能种地,解放军不能练兵,学生不能学习,科学技术人员不能钻研业务"②。邓小平痛心地说,"过去耽误太多"③。"文化大革命"是在探求中国自己的社会主义道路的历程中遭到的严重挫折,使中国社会主义法制遭到严重破坏。邓小平站在马克思主义辩证法的立场上,认为"'文化大革命'也有一'功',它提供了反面教

---

① 参见《中国共产党简史》,人民出版社、中共党史出版社 2021 年版,第 214 页。
② 《邓小平文选》第二卷,人民出版社 1994 年版,第 94 页。
③ 《邓小平文选》第三卷,人民出版社 1993 年版,第 223 页。

训"①。如果没有"文化大革命"的惨痛教训,中国共产党"就不可能制定十一届三中全会以来的思想、政治、组织路线和一系列政策"②。中共十一届三中全会确定将党和国家的工作重点"由以阶级斗争为纲转到以发展生产力、建设四个现代化为中心,受到了全党和全国人民的拥护。为什么呢? 就是因为有'文化大革命'作比较,'文化大革命'变成了我们的财富"③。1986 年 9 月 2 日,邓小平在回答美国记者迈克·华莱士关于"文化大革命"的问题时说:"那件事,看起来是坏事,但归根到底也是好事,促使人们思考,促使人们认识我们的弊端在哪里。毛主席经常讲坏事转化为好事。善于总结'文化大革命'的经验,提出一些改革措施,从政治上、经济上改变我们的面貌,这样坏事就变成了好事。为什么我们能在七十年代末和八十年代提出了现行的一系列政策,就是总结了'文化大革命'的经验和教训。"④

　　"文化大革命"给新中国法制建设留下太多的启示和教训,它促使以邓小平同志为核心的党的第二代中央领导集体达成一个共识,那就是解决党和国家肌体中的阴暗面问题,既需要作出客观恰当的形势估计又需要在宪法、法律和党章规定中进行,不能超越法律、不能超越党章,不能背离社会主义法制的轨道,不能不要宪法和法律。这个共识始终为中国共产党人所坚守,"我们一直强调,党领导人民制定宪法法律,领导人民实施宪法法律,党自身必须在宪法法律范围内活动。这是我们党深刻总结新中国成立以来正反两方面历史经验特别是'文化大革命'惨痛教训之后得出的重要结论,是我们党治国理政必须遵循的一项重要原则"⑤。的确,从总结经验教训的角度来看,可以说"文化大革命"给我们留下一笔财富,这个财富当中当然包含着中国共产党对社会主义法治建设必要性和迫切性的共识。

---

①　《邓小平文选》第三卷,人民出版社 1993 年版,第 272 页。
②　《邓小平文选》第三卷,人民出版社 1993 年版,第 272 页。
③　《邓小平文选》第三卷,人民出版社 1993 年版,第 272 页。
④　《邓小平文选》第三卷,人民出版社 1993 年版,第 172 页。
⑤　习近平:《论坚持全面依法治国》,中央文献出版社 2020 年版,第 201 页。

（二）人心思法和人心向法与社会主义法制的重建宣言

"文化大革命"结束后，人们越来越认识到社会主义法制建设的极端重要性。人心思法、人心向法，走健全的社会主义法制之路，成为党和全国人民的共识。

邓小平明确提出："为了保障人民民主，必须加强法制。必须使民主制度化、法律化，使这种制度和法律不因领导人的改变而改变，不因领导人的看法和注意力的改变而改变。"[①]邓小平明确地反对"文化大革命"中把领导人的"话"视为"法"的错误做法。叶剑英也对"文化大革命"中法制缺失的情况进行反思。他认为，新中国的社会主义法制从成立以来还没有很好地健全起来，而林彪、"四人帮"能够为所欲为也是钻了这个空子，"在所谓'加强无产阶级专政'的幌子下，想抓谁就抓谁，对广大干部和人民实行法西斯专政。这一教训使我们懂得，一个国家非健全法律和制度不可"[②]。在庆祝中华人民共和国成立三十周年大会的讲话中，叶剑英又一次强调指出：十年"文化大革命"给我们的教训之一就是"必须进一步健全党的纪律和社会主义法制，切实保障全体党员和全体公民的民主权利，使党内民主和社会主义民主制度化、法律化。从党的领导者到每个党员，从国家领导人到每个公民，在党纪和国法面前人人平等，绝不允许有不受党纪约束的特殊党员和不受法律约束的特殊公民，绝不允许有凌驾于党纪国法之上的特权"[③]。彭真也对新中国成立以来的社会主义法制实践进行总结。他指出，"社会主义法制早就应该搞，可过去没有这个认识，觉得有党的领导，有方针政策，迟几天不要紧，结果拖下来，贻误了事情。是林彪、'四人帮'教育了我们，社会主义非搞法制不行"[④]；"应该承认，我们在过去的长时间内对法制建设的

---

① 《邓小平文选》第二卷，人民出版社 1994 年版，第 146 页。
② 《叶剑英选集》，人民出版社 1996 年版，第 503 页。
③ 《叶剑英选集》，人民出版社 1996 年版，第 537 页。
④ 彭真：《关于社会主义法制的几个问题——在中央党校的讲话》，载《红旗》杂志 1979 年第 11 期。

重要意义认识不够,有时抓得紧,有时放松了,有时丢掉了。到了'文化大革命','和尚打伞,无法无天',使我们的党、国家和人民遭受了巨大的损失,这个教训是很沉痛的"①;"今后没有哪个老百姓希望发生'文化大革命'那种情况,但是,只有愿望不行啊,总要有个东西作保障。什么东西?就是要健全社会主义法制,十亿人统统都要按照宪法、法律办事,就是一项重要保证。只有健全社会主义法制,才有可能少出一点乱子"②;"回顾建国以来的历史,我们可以得出一个结论:发展社会主义民主,健全社会主义法制,反映了中华人民共和国历史发展的必然规律,符合各族人民的根本利益。什么时候我们按照这个规律去做,国家就能够安定团结,比较能够经得起各种风险,顺利地进行社会主义现代化建设;什么时候违背了这个规律,就要吃苦头"③。不仅党和国家领导人在反思中国的法制建设经验教训,探寻中国的社会主义法制之路,人民群众也在反思这个问题。1979 年 7 月 1 日,《人民日报》发表了《人心思法　人心思治》的报道,反映了人们对社会主义法制的渴望,"代表们说:盼望法治早就成了我国人民的共同愿望","有了法,亿万人民办事就会有章可循;有了法,坏人坏事就会受到约束和制裁;有了法,人民就能享有充分的民主;有了法,就能安定团结搞四化"④。中共十一届三中全会公报集中地反映了人民的心声,公报是人心思法、人心向法的宣言书,它向人民宣告:为了保障人民民主,必须加强社会主义法制,使民主制度化、法律化,使这种制度和法律具有稳定性、连续性和极大的权威,做到有法可依,有法必依,执法必严,违法必究。从现在起,应当把立法工作摆到全国人民代表大会及其常务委员会的重要议程上来。检察机关和

① 彭真:《论新时期的社会主义民主与法制建设》,中央文献出版社 1989 年版,第 293 页。

② 全国人大常委会办公厅研究室:《发展社会主义民主,健全社会主义法制——有关重要论述摘编》,法律出版社 1988 年版。

③ 彭真:《论新时期的社会主义民主与法制建设》,中央文献出版社 1989 年版,第 293 页。

④ 《人心思法　人心思治》,载《人民日报》1979 年 7 月 1 日。

司法机关要保持应有的独立性；要忠实于法律和制度，忠实于人民利益，忠实于事实真相；要保证人民在自己的法律面前人人平等，不允许任何人有超于法律之上的特权。1981 年 1 月 25 日，当最高人民法院下达对林彪、江青反革命集团的特别法庭判决书的时候，这个"超级审判"的"超级判决"给人民带来建设社会主义法制的无限渴望和决心，"我们一定要建设一个良好的法制国家"①。

1979 年 7 月，五届全国人大二次会议一次就审议通过了《中华人民共和国刑法》《中华人民共和国刑事诉讼法》《中华人民共和国地方各级人民代表大会和地方各级人民政府组织法》等 7 个重要法律。正如彭真在 1979年 7 个法律草案的说明中所说的那样，"文化大革命"后的中国是"'人心思法'，全国人民都迫切要求有健全的法制"②。的确，我们可以说，"这 7 个法律的制定颁布，是我国'文化大革命'结束后向社会主义现代化建设转变过程中'人心思法'的结果"③。从社会主义法制建设的实践进程来看，此后，中国开始了大规模的立法。从马克思主义法律思想中国化的角度来看，人心思法、人心向法，给马克思主义法律思想中国化提供了新的历史条件和新的契机。

（三）党和国家领导制度的改革与探索

在苏联社会主义建设过程中，领导干部终身制成为与苏联社会主义政权交接风险相伴的东西。在中国相当一段时期，领导干部退休问题也同样没有解决。"文化大革命"结束后，邓小平清楚地知道接班人的重要性。1980 年 8 月，邓小平在中共中央政治局扩大会议上的讲话中，明确地提出了改革党和国家领导制度的问题。他说："我们过去发生的各种错误，固然

① 《中国青年报》社论：《欢呼历史的判决》，载《中国青年报》1981 年 1 月 27 日。
② 全国人民代表大会常务委员会法制工作委员会：《中华人民共和国法律汇编·1979—1984》，人民出版社 1988 年版，第 637 页。
③ 蔡定剑：《历史与变革——新中国法制建设的历程》，中国政法大学出版社 1999 年版，第 132 页。

与某些领导人的思想、作风有关，但是组织制度、工作制度方面的问题更重要。这些方面的制度好可以使坏人无法任意横行，制度不好可以使好人无法充分做好事，甚至会走向反面。即使像毛泽东同志这样伟大的人物，也受到一些不好的制度的严重影响，以至对党对国家对他个人都造成了很大的不幸。"①邓小平这里所说的不好的制度，就包括改革开放之前党内存在的领导干部职务终身制现象。尽管毛泽东在 1956 年曾经针对苏联共产党的领导人终身制现象进行反思，在北戴河会议上讲过国家主席和党的主席的任期制问题，想在适当的时候实现任期制，刘少奇也提出参考美国第一任总统华盛顿的做法等设想，但因为 1957 年反右运动等的影响，干部领导职务终身制一直到"文化大革命"结束都没有解决。

邓小平认为："干部领导职务终身制现象的形成，同封建主义的影响有一定关系，同我们党一直没有妥善的退休解职办法也有关系。"②在中国漫长的封建专制主义统治时期，历代君主都采用终身制，国家的安危也完全系于君主一人身上。作为一个伟大的马克思主义者，邓小平敏锐地看到了这个问题，他说："我历来不主张夸大一个人的作用，这样是危险的，难以为继的。把一个国家、一个党的稳定建立在一两个人的威望上，是靠不住的，很容易出问题。"③针对当时国际上好多国家把对华政策放在邓小平的身体健康因素上的做法，邓小平意识到了自己的分量太重，意识到了这样对国家和党不利，有一天就会很危险。他说："我多年来就意识到这个问题。一个国家的命运建立在一两个人的声望上面，是很不健康的，是很危险的。不出事没问题，一出事就不可收拾。"④从立宪运动的目的来看，所有的立宪运动目的都是为了限权，也是为了解决好领导者的权力任期和权力交接问题。英国 1215 年的《自由大宪章》、1689 年的《权利法案》、1701 年的《王位继承

① 《邓小平文选》第二卷，人民出版社 1994 年版，第 333 页。
② 《邓小平文选》第二卷，人民出版社 1994 年版，第 331 页。
③ 《邓小平文选》第三卷，人民出版社 1993 年版，第 325 页。
④ 《邓小平文选》第三卷，人民出版社 1993 年版，第 311 页。

法》都是为了限制和剥夺君主的权力而制定的。美国1878年的宪法也规定了总统的任期制，将国家领导人制度纳入法治轨道。我国1954年宪法规定了国家机构的任职期限，规定了全国人民代表大会每届任期四年，规定了中华人民共和国主席任期四年。但受制于当时的社会历史条件，任期制并没有真正形成。正因为如此，邓小平明确提出改革党和国家的领导制度，搞退休制。对各级各类领导干部（包括选举产生、委任和聘用的）职务的任期，以及离休、退休，要按照不同情况，作出适当的、明确的规定。在邓小平的倡导下，在1980年的中国共产党第十一届中央委员会第五次全体会议讨论的党章（草案）中，对党的干部制度作了一系列新的规定。1982年《中华人民共和国宪法》（以下简称"现行宪法"）明文规定了国家领导人实行任期制。以邓小平同志为核心的党的第二代中央领导集体克服了中国传统人治文化对马克思主义法律思想中国化的不良影响，推动了中国党和国家领导制度的改革。

沿着以邓小平同志为主要代表的中国共产党人开启的中国特色政治制度道路，经过几十年的执政方式探索，中国走上这条具有中国特色政治制度道路。中国的宪法理论与实践都证明，我国实行的中国特色社会主义政治制度是民主的、有效的。习近平总书记指出："我们废除了实际上存在的领导干部职务终身制，普遍实行领导干部任期制度，实现了国家机关和领导层的有序更替。"①"评价一个国家政治制度是不是民主的、有效的，主要看国家领导层能否依法有序更替，全体人民能否依法管理国家事务和社会事务、管理经济和文化事业，人民群众能否畅通表达利益要求，社会各方面能否有效参与国家政治生活，国家决策能否实现科学化、民主化，各方面人才能否通过公平竞争进入国家领导和管理体系，执政党能否依照宪法法律规定实现对国家事务的领导，权力运用能否得到有效制约和监督。"②从习近平总

---

① 习近平：《论坚持全面依法治国》，中央文献出版社2020年版，第79页。
② 习近平：《论坚持全面依法治国》，中央文献出版社2020年版，第79页。

书记提出的"七个能否"的评价标准来看,中国特色社会主义政治制度是"行得通、有生命力、有效率"①。

以邓小平同志为主要代表的中国共产党人提出的党和国家领导制度改革的决定和举措意义重大,这种改革最终"保证党和国家领导机关和人员按照法定权限和程序行使权力"②,推动中国共产党走上依宪治国和依宪执政之路。正因为如此,邓小平在新中国立宪运动史上具有举足轻重的地位,他为推动马克思主义宪法思想的中国化作出了巨大的历史性贡献。

（四）"国要有国法、党要有党规党法"

在无产阶级取得政权以后,究竟还要不要法律? 马克思主义经典作家认为无产阶级在取得政权后,不能放弃法律。马克思主义认为国家和法律之间具有密切的联系,国家离不开法律,法律也离不开国家,只有建立和健全国家的法律,才能保障每个人的生命财产安全,才能维护社会的稳定。但"文化大革命"背离了这个常识和规律,使得有国家就要有法"也成为问题了"③。马克思认为,社会主义者不能"拒绝提出一定的法权要求。一个积极的社会主义政党,如同一般任何政党那样,不提出这样的要求是不可能的。从某一阶级的共同利益中产生的要求,只有通过下述办法才能实现,即由这一阶级夺取政权,并用法律的形式赋予这些要求以普遍的效力"④。列宁指出:"意志如果是国家的意志,就应该表现为政权机关所制定的法律,否则,'意志'一词不过是放空炮而已。"⑤就中国社会主义建设而言,邓小平明确指出,"国要有国法"⑥。无论在社会主义革命阶段还是在社会主义建设阶段,只要国家存在,就必须要有法律,马克思主义者不能拒绝法律,应

① 习近平:《论坚持全面依法治国》,中央文献出版社 2020 年版,第 78 页。
② 习近平:《论坚持全面依法治国》,中央文献出版社 2020 年版,第 80 页。
③ 肖蔚云:《国家和法律是互相依存的》,载《人民日报》1978 年 11 月 7 日。
④ 《马克思恩格斯全集》第 21 卷,人民出版社 1965 年版,第 567—568 页。
⑤ 《列宁全集》第 30 卷,人民出版社 1985 年版,第 308 页。
⑥ 《邓小平文选》第二卷,人民出版社 1994 年版,第 147 页。

该建立社会主义国家的法律。同时，社会主义各项事业都必须遵循社会主义法制原则，在法律范围内进行。

"文化大革命"结束后，党和法之间的关系问题成为人们无法回避的问题，党的建设要不要走制度化之路呢？从"文化大革命"的反思中，邓小平认为党的领导不能离开国法，也不能离开党规党法，邓小平指出："国要有国法、党要有党规党法。"①邓小平这句话实际上包含三层意思，第一层意思是无论是政党还是国家都要有法，没有规矩不成方圆；第二层意思是国家必须有国法，党要有党规党法，二者是不能混淆的，不能以党规党法代替国法；第三层意思是国法高于党规党法，排在第一位。在邓小平法制思想的指引下，党和法之间的关系终被理顺。现行宪法明确规定：一切国家机关和武装力量、各政党和各社会团体、各企业事业组织都必须遵守宪法和法律。中国共产党章程中明确规定：党必须在宪法和法律范围内活动。邓小平指出，全党同志和全体干部都要按照宪法、法律、法令办事，学会使用法律武器，并将其视为"现在和今后发展社会主义民主、健全社会主义法制的过程中要求我们必须尽快学会处理的新课题"②。邓小平的重要贡献之一，就是通过对"文化大革命"的反思，强调法治的重要性，并运用法律理顺了国家、法律和政党三者的关系，即国家离不开法律，政党也离不开法律，国有国法、党要有党规党法。

二、改革开放和现代化建设推动马克思主义法律思想中国化

中共十一届三中全会以来，中国共产党确定了对内经济搞活、对外经济开放的政策，启动了"中国式的现代化"③建设。中国的改革开放和现代化建设推动了马克思主义法律思想中国化进程。首先，改革开放是对以往僵

① 《邓小平文选》第二卷，人民出版社1994年版，第147页。
② 《邓小平文选》第二卷，人民出版社1994年版，第371页。
③ 《邓小平年谱(1975—1997)》(上卷)，中央文献出版社2004年版，第497页。

化的政治体制、经济体制、社会体制和文化体制的改革和开放。新中国成立以来，我们全盘引进了苏联的政治、经济、文化体制，虽然毛泽东在《论十大关系》一文中，对苏联模式有所反思，但遗憾的是，受"文化大革命"的影响，中国的苏联式体制仍然存在，中国的改革开放恰恰就是要改革这种僵化的苏联模式。而这种改革必然内在要求有马克思主义法律思想的指导，必然内在地推动马克思主义法律思想中国化。其次，中国"一心一意地搞四个现代化建设，必须一心一意地维护和发展安定团结、生动活泼的政治局面。这始终是摆在我们面前的一个十分重要的问题"①，而维护安定团结的政治局面，需要发扬社会主义民主，健全社会主义法制，离开了社会主义法制的保障，社会主义现代化建设无从谈起。最后，现代化内在地包含着法制现代化。邓小平说："现代化建设的任务是多方面的，各个方面需要综合平衡，不能单打一"②，"经济与教育、科学，经济与政治、法律等等，都有相互依存的关系，不能顾此失彼"③。叶剑英指出，四个现代化建设"并不是说现代化事业只以这四个方面为限。我们要在改革和完善社会主义经济制度的同时，改革和完善社会主义政治制度，发展高度的社会主义民主和完备的社会主义法制。……这些都是我们社会主义现代化的重要目标，也是实现四个现代化的必要条件"④。这表明法制现代化也是中国现代化建设的应有内容。而法制现代化是一种法律从传统向现代转型的一种运动，也必然带动马克思主义法律思想的现代化转型，并形成丰富的中国化的马克思主义法律思想新成果。

（一）党法关系的稳定化与法治化

中国的改革开放是在中国共产党的领导下进行，必须要有一个稳定的

---

① 《邓小平文选》第二卷，人民出版社1994年版，第276页。
② 《邓小平文选》第二卷，人民出版社1994年版，第250页。
③ 《邓小平文选》第二卷，人民出版社1994年版，第249—250页。
④ 《叶剑英选集》，人民出版社1996年版，第540页。

政党和稳定的秩序。这要求将党的领导和加强社会主义法制统一起来,将政党、党员、普通个人的一切活动都纳入宪法和法制的轨道中来。社会主义法制建设离不开党的领导,必须在党的领导下进行。这是"文化大革命"留给我们的教训。基于此认识,中国共产党重视法律,加强对政法工作的领导,构建适用改革开放和社会主义现代化建设需要的党法关系。1978 年 6 月,中共中央批准成立中央政法小组,协调处理最高人民法院、最高人民检察院、公安部、民政部四个部门的一些重要问题。1980 年 1 月 16 日,邓小平在中共中央召集的干部会议上明确提出:"我们要学会使用和用好法律武器"[1],即不仅要懂得运用法律处理敌我矛盾,而且必须学会运用法律手段处理好人民内部的矛盾。"要讲法制,真正使人人懂得法律,使越来越多的人不仅不犯法,而且能积极维护法律。……我们要在全国坚决实行这样一些原则:有法必依,执法必严,违法必究,在法律面前人人平等。"[2]1980 年 1 月 26 日,中共中央发出关于在原中央政法小组的基础上成立中央政法委员会的通知。1982 年,政法委被规定为党委的一个工作部门。1986 年 7 月,中共中央发出《关于全党必须坚决维护社会主义法制的通知》强调,全党必须重视法制建设,各级干部和全体党员要自觉地接受群众的监督和法制的约束,养成依法办事的习惯。1988 年,国家进行机构改革,中央决定撤销中央政法委员会,成立中央政法领导小组。1990 年 3 月,中共中央又决定恢复设立中央政法委员会。中央政法委员会成为党中央领导政法工作的专门机构,其任务就是在中央领导下,研究处理全国政法工作中的重大问题,并向中央提出法制建议。撤销后又重新设立中央政法委员会,不仅仅涉及党的政法工作领导体制改革问题,还涉及如何理顺党和法律之间的关系问题。对这个问题,邓小平态度明确,他指出:"法律范围的问题,要用法制来解决,由党直接管不合适。党要管党内纪律的问题,法律范围的问题应该

---

① 《邓小平文选》第二卷,人民出版社 1994 年版,第 253 页。
② 《邓小平文选》第二卷,人民出版社 1994 年版,第 254 页。

由国家和政府管。党干预太多,不利于在全体人民中树立法制观念。这是一个党和政府的关系问题,是一个政治体制的问题。"①

邓小平的丰功伟绩在于恢复了"党必须在宪法和法律范围内活动"的一贯主张。邓小平强调"全党同志和全体干部都要按照宪法、法令办事"②,国家颁布的法律法令、必要的法律和设施,是"全党全军全民的共同行动准则"③。1982 年宪法和中共十二大通过的党章正式将"党必须在宪法和法律规定的范围内活动"作为一项宪法原则和党的活动基本原则确立下来。1989 年 9 月,江泽民在回答《纽约时报》记者的提问时说:"我们绝不能以党代政,也绝不能以党代法。……我想我们一定要遵循法治的方针。"④江泽民的讲话抓住了中国民主政治建设中的关键问题,是对党法关系法治化的新思考。从 1989 年中共十三届四中全会到 1997 年中共十五大的召开,经过八年的实践探索,在中共第十五次全国代表大会上,"依法治国,建设社会主义法治国家"被确立为中国共产党领导人民治理国家的基本方略。依法治国基本方略的确立为中国共产党执政方式的探索奠定了良好的基础。中共十六大前后既是中国共产党从革命党到执政党的角色转换的关键时期,也是探索如何改革和完善党的领导方式和执政方式的重要时期,正是在这一时期,中国共产党开始逐渐地形成了党的依法执政的法治理念。2004 年,中共十六届四中全会提出了加强党的执政能力建设的主张,而依法执政则被视为新的历史条件下党执政的一个基本方式。回顾历史,可以发现:依法执政成为当代中国法治建设的主题,成为法治的流行语,是在漫长的政治体制改革的探索中而逐渐形成的。正是在实践探索中,党越来越认识到法治的重要性、越来越认识到法治的价值,最终将党的领导与法治相结合,形成了依法执政的法治理念。而依法执政作为中国共产党执政方式"理念上

---

① 《邓小平文选》第三卷,人民出版社 1993 年版,第 163 页。

② 《邓小平文选》第二卷,人民出版社 1994 年版,第 371 页。

③ 《邓小平文选》第二卷,人民出版社 1994 年版,第 371 页。

④ 《江泽民等答中外记者问》,载《人民日报》1989 年 9 月 27 日。

的取舍与转向"①，它深刻地影响着当代中国的法治建设进程。

（二）经济体制改革促进法治思想的生成和发展

新中国成立后以俄为师，在经济制度的解构和建构过程中，全面学习和移植苏联的高度集权的计划经济体制，通过社会主义改造运动，使原有的商品经济体制逐渐退出中国的历史舞台，完成了经济制度上的革命，建成了以公有制为基础的计划经济体制。但是，这种经济体制否定市场和竞争机制，逐渐变得僵化和低效，进而成为社会生产力发展的桎梏。改革开放以后，以邓小平同志为核心的党的第二代中央领导集体领导人民开始进行经济体制的改革，社会主义商品经济逐渐在实践中被证明是好的东西而被人们所认同和确立。1992 年，邓小平南方谈话彻底打破了人们"姓资姓社"的僵化思想，再次解放和更替了人们的市场意识，"市场经济不等于资本主义，社会主义也有市场。计划和市场都是经济手段"②等新的市场观念被确立。同年 10 月，中共十四大明确宣布：中国经济体制改革的目标是建立社会主义市场经济体制。从有计划的商品经济到社会主义市场经济的理论和实践，都在不断地呼唤社会主义法治的出场。在 20 世纪 80 年代后期，就有学者从理论上论证发展商品经济和法治社会之间的关系，认为"发展商品经济是我国步入法治社会的必由之路"③。进入 20 世纪 90 年代以后，"市场经济就是法治经济"成为理论界的共识，人们开始关注市场经济与法治之间的内在联系。与自然经济和计划经济不同的是，市场经济存在着多元化的利益主体和市场化的资源配置特征，这决定了市场经济必然是在法律控制下的经济运行形态，需要建立一套以民商法、经济法、刑事法、社会保障法等为主要内容的法律体系予以保障。正是从这个理论视角和实践需要出发，

---

① 陈建：《论中国共产党"法的观念"变迁的四个阶段及其折射的执政理念转向》，载《天府新论》2008 年第 6 期。

② 《邓小平文选》第三卷，人民出版社 1993 年版，第 373 页。

③ 张文显：《中国步入法治社会的必由之路》，载《中国社会科学》1989 年第 2 期。

从 1992 年开始,伴随着中国市场经济体制的逐步确立,中国也进入了经济法治化的快车道。到 2010 年 10 月 27 日,国务院新闻办公室发表《中国特色社会主义法律体系》白皮书,宣告中国特色社会主义法律体系已经形成。而中国特色社会主义法律体系的形成与市场经济体制的确立密不可分,正是社会主义市场经济的运转为中国法治建设提供了经济基础和动力,正是市场经济的有效运行客观上催生了中国法律的发达和法律的权威以及法律体系的形成。法治是"市场经济的内在要求"①,这是法治经济成为法治建设主题的理论根据。而所谓的法治经济就是指经济法治化。法治经济主题的确立要求用良好的立法推动市场经济,用严格的执法和司法来保障市场经济的建设。当然,需要强调的是,中国的市场经济是根发于中国国情的市场经济,它的生产目的是为了满足人民日益增长的美好生活的需要。当代中国法治经济主题的形成意味着当代中国社会主义法治建设必须遵循着一定的法治理念来进行,即在法的公平和法的效率之间,应注重以公平统领效率;在法的自由和法的秩序之间,应注重以自由统领秩序;在法的正义与法的利益之间,应注重以正义统领利益。只有这样,才能以社会主义法治之善克服市场经济之缺陷,真正建构起以公平正义为价值追求的和谐社会。这是法治经济成为中国法治建设的主题以后,我们在建设社会主义法治国家过程中必须重点强调的。

（三）立法承认私有财产不可侵犯

中共十一届三中全会以后,以邓小平同志为核心的党的第二代中央领导集体对私有制的认识在不断深化。1979 年的《中共中央关于加快农业发展若干问题的决定》是认识变化后出台的政策的代表。该《决定》要求全党统一对农村问题的认识,"尤其必须首先分清究竟什么是社会主义,什么是资本主义。社队的多种经营是社会主义经济,社员自留地、自留畜、家庭副

---

① 《江泽民文选》第一卷,人民出版社 2006 年版,第 512 页。

业和农村集市贸易是社会主义经济的附属和补充,决不允许把它们当作资本主义经济来批判和取缔。按劳分配、多劳多得是社会主义的分配原则,决不允许把它当作资本主义原则来反对"①,要求全党在经济上充分关心农民的物质利益,在政治上切实保障农民的民主权利。1985 年 9 月,邓小平《在中国共产党全国代表会议上的讲话》中指出:"在改革中,我们始终坚持两条根本原则,一是以社会主义公有制经济为主体,一是共同富裕。有计划地利用外资,发展一部分个体经济,都是服从于发展社会主义经济这个总要求的。鼓励一部分地区、一部分人先富裕起来,也正是为了带动越来越多的人富裕起来,达到共同富裕的目的。"②1986 年,中共中央、国务院《关于 1986年农村经济工作的部署》中强调:"在政策上既要坚持共同富裕的方向,又应承认发展的差别,允许一部分人、一部分地区先富起来,这才有利于推动社会进步。平均主义的办法只会抑制生产发展,导致共同贫困,是不可取的。我们在认识上必须把社会主义发展中先富后富的差别,同私有制条件下的两极分化区别开来。"③1986 年 4 月 12 日,第六届全国人民代表大会第四次会议通过《中华人民共和国民法通则》,该法第五章规定,公民、法人等民事主体依法享有财产所有权,依法可以取得财产所有权,依法可以转让自己的财产所有权。公民的合法收入、房屋、储蓄、生活用品、文物、图书资料、林木、牲畜和法律允许公民所有的生产资料以及其他合法财产受法律保护,禁止任何组织或者个人侵占、哄抢、破坏或者非法查封、扣押、冻结、没收。不仅如此,公民还依法享有财产继承权。1987 年 10 月,中共十三大明确提出:"我们必须一手抓建设和改革,一手抓法制。"④而这"两手抓"都涉及私

---

① 中共中央文献研究室:《十一届三中全会以来党的历次全国代表大会中央全会重要文件选编》(上),中央文献出版社 1997 年版,第 36 页。

② 《邓小平文选》第三卷,人民出版社 1993 年版,第 142 页。

③ 中共中央文献研究室编:《十二大以来重要文献选编》(中),人民出版社 1986 年版,第 877 页。

④ 中共中央文献研究室编:《十三大以来重要文献选编》(上),人民出版社 1991 年版,第 46 页。

有制问题,需要立法明确承认私有制的合法性。1988 年 4 月 12 日,第七届全国人民代表大会第一次会议通过的《中华人民共和国宪法修正案》第一条规定,在现行宪法第十一条增加规定:国家允许私营经济在法律规定的范围内存在和发展。私营经济是社会主义公有制经济的补充。国家保护私营经济的合法的权利和利益,对私营经济实行引导、监督和管理。1993 年 3 月 29 日,第八届全国人民代表大会第一次会议通过的《中华人民共和国宪法修正案》第六条规定,参加农村集体经济组织的劳动者,有权在法律规定的范围内经营自留地、自留山、家庭副业和饲养自留畜。1999 年 3 月 15 日,第九届全国人民代表大会第二次会议通过的《中华人民共和国宪法修正案》第十四条规定,国家在社会主义初级阶段,坚持公有制为主体、多种所有制经济共同发展的基本经济制度,坚持按劳分配为主体、多种分配方式并存的分配制度。第十六条规定,在法律规定范围内的个体经济、私营经济等非公有制经济,是社会主义市场经济的重要组成部分;国家保护个体经济、私营经济的合法的权利和利益。2004 年 3 月 14 日,第十届全国人民代表大会第二次会议通过的《中华人民共和国宪法修正案》第二十二条规定,公民的合法的私有财产不受侵犯。第二十四条规定,宪法第三十三条增加"国家尊重和保障人权"的条款。2007 年 3 月 16 日,第十届全国人民代表大会第五次会议通过的《中华人民共和国物权法》第四条规定,国家、集体、私人的物权和其他权利人的物权受法律保护,任何单位和个人不得侵犯。这样,私有制的合法性获得认可,并受到了宪法和法律的保护。

（四）中国特色立法思想的初步形成

"文化大革命"结束后,加强社会主义法制建设成为举国上下的共识,但是,当时的现实问题是法律很不完备,很多法律还没有制定出来。国家政治、经济、社会生活等很多方面都存在无法可依、无章可循的严重局面。为此,1978 年 12 月,邓小平明确提出:"应该集中力量制定刑法、民法、诉讼法和其他各种必要的法律……现在立法的工作量很大,人力很不够,因此法律条文开始可以粗一点，逐步完善。有的法规地方可以先试搞，然后经过总结提高，制定全国通行的法律。修改补充法律，成熟一条就修改补充一条，不要等待'成套设备'。"①自此，邓小平关于中国特色立法思想初步形成。这种立法思想表现在以下几个方面：

1. 有比没有好，快搞比慢搞好

自新中国成立后，我们的立法始终很慢。以刑法为例，新中国成立后的第二年，即1950年中央人民政府法制委员会就开始着手起草刑法的准备工作。随后，法制委员会成立了刑法大纲起草委员会，该委员会同年拟订了《中华人民共和国刑法大纲草案》。1954年法制委员会起草了《中华人民共和国刑法指导原则草案》。从1954年到1963年的九年时间内，刑法先后易稿33次，但始终没有正式出台。"文化大革命"结束后，出于对法制的渴望，在邓小平"有比没有好，快搞比慢搞好"思想的指导下，1979年2月，第五届全国人大常委会第六次会议决定设立一个由80人组成的法制委员会，作为全国人大常委会负责立法的专门工作机构。3月开始对原来的刑法第33稿进行修改，形成草案，提交人大讨论。7月1日，五届全国人大二次会议审议通过《中华人民共和国刑法》。从1979年3月到7月，短短4个月内，法制委员会还向全国人大常委会提交另外6个法律草案，也同时获得通过，形成了中共十一届三中全会以后首批颁布施行的7部重要法律，即《中华人民共和国刑法》《中华人民共和国刑事诉讼法》《中华人民共和国地方各级人民代表大会和地方各级人民政府组织法》《全国人民代表大会和地方各级人民代表大会选举法》《中华人民共和国人民法院组织法》《中华人民共和国人民检察院组织法》《中华人民共和国中外合资经营企业法》。这7部法律的迅速出台，一举奠定了改革开放后新中国法制建设的基础。邓小平在知道刑法、刑事诉讼法出台后，高兴地说："在建国以来的二十九年中，我们连一个刑法都没有，过去反反复复搞了多少次，三十几稿，但是毕竟

---

① 《邓小平文选》第二卷，人民出版社1994年版，第146—147页。

没有拿出来。现在刑法和刑事诉讼法都通过和公布了，开始实行了。全国人民都看到了严格实行社会主义法制的希望。这不是一件小事情啊!"①邓小平的这段论述，真实地反映了邓小平所坚持的立法必须从实际出发、立法满足实践所需的法律思想。从新中国法制建设的实践来看，在邓小平立法思想的指引下，我国的立法工作发展之快令世人瞩目。

2."宜粗不宜细"的立法指导思想

我们知道，法律是在实践生活中产生的，而生活又是现实而复杂的，虽然我们可以借助于理性来指导立法，但是，立法必须从实际出发，只有经过实践探索，才能逐步走向成熟和完善，不能指望立法工作一步到位。站在实践唯物主义的立场上，邓小平认为，立法工作开始时，"法律条文开始可以粗一点，逐步完善"②。《中华人民共和国民法通则》就是这种思想指导下的一个典型。新中国成立后，也开始了民法的制定工作。1956 年 12 月完成新中国第一部民法草案（简称"新民一草"），1964 年 7 月完成《中华人民共和国民法（试拟稿）》（简称"新民二草"），1979 年 11 月至 1982 年 5 月间草拟的四稿民法草案（简称"新民三草"），但制定一部系统严密、内容完善的民法一直没有实现。1986 年 4 月 12 日第六届全国人民代表大会第四次全体会议通过了《中华人民共和国民法通则》，但该通则一共才 9 章 156 条，实际上，这个通则所颁布的主要是一些纲要性的东西，其原则性的规定多于规则性的规定。这个时期的立法都具有这样的一个特点，被打上了这个时代的痕迹，是"宜粗不宜细"的产物，1979 年的刑法也才 13 章共 192 条。

3. 推行法律试行

1978 年 12 月，邓小平在《解放思想，实事求是，团结一致向前看》的讲话中，曾谈到过法律试行问题，他说："有的法规地方可以先试搞，然后经过

_____

① 《邓小平文选》第二卷，人民出版社 1994 年版，第 243 页。
② 《邓小平文选》第二卷，人民出版社 1994 年版，第 147 页。

总结提高,制定全国通行的法律。修改补充法律,成熟一条就修改补充一条,不要等待'成套设备'。"①邓小平的这个思想对中国法制建设的实践意义是不可估量的。从 1979 年开始到 1992 年,中国大量推行试行法,比如,1982 年颁布的《中华人民共和国民事诉讼法(试行)》,最高人民法院在1988 年颁布《关于贯彻执行〈中华人民共和国民法通则〉(试行)》,等等。法律试行也带来法的形式上的变化,暂行条例就是一个例子。实践中,如果有些重要问题尚处于改革探索之中,在立法上则表述为暂行规定,如 1988年制定的《全民所有制工业企业承包经营责任制暂行条例》《全民所有制小型工业企业租赁经营暂行条例》《中华人民共和国私营企业暂行条例》,在税法方面,暂行条例更多,如增值税暂行条例、消费税暂行条例、营业税暂行条例、所得税暂行条例,等等。

(五)建设大公无私和作风正派的政法队伍

中国传统法律文化受到儒家思想的影响,特别是"德主刑辅"思想始终占据主导地位。"德主刑辅"本质上是一种人治文化,即统治阶级虽然也讲法,但是法始终是君主的专制工具,由于始终主张贤人政治、主张"德主刑辅",就人与法之间的关系而言,人和法虽然都得到强调,但人的德性比法重要。以君主为例,君主必须是仁者,只有仁者才能施仁政,因为"不仁而在高位,是播其恶于众也"②。官吏也同样如此。法律作为一种治国的辅助手段,同样离不开人的德行,所以孟子说,"徒善不足以为政,徒法不能以自行"③。此处,孟子本意是主张行先王之道,但也揭示了"善"即"德"与"法"之间的关系、揭示了人对于法的重要性。④ 不管人们对此文如何理解,这至

---

① 《邓小平文选》第二卷,人民出版社 1994 年版,第 147 页。
② 《孟子·离娄上》。
③ 《孟子·离娄上》。
④ 对孟子这句话,人们的理解存在很大差异,人们普遍强调了"德法并治"的重要性,但林桂榛撰文认为这是误读。参见林桂榛:《"徒法不能以自行"——兼与张岱年、郭道晖先生商榷》,载《华中科技大学学报(社科版)》2002 年第 6 期。

少说明了人对法的重要性，说明执行法律、实施法律都离不开人、离不开官吏。在历史上，很多学者也都谈到过这个问题。唐朝的白居易曾说过："虽有贞观之法，苟无贞观之吏，欲其刑善，无乃难乎。"①晚清的魏源认为虽有好法但无良吏也会为害于民，他说："不难于立法，而难得行法之人。"②清末的沈家本，作为清末修律大臣，也深知人对法的重要性，他不仅要求要立好法而且要求要执好法，而执好法的关键在于人，他承继了孟子的"徒善不足以为政，徒法不能以自行"思想，认为："夫法之善者也，乃在用法之人，苟非其人，徒法而已。"③从中国法制历史的发展来看，历代统治者也都特别注重执法队伍的建设。张晋藩通过考察中国历代的法与吏的关系问题时发现，"历代开明君治国，立法与选官并重"④，这足以说明良吏对法制推行的重要性。

中国共产党在成立之时，就重视探讨人与法的关系问题。李大钊在五四运动以前撰写的《民彝与政治》一文中曾指出法与吏二者的关系，他认为，"国之存也，存于法，……国而一日离于法，则丧厥权威"，但"法律死物也，苟无人以持之，不能自以行"，故"宜取自用其才而能适法之人"⑤。"文化大革命"结束后，邓小平在提出加强社会主义民主、健全社会主义法制的目标以后，一方面强调要加快立法步伐，一方面强调要重视执法队伍建设，并将二者有机结合起来。针对"文化大革命"中，"公检法"机构被砸烂，邓小平主张要尽快健全执法和司法机关，明确要求要"加强检察机关和司法机关"⑥。加强执法队伍建设就是要加强法律专业人才建设，即法官、检察官、律师等法律队伍建设，不仅如此，邓小平还从法律职业化的角度关注中国执法队伍建设问题，他认为社会主义现代化建设需要越来越专业化的人才，"要改变干部缺少专业知识、专业能力的状态。现在我们的干部是不是

---

① 《长庆集》（卷四十八）。
② 《海国图志》，《筹海篇》。
③ 沈家本：《刑法总考》（卷四），载《历代刑法考》，中国检察出版社 2003 年版，第 51 页。
④ 张晋藩：《中国法律的传统与近代化的开端》，载《政法论坛》1996 年第 5 期。
⑤ 张晋藩：《中国法律的传统与近代化的开端》，载《政法论坛》1996 年第 5 期。
⑥ 《邓小平文选》第二卷，人民出版社 1994 年版，第 146 页。

多,像我们这么大的国家,各行各业,一千八百万干部,就绝对数字来说,并不算多。问题是干部构成不合理,缺乏专业知识、专业能力的干部太多,具有专业知识、专业能力的干部太少。比如现在我们能担任司法工作的干部,包括法官、律师、审判官、检察官、专业警察,起码缺一百万。可以当律师的,当法官的,学过法律、懂得法律,而且执法公正、品德合格的专业干部很少"①。在强调法律职业化建设的过程中,邓小平非常注重提高政法队伍的政治素质和业务素质。他说:"一般资本主义国家考法官、考警察,条件很严格,我们更应该严格,除了必须通晓各项法律、政策、条例、程序、案例和有关的社会知识以外,特别要求大公无私、作风正派。"②1979 年 2 月,第五届全国人民代表大会常务委员会委员长叶剑英在接见新华社记者时,也提出了政法队伍建设的问题,他说:"一定要有一批大无畏的不惜以身殉职的检察官和法官维护社会主义法制的尊严。"③

中共十五大从中国的实际出发,将法治与社会主义、法治与党的建设联系在一起,提出"依法治国,建设社会主义法治国家"的奋斗目标,逐步确立了依法治国、法律至上等法律理念。但是,在实践中就如何理解执法的目的,如何理解法的价值和作用,如何处理法律和党的关系等一系列问题上,人们的认识并不清晰,很多党员干部的法律观念落后于法律制度的演进。为了解决这些问题,胡锦涛于 2006 年初提出了以"依法治国、执法为民、公平正义、服务大局、党的领导"为主要内容的社会主义法治理念,要求在全体政法干警中,开展社会主义法治理念教育活动。社会主义法治理念教育和邓小平的政法队伍建设的思路是一致的。

（六）"一国两制"与法律理论创新

"一国两制"是一个国家、两种制度的简称。1979 年 1 月 1 日,全国人

---

① 《邓小平文选》第二卷,人民出版社 1994 年版,第 263 页。
② 《邓小平文选》第二卷,人民出版社 1994 年版,第 286 页。
③ 《叶剑英选集》,人民出版社 1996 年版,第 504 页。

大常委会发表告台湾同胞书,宣布了党和政府关于和平解决台湾问题的大政方针。同年1月底2月初,邓小平在访美期间,发表中国政府的对台主张,主张和平统一,只要实现祖国统一,将尊重那里的现实和现行的制度。1982年1月10日,邓小平在接见来华访问的美国华人协会主席李耀基时,第一次正式提出"一个国家,两种制度"的概念,即在实现祖国统一的前提下,国家主体实行社会主义制度,台湾实行资本主义制度。1982年9月,邓小平在会见英国首相撒切尔夫人时,首次提出用"一个国家,两种制度"的方式和平收复香港主权问题。

　　"一国两制"不仅是一个政治问题也是一个法律问题。从法学的视角来看,"'一国两制'不仅涉及到国际法学的一些问题,而且又有国内法的问题。它不仅是政治学、宪法学研究的重要问题,也是当代马克思主义法理学的重要问题"①。之所以这样说,原因有以下几个方面。首先,"一国两制"构想提出后,发生了一个"一国两制"的入宪问题,1982年宪法及时地将"一国两制"用宪法的形式固定下来,使它成为一个具体的法学问题。其次,"一国两制"实施后,中国出现法系多元化现象。从法系上讲,内地属于社会主义法系,而香港属于英美法系、澳门属于大陆法系。再次,"一国两制"导致出现区际法律冲突现象,由于香港、澳门基本保留原有的法律制度、司法体制和法律理念,香港、澳门和内地之间的区际法律冲突和司法协助不可避免,而这些问题都是前所未有的问题。最后,"一国两制"的实施与其法制化具有密切的关系。"一国两制"的实施与法律手段的使用是有密切关系的,香港和澳门的顺利回归与"一国两制"入宪、《香港特别行政区基本法》和《澳门特别行政区基本法》的保障,都是有关的。

　　"一国两制"是马克思主义法律思想中国化的理论创新。中国共产党从中国的实际出发,创造性地运用马克思主义基本原理解决中国统一问题,不

---

　　①　蒋传光:《构建中国法制社会的指南——邓小平法制思想研究》,安徽大学出版社2000年版,第184页。

仅是创造性地发展了马克思主义的国家理论,而且也创造性地发展了马克思主义法学理论,赋予马克思主义法律思想以时代活力。"一国两制"的理论与实践不仅解决和实现了香港和澳门的回归问题,促进了香港和澳门的长治久安,也为解决台湾问题,实现祖国的完全统一积累了模式和经验,给中国共产党持续探索"一国两制"的台湾方案以实践信心和理论支撑。中共十七大提出:"'一国两制'是完全正确的,具有强大生命力。按照'一国两制'实现祖国和平统一,符合中华民族根本利益。"[①]"一国两制"的伟大实践说明,"制度不同,不是统一的障碍,更不是分裂的借口"[②],"'和平统一、一国两制'是实现国家统一的最佳方式,体现了海纳百川、有容乃大的中华智慧,既充分考虑台湾现实情况,又有利于统一后台湾长治久安"[③]。

三、马克思主义法律思想中国化新征程

（一）全面深化改革

自 1978 年中共十一届三中全会作出实行改革开放的历史性决策以来,中国在社会主义建设方面取得了一系列新的历史成就,建立了以人民代表大会制度、中国共产党领导的多党合作和政治协商制度、民族区域自治制度、社会主义市场经济制度、中国特色社会主义法律体系等各项制度为内容的中国特色社会主义制度。但是,成就与问题同在,中国的改革开放也带来了一系列发展中的问题,改革开放已经进入了"深水区"和"攻坚期",需要继续全面深化改革才能解决发展的问题。

改革开放是一场深刻而全面的社会变革,是一个系统工程。"每一项改革都会对其他改革产生重要影响,每一项改革又都需要其他改革协同配

---

① 胡锦涛:《高举中国特色社会主义伟大旗帜 为夺取全面建设小康社会新胜利而奋斗——在中国共产党第十七次全国代表大会上的报告》,人民出版社 2007 年版,第 43 页。

② 《习近平谈治国理政》第三卷,外文出版社 2020 年版,第 406 页。

③ 《习近平谈治国理政》第三卷,外文出版社 2020 年版,第 406 页。

合。要更加注重各项改革的相互促进、良性互动，整体推进，重点突破，形成推进改革开放的强大合力。"①为此，中共十八大提出了全面建成小康社会和全面深化改革的新目标，报告从全面建成小康社会和全面深化改革的逻辑关系出发，认为全面建成小康社会，必须以更大的政治勇气和智慧，不失时机深化重要领域改革，坚决破除一切妨碍科学发展的思想观念和体制机制弊端，构建系统完备、科学规范、运行有效的制度体系，使各方面制度更加成熟更加定型。可以说，全面深化改革是中国改革开放的再出发，是一次全面的顶层设计，而"落实这个顶层设计，需要从法治上提供可靠保障"②。

　　全面深化改革面临三个重要关口需要克服与突破，第一个是"发展与转型"关，第二个是"公平与正义"关，第三个是"政府与市场"关③，而这三个关口也是法治中国建设的重要关口，同时也成为马克思主义法律思想中国化发展中的三个重要关口。

　　1."发展与转型"关与"人本法律观"

　　改革是由问题倒逼而产生的。中国的改革开放是在原有的旧的工业发展模式基础之上发展而来的，这种模式已经释放了很多社会财富，但这种发展模式以及由此依赖的经济社会体制也已成为中国经济社会发展的阻碍。2007年，中共十七大报告提出了必须实现经济发展模式由主要依靠投资、出口拉动向依靠消费、投资、出口协调拉动转变，由主要依靠第二产业带动向依靠第一、第二、第三产业协调带动转变，由主要依靠增加物质资源消耗向主要依靠技术转变。但受制于原有的经济社会体制束缚和固有的发展理念制约，中国的经济社会发展模式的转变并不彻底，更重要的是社会出现了

---

　　①　《习近平谈治国理政》第一卷，外文出版社2018年版，第68页。

　　②　《关于〈中共中央关于全面推进依法治国若干重大问题的决定〉的说明》，人民出版社2014年版，第41页。

　　③　参见韩洁、王敏、崔静：《新一轮改革必闯三大"关"》，载《中华工商时报》2013年11月11日。

显见的"物化"现象。① 各级官员崇拜 GDP 以及由此形成的各级官员的 GDP 政绩考核观就是最典型的表现。但"GDP 在法学家的头脑里面不是一个好东西"②,之所以这样讲,是因为崇拜和追求 GDP 的背后,是对法律的轻视、漠视乃至公然违法,它直接导致人们形成一种物本主义法律观。为了追求 GDP,发展地方经济,一些领导干部"把依法办事看成束缚手脚的条条框框,公然提出'闯法律禁区','经济要上,法律要让'的错误口号"③。一些执法部门和执法人员是"见权力当仁不让,见义务安全礼让,见银子死活不让"④。在立法中也出现了立法部门主义现象,一些立法起草部门开始争五权,即主管权、审批权、处罚权、收费权和法律解释权,而立法中往往被迫迁就部门利益,损害了社会的公平正义。在资本和劳动者关系之间,在劳动法的执行过程中,一些地方政府为了追求 GDP,往往都采取了重资本轻劳动者合法权益保护的策略。

马克思虽然肯定了资本的巨大贡献,但也同样指出了资本与人的劳动异化现象,在肯定资本之中包含着对资本必然灭亡的否定性判断。在改革开放和社会主义现代化建设的过程中,我们要利用资本,但必须要用法律约束资本,将资本的运转纳入法治的轨道,建设以人为本的能够保障现代市场经济正常运转所必需的法治环境。这是一种新的法律观,即以人为本的法律观。这种法律观强调人是发展的目的也是法律保护的目的,人是发展

---

① 李龙认为"物化"(reification)就是指人与人之间的关系变成了物与物之间的关系。参见李龙:《人本法律观研究》,中国社会科学出版社 2006 年版,注释 2,第 43 页。衣俊卿对物化也做了解释,认为从客观方面讲,物化指一个充满客体与商品的世界作为一种异己的力量同人对立;从主观方面讲,物化是指 一个人的活动变成了与他自己相疏远的东西,变成附属于社会自然规律的人类之外的客观商品。参见衣俊卿:《回归生活世界的文化哲学》,黑龙江人民出版社 2000 年版,第 81—82 页。
② 徐显明:《和谐社会构建与法治国家建设》,中国政法大学出版社 2006 年版,代序第 6 页。
③ 全国人大常委会办公厅研究室:《我国当前法律实施的问题和对策》,中国民主法制建设出版社 1997 年版,第 12 页。
④ 全国人大常委会办公厅研究室:《我国当前法律实施的问题和对策》,中国民主法制建设出版社 1997 年版,第 62 页。

的主体也是法律关系中的主体,人是经济社会发展的关键也是法律发展的关键。我们要把人在经济社会发展中的目的原则、主体性地位和关键性要求"展示为人的权利"①。中共十八大报告明确提出:"要坚持以经济建设为中心,以科学发展为主题,全面推进经济建设、政治建设、文化建设、社会建设、生态文明建设,实现以人为本、全面协调可持续的科学发展。"②2012年,习近平总书记在十八届中央政治局第一次集体学习时的讲话中,再次强调人本发展观的重要性,强调要"以科学发展为主题,实现以人为本、全面协调可持续的科学发展"③。这表明,在全面深化改革和全面推进依法治国的实践中,人本法律观是马克思主义法律思想中国化的一个重要理论课题。

2."公平与正义"关与公平正义观

改革开放以来,由于秉持着"效率优先,兼顾公平"的改革原则,中国的改革开放虽然创造了巨大改革开放红利,但体制原因造成的贫富差距成为全面深化改革过程中不能回避的问题。解决公平正义,在全社会重塑公平正义观,当然也只能通过全面深化改革来实现。

第一,改革二元结构体制,实现机会公平。自20世纪50年代以来,中国通过户籍管理制度,建立了城乡二元社会体制,通过社会主义改造,建立国有和集体所有的两元经济体制。但是,城乡二元体制使得农民和城市市民之间出现不平等。国有和集体所有的两元经济体制也造就了国家与集体的不平等,更造就了国家所有制、集体所有制与私人所有制之间的不平等,这种不平等特别体现在机会不平等方面。李克强指出:"城乡二元结构是不合理经济结构的突出表现和重要根源。"④全面深化改革就是要"从实施结构改革入手,改变不合理的体制机制,让市场在资源配置

---

① 徐显明:《和谐社会构建与法治国家建设》,中国政法大学出版社2006年版,代序第5页。

② 《十八大报告辅导读本》,人民出版社2012年版,第14页。

③ 《习近平谈治国理政》第一卷,外文出版社2018年版,第13页。

④ 李克强:《关于深化经济体制改革的若干问题》,载《求是》2014年第9期。

中起决定性作用，才能釜底抽薪，真正收到成效"①。要建立公平开放透明的市场规则，让各类市场主体依法平等进入清单之外的领域。"要进一步放活农民，放手让农民去闯市场"②，坚持权利平等、机会平等、规则平等。

第二，深化司法体制改革，努力让人民群众在每一个司法案件中都能感受到公平正义。在纪念现行宪法公布实施30周年的大会上，习近平总书记指出："要依法公正对待人民群众的诉求，努力让人民群众在每一个司法案件中都能感受到公平正义，决不能让不公正的审判伤害人民群众感情、损害人民群众权益。"③改革开放以来，中国虽然建立了有效的司法制度，但现行的司法体制在运转过程中也出现了一些非常明显的问题。"世界上许多国家都对律师同法官、检察官接触交往作出严格规定，严禁律师和法官私下会见，不能共同出入酒店、娱乐场所甚至同乘一部电梯。但是，我们的一些律师和法官、检察官相互勾结，充当'司法掮客'，老百姓说是'大盖帽，两头翘，吃了被告吃原告'，造成了十分恶劣的影响。"④这些现象严重地损害了人民对司法正义的期待。推进法治中国建设需要改革司法管理体制，推动省以下地方法院、地方检察院人财物统一管理，建立符合职业特点的司法人员管理制度、完善人民合法权益的司法保护、严格实行非法证据排除规则、废除劳动教养制度、健全社区矫正制度，建立领导干部干预司法活动、插手具体案件处理的记录、通报和责任追究制度。设立巡回法庭、变立案审查制为立案登记制、建立司法责任制、加强人权的司法保障、加强司法活动的监督等系列措施，从制度层面堵住司法不公的漏洞。

第三，使显规则战胜潜规则。重人情、轻法理是中国传统社会的一个特

---

① 李克强：《关于深化经济体制改革的若干问题》，载《求是》2014年第9期。
② 李克强：《关于深化经济体制改革的若干问题》，载《求是》2014年第9期。
③ 《习近平谈治国理政》第一卷，外文出版社2018年版，第141页。
④ 中共中央文献研究室编：《十八大以来重要文献选编》（上），中央文献出版社2014年版，第720页。

征,法律作为一种显规则常被一些潜规则所代替。比如,宏观调控不是靠规范化、法律化、制度化,而是"靠批条子。再靠批条子,我们的经济改革就无法成功"①。这就是以市场潜规则对抗市场显规则,其结果必然会损害社会的公平正义。再比如,公民权利受到损害以后,通常会去寻求司法救济,到法院打官司,但是,"群众反映,现在一个案件,无论是民事案件还是刑事案件,不托人情、找关系的是少数"②,打官司通常会变成打关系。此外,也有一些党员干部重人情轻法律,构筑关系以规避法律,而一些不法分子则趁虚而入,"采取'迂回线路'、'夫人线路'、'公子线路',达到他们的目的"③,出现了"潜规则冲击显规则""拉关系""走后门"的现象。改革开放之初,邓小平就提出要解决中国的潜规则问题。2014年,习近平总书记在中央政法工作会议上的讲话时明确提出:"要从政法机关做起,坚决破除各种潜规则,杜绝法外开恩,改变找门路托关系就能通吃、不找门路托关系就寸步难行的现象,让托人情找关系的人不但讨不到便宜,相反要付出代价。"④

　　3."政府与市场"关与"权力与权利观"

　　全面深化改革必须理顺政府与市场的关系,而理顺政府与市场的关系就需要树立正确的权利与权力观。无监督的权力必然导致腐败,"要加强对权力运行的制约和监督,把权力关进制度的笼子里,形成不敢腐的惩戒机制、不能腐的防范机制、不易腐的保障机制。"⑤放在政府与市场的关系层面,就是该由市场发挥作用的就交给市场,政府则要更加突出依法监管,特别是要加强事关民生的监管,创造安全公平法治的市场环境。社会主义市场经济体制必须遵循市场决定资源配置的一般规律,彻底解决政府干预过多和监管不到位的问题。要全面正确履行政府职能,必须"进一步简政放

　　①　《江泽民文选》第一卷,人民出版社2006年版,第367页。
　　②　中共中央文献研究室编:《习近平关于全面依法治国论述摘编》,中央文献出版社2015年版,第68页。
　　③　罗忠敏:《论腐败现象产生的思想原因》,载《新视野》2003年第5期。
　　④　习近平:《论坚持全面依法治国》,中央文献出版社2020年版,第51页。
　　⑤　《习近平谈治国理政》第一卷,外文出版社2018年版,第388页。

权,深化行政审批制度改革,最大限度减少中央政府对微观事务的管理,市场机制能有效调节的经济活动,一律取消审批,对保留的行政审批事项要规范管理、提高效率"①,努力"建设法治政府和服务型政府"②。理顺政府与市场之间的关系,实质上就是理顺权力与权利的关系,使权力与权利的关系体现"权为民所赋、权为民所用"的马克思主义法律思想之理。

（二）全面推进依法治国

中共十八大强调,依法治国是党领导人民治理国家的基本方略,法治是治国理政的基本方式,要更加注重发挥法治在国家治理和社会管理中的重要作用,全面推进依法治国,加快建设社会主义法治国家。

1. 从有法可依到科学立法。改革开放以来,在邓小平有法可依的立法思想指导下,中国在 2010 年基本形成了以《中华人民共和国宪法》为统帅的中国特色社会主义法律体系,国家和社会生活各方面总体上实现了有法可依,完成了"有法可依"的任务。但是,治理国家不能仅仅停留在有法可依的阶段,实现法治尚需要实现良法治理。法律是治国之重器,良法是善治之前提。古希腊的亚里士多德认为法有好坏之分,好的法律因其符合正义标准而成为良法,坏的法律因其不符合正义的标准和要求而成为恶法。同时,亚里士多德把良法视为法治的应然要求。他说:"法治应当包含两重意义,已成立的法律获得普遍的服从,而大家服从的法律本身又应该是制定的良好的法律"③,不正义的法律不是法,人们虽然也会服从,但那不是法治,只有服从于良法才是法治。法治之法必须是良法,制定出优良的法律,必须坚持科学立法的新理念,始终注重提高立法质量,而提高立法质量,一是需要健全宪法实施和监督制度,坚持依宪治国、依宪执政,追究和纠正一切违反宪法的行为。二是需要完善立法体制。切实加强党对立法工作的领导,

---

① 《改革再出发》编写组:《改革再出发》,新华出版社 2013 年版,第 15 页。
② 《改革再出发》编写组:《改革再出发》,新华出版社 2013 年版,第 14 页。
③ ［古希腊］亚里士多德:《政治学》,商务印书馆 1965 年版,第 199 页。

完善党对立法工作中重大问题决策的程序。健全有立法权的人大主导立法工作的体制机制,发挥人大及其常委会在立法工作中的主导作用。加强和改进政府立法制度建设,明确立法权力边界,从体制机制和工作程序上有效防止部门利益和地方保护主义法律化。三是要深入推进科学立法和民主立法,拓宽公民有序参与立法途径,健全法律法规规章草案公开征求意见和公众意见采纳情况反馈机制,广泛凝聚社会共识。

2. 从执法必严到严格执法。法律的生命力在于实施,法律的权威也在于实施。在我国,行政机关承担着经济、政治、文化、社会、生态文明建设等各个领域的繁重管理任务,实施80%以上的法律法规,其行政能力和执法水平与人民群众的生产生活息息相关。① 为了保证法律的实施,树立法律的权威,必须严格执法,深入推进依法行政,加快建设法治政府。具体而言,一是各级政府是法律的重要实施机关,也是保证法律权威实现的重要机构,各级政府必须在法治轨道上开展工作,要坚持法定职责必须为、法无授权不可为,不得法外设定权力,没有法律法规依据不得作出减损公民、法人和其他组织合法权益或者增加其义务的决定。各级政府要全面推行政府权力清单制度,坚决消除权力设租寻租空间。二是健全依法决策机制,把公众参与、专家论证、风险评估、合法性审查、集体讨论决定确定为重大行政决策法定程序。各级政府要严格执法责任,建立权责统一、权威高效的依法行政体制,加快建设职能科学、权责法定、执法严明、公开公正、廉洁高效、守法诚信的法治政府。三是推进依法行政,完善执法体制,创新执法方式,改变执法理念,"把法治建设从重立法重形式重宣传、轻执法轻落实轻效果的倾向中转变过来,把法治工作从重治民重处罚重管理、轻治官轻教育轻服务的方式中转变过来"②,规范执法行为,切实做到严格规范公正文明执法。

---

① 袁曙宏:《全面推进依法治国》,载《十八大报告辅导读本》,人民出版社2012年版,第219页。

② 袁曙宏:《全面推进依法治国》,载《十八大报告辅导读本》,人民出版社2012年版,第222—223页。

3. 从有法必依到公正司法。司法公正是法治的生命线。司法公正对社会公正具有重要引领作用，司法不公对社会公正具有致命破坏作用。司法机关"要依法公正对待人民群众的诉求，努力让人民群众在每一个司法案件中都能感受到公平正义，决不能让不公正的审判伤害人民群众感情、损害人民群众权益"①。实现司法公正必须进一步深化司法体制改革，一是坚持和完善中国特色社会主义司法制度，确保审判机关、检察机关依法独立公正行使审判权、检察权，建立领导干部干预司法活动、插手具体案件处理的记录、通报和责任追究制度。二是优化司法职权配置，健全侦查权、检察权、审判权、执行权相互配合、相互制约的体制机制。三是推进严格司法，统一法律适应标准，推进以审判为中心的诉讼制度改革，实行办案质量终身负责制和错案责任倒查问责制。四是保障人民群众参与司法。在司法调解、司法听证、涉诉信访等司法活动中保障人民群众参与，完善人民陪审员制度。五是加强人权司法保障。强化诉讼过程中当事人和其他诉讼参与人的知情权、陈述权、辩护辩论权、申请权、申诉权的制度保障。

4. 从违法必究到全民守法。法律的权威源自人民的内心拥护和真诚信仰。人民权益要靠法律保障，法律权威要靠人民维护。为了确保法律获得人民的内心拥护和真诚信仰，中共十八大提出全民守法的新要求。实现全民守法，一是要深入开展法制宣传教育，弘扬社会主义法治精神，树立社会主义法治理念，增强全社会学法尊法守法用法意识，形成守法光荣、违法可耻的社会氛围，使全体人民都成为社会主义法治的忠实崇尚者、自觉遵守者、坚定捍卫者。二是要推进多层次多领域依法治理，建设完备的法律服务体系、健全依法维权和化解纠纷机制，强化法律在维护群众权益、化解社会矛盾中的权威地位，引导和支持人们理性表达诉求、依法维护权益，解决好群众最关心最直接最现实的利益问题。三是必须坚持法律面前人人平等。平等是社会主义法律的基本属性。任何组织和个人都必须尊重宪法法律权

---

① 习近平：《论坚持全面依法治国》，中央文献出版社 2020 年版，第 14 页。

威,都必须在宪法法律范围内活动,任何组织或者个人都不得有超越宪法和法律的特权,绝不允许以言代法、以权压法、徇私枉法。"党领导人民制定宪法和法律,党领导人民执行宪法和法律,党自身必须在宪法和法律范围内活动,真正做到党领导立法、保证执法、带头守法。"①四是提高领导干部运用法治思维和法治方式深化改革、推动发展、化解矛盾、维护稳定的能力。领导干部在解决社会矛盾问题过程中,要学会用法治思维取代人治思维,用法治方式代替人治方式,"坚决纠正把法治与改革发展稳定对立起来,认为依法办事束缚手脚、妨碍改革、阻碍发展、影响维稳的不正确观念和做法"②。

中共十八大提出了一系列全面依法治国的新理念新战略,从理论的高度提出了新时代中国应该走一条什么样的法治道路以及如何走这条法治道路的重大问题。"方向决定道路,道路决定命运。我们自己的路,就是中国特色社会主义道路。这条道路,是中国共产党带领中国人民历经千辛万苦、付出巨大代价开辟出来的,是被实践证明了的符合中国国情、适合时代发展要求的正确道路"③。改革开放以来,"具体讲我国法治建设的成就,大大小小可以列举出十几条、几十条,但归结起来就是开辟了中国特色社会主义法治道路这一条"④。这条道路是在中国共产党的领导下,遵循坚持马克思主义法律思想与中国改革开放的实际相结合、坚持法治规律与中国国情相结合、坚持积极借鉴吸收世界各国优秀法治文明成果和自身法治经验相结合的思路下而形成的最适合中国国情需要的法治道路。中国改革开放的实践证明,这条道路"是社会主义法治建设成就和经验的集中体现,是建设社会主义法治国家的唯一正确道路"⑤。

---

① 《习近平谈治国理政》第一卷,外文出版社2018年版,第142页。

② 袁曙宏:《全面推进依法治国》,载《十八大报告辅导读本》,人民出版社2012年版,第222页。

③ 习近平:《在庆祝中华人民共和国成立65周年招待会上的讲话》(2014年9月30日),载《人民日报》2014年10月1日。

④ 习近平:《加快建设社会主义法治国家》,载《求是》2015年第1期。

⑤ 《关于〈中共中央关于全面推进依法治国若干重大问题的决定〉的说明》,人民出版社2014年版,第50页。

第 五 章

马克思主义法律思想中国化的理论成果

一、毛泽东思想法学理论

（一）马克思主义法律思想中国化的第一个理论成果

在马克思主义法律思想中国化历程中,毛泽东思想法学理论是第一个中国化的马克思主义法学理论成果。

马克思主义法律思想中国化是法学领域的系统化的马克思主义中国化现象,与马克思主义中国化是部分与整体的关系。在马克思主义中国化的历史进程中,毛泽东思想是马克思主义中国化的第一个理论成果,而毛泽东思想法学理论则是马克思主义法律思想中国化的第一个法学理论成果,二者之间亦是整体与部分的关系。毛泽东思想法学理论是毛泽东思想的重要组成部分。

1984年6月,中国法学会召开"全国毛泽东思想法学理论讨论会"。这次会议"最重要的成果是肯定了毛泽东思想法学理论确实存在"①,认为"毛泽东思想法学理论,是中国共产党把马克思主义的法学原理和我国法

---

① 《毛泽东思想法学理论论文选》,法律出版社1985年版,第7—8页。

制建设的实践相结合的产物,它既包括了毛泽东同志关于法制的论述,也包括了党的其他领导人关于法制的论述,而且也包括了党中央有关法制的决定和指示"①。

毛泽东思想法学理论是以毛泽东同志为核心的党的第一代中央领导集体将马克思主义法律思想运用到中国的新民主主义革命、社会主义革命和社会主义建设的具体法律实践中而形成的法学理论成果。这个理论成果有三个特点:

第一,毛泽东思想法学理论是马克思主义法律思想中国化演进中形成的第一个法学理论成果,历史演进时间长。自马克思主义传入中国以后,马克思主义法律思想便成为中国共产党领导工农群众开展法律革命运动的指导思想。以毛泽东同志为核心的党的第一代中央领导集体创造性地将马克思主义法律思想运用到中国的新民主主义革命、社会主义革命和社会主义建设实践过程中,历经了新民主主义法律革命、社会主义法律革命和社会主义法制建设,最终形成了毛泽东思想法学理论。因此,这个法学理论成果的形成时间比较长,是以毛泽东同志为核心的党的第一代中央领导集体长期法律智慧的结晶。

第二,毛泽东思想法学理论具有强烈的革命法制色彩。毛泽东思想法学理论的形成,历经新民主主义革命、社会主义革命和社会主义建设时期,这三个时期是中国革命和建设的重要转变时期,革命法制的色彩非常明显。首先,毛泽东思想法学理论强调法律为阶级斗争服务,法律是阶级斗争的工具,是无产阶级专政的刀把子。谢觉哉说:"国家是一个阶级压迫另一个阶级的工具。法律是行使国家权力的一个工具。那个阶级当权,就有那个阶级体现本阶级利益的一套法律。我们建立人民民主专政的国家,就得有我们的一套新的法律。"②其次,革命法制的色彩还表现在法律服务于政治,法

---

① 《毛泽东思想法学理论论文选》,法律出版社 1985 年版,第 8 页。
② 《谢觉哉文集》,人民出版社 1989 年版,第 642 页。

律是政治统治的工具。谢觉哉在 1949 年的司法训练班上就讲道："我们的法律是服从于政治的,没有离开政治而独立的法律。政治要求什么,法律就规定什么。当法律还没有制成条文的时候,就依据政策行事。这一点,从来就是这样。地主资产阶级的法律,是照地主资产阶级的政治需要制定的。他们有意隐蔽他们统治的阶级实质,于是说他们的法律是神圣的超阶级的,不和现行的事相干的。实际上没有这回事。他们的法律,是他们政治上压迫人民的工具。他们的政治需要什么,法律就有什么。"[①]最后,革命法制的色彩还表现在法制和运动常常联系在一起,法制与运动相互促进。董必武在 1955 年曾对苏联专家谈过法制与运动的问题,他说："许多事都是以运动方式搞起来的,到目前为止,我们还在搞运动。……肃清暗藏的反革命的运动正在进行,在社会方面镇压反革命运动也正在展开,……运动促进、发展、提高了法制工作。"[②]

第三,毛泽东思想法学理论自身内容相对比较完整,具有一定的学科体系结构特征。毛泽东思想法学理论是从马克思主义经典作家的法律思想那里发展演进而来的,由于中国革命和建设的复杂性,以毛泽东同志为核心的党的第一代中央领导集体在运用马克思主义经典作家的法律思想指导中国具体法制实践过程中,形成了自己关于法律与革命、宪法与政治、民主与人权、犯罪与刑罚、司法与守法等多个方面的内容。从学科体系的视角来看,这些内容实际上分属于不同的法学学科,具有明显的学科体系特点。

（二）毛泽东思想法学理论的主要内容

对毛泽东思想法学理论的内容到底如何归纳、如何梳理,法学界很早就有一些学者关注这个问题。在 1984 年中国法学会召开的毛泽东思想法学理论研讨会上,与会学者就提出过不同的梳理归纳办法,有的主张把具有普

[①] 《谢觉哉文集》,人民出版社 1989 年版,第 644 页。
[②] 《董必武政治法律文集》,法律出版社 1986 年版,第 439—440 页。

遍指导意义的基本原则列出来,以此来概括毛泽东思想法学理论;有的主张根据毛泽东对法律和法制在国家社会生活中的重要作用的论述为标准来概括毛泽东思想法学理论;有的主张从部门法入手来概括毛泽东思想法学理论。① 笔者赞同从部门法的视角对毛泽东思想法学理论的内容进行线条式的概括,因为毛泽东思想法学理论涉及法理、宪法、刑法、诉讼法等多方面的内容,同时很多问题的论述都是交织在一起,不宜区分太细。以此为思路,笔者将毛泽东思想法学理论的主要内容概括为以下四个方面。

1. 法理思想

什么是法律? 法律有什么样的作用和功能? 法律和政治、经济之间是什么样的关系? 对这些问题的思考与回答构成了毛泽东思想法学理论中法理思想的组成部分。

(1)毛泽东思想法学理论回答了法的本质、功能和作用等法学基本问题。毛泽东认为法是为阶级斗争服务的,是统治阶级意志的反映。早在1937年,毛泽东在《为动员一切力量争取抗战胜利而斗争》一文中,就明确主张"废除一切束缚人民爱国运动的旧法令,颁布革命的新法令"②。1949年,毛泽东在《论人民民主专政》一文中进一步解释了法的本质和功能,强调指出:"军队、警察、法庭等项国家机器,是阶级压迫阶级的工具。"③董必武也强调,"国家和法律是统治阶级御用的工具"④。

(2)毛泽东思想法学理论回答了法律与革命、法律与政治、法律与经济的关系问题。法律与革命的关系而言,毛泽东思想法学理论认为,革命就不能讲法律,"如果要讲法,就不能革命,就是维护三大敌人的统治秩序"⑤。新民主主义革命时期,"对反动统治阶级就是要'无法无天',在人民内部主

① 参见全国人大常委会法制工作委员会研究室:《法制参考资料汇编》第3辑,光明日报出版社1986年版,第1—3页。

② 《毛泽东选集》第二卷,人民出版社1991年版,第355页。

③ 《毛泽东选集》第四卷,人民出版社1991年版,第1476页。

④ 《董必武政治法律文集》,法律出版社1986年版,第87页。

⑤ 《彭真文选》,人民出版社1991年版,第491页。

要讲政策"①。就法律与政治关系而言,法律与政治虽然都属于上层建筑的重要内容,但法律服务于政治。在资本主义社会,法律是资产阶级专政的工具,在社会主义国家,法律是无产阶级专政的工具,在新中国,法律是人民民主专政的工具。就法律与经济关系而言,毛泽东思想法学理论认为,法律决定于经济并为经济服务。1954年,彭真指出,全国人大常委会机关要做好立法服务工作,强调立法要服务于经济并与经济发展保持一致。彭真说:"法律以经济为基础,同时又反过来保护经济、改造经济和推动经济向前发展。法律不是脱离现实的,而是要随着经济的发展来制定和修订的。"②谢觉哉认为:"法律是上层建筑的组成部分,是由经济基础产生并积极作用于经济基础的。现在我们社会的经济关系,已经改变或正在改变。经济基础改变了,上层建筑的道德、文化、法律,等等,也必然要相应地改变。"③

（3）毛泽东思想法学理论回答了守法的基本要求。1956年,刘少奇在中共八大作的政治报告中,特别强调守法与违法的问题,他说:"为了正常的社会生活和社会生产的利益,必须使全国每一个人都明了并且确信,只要他没有违反法律,他的公民权利就是有保障的,他就不会受到任何机关和任何人的侵犯;如果有人非法地侵犯他,国家就必然出来加以干涉。"④1957年,毛泽东在省市自治区党委书记会议上也强调守法问题,他说:"一定要守法,不要破坏革命的法制。法律是上层建筑。我们的法律,是劳动人民自己制定的。它是维护革命秩序,保护劳动人民利益,保护社会主义经济基础,保护生产力的。"⑤谢觉哉也说:"法律是综合人民的意志,为着人民的利益,又经过自己所选举的代表和政府,研究讨论才制定的,所以每一个公民都必须遵守。"⑥

---

① 《彭真文选》,人民出版社1991年版,第491页。
② 《彭真文选》,人民出版社1991年版,第261页。
③ 《谢觉哉文集》,人民出版社1989年版,第647页。
④ 《刘少奇选集》(下卷),人民出版社1985年版,第253页。
⑤ 《毛泽东文集》第七卷,人民出版社1999年版,第197页。
⑥ 《谢觉哉文集》,人民出版社1989年版,第874页。

（4）毛泽东思想法学理论回答了社会主义国家中人民的权利与义务之间的关系。1954 年，刘少奇在《关于中华人民共和国宪法草案的报告》中就强调："在我们的国家里，人民的权利和义务是完全一致的。任何人不会是只尽义务，不享受权利；任何人也不能只享受权利，不尽义务。……因为我们的国家是人民的国家，国家和人民的利益完全一致，人民就自然要把对国家的义务看作自己应尽的天职。任何人如果企图逃避这些义务，就不能不受到社会的指责。"[1]刘少奇的讲话继承和发展了马克思所提出的权利与义务相一致的思想。

2. 民主思想

以毛泽东同志为核心的党的第一代中央领导集体并不简单地排斥来自西方的民主、自由等思潮，而是运用马克思主义立场观点方法对其进行批判性的分析，并将其运用到中国的具体革命和建设实践中，形成了丰富的中国化的马克思主义民主思想。

（1）民主是有阶级性的，是历史的具体的。毛泽东认为："世界上只有具体的自由，具体的民主，没有抽象的自由，抽象的民主。在阶级斗争的社会里，有了剥削阶级剥削劳动人民的自由，就没有劳动人民不受剥削的自由。有了资产阶级的民主，就没有无产阶级和劳动人民的民主。有些资本主义国家也容许共产党合法存在，但是以不危害资产阶级的根本利益为限度，超过这个限度就不容许了。"[2]因此，民主从来都是具体的，是受经济社会条件制约的，抽象的民主是不存在的。

（2）发扬民主集中制和党内民主。毛泽东特别强调民主集中制。毛泽东说，"在人民内部，民主是对集中而言，自由是对纪律而言"[3]，当然，民主和自由都是相对的，在人民民主专政国家，"不可以没有民主，也不可以没

①　《刘少奇选集》（下卷），人民出版社 1985 年版，第 162 页。
②　《毛泽东著作选读》（下册），人民出版社 1986 年版，第 761 页。
③　《毛泽东著作选读》（下册），人民出版社 1986 年版，第 762 页。

有集中。这种民主和集中的统一，自由和纪律的统一，就是我们的民主集中制"①。我们必须要实行民主集中制，因为我们"如果不充分发扬人民民主和党内民主，不充分实行无产阶级的民主制，就不可能有真正的无产阶级的集中制。没有高度的民主，不可能有高度的集中，而没有高度的集中，就不可能建立社会主义经济"②。刘少奇说："现在我们党内党外都缺少民主的训练，对于民主政治的精神、实质及方法，党内党外多数的人都是不大懂的，因此，我们的民主没有充分见之于实际。政府机关中，以及部队与民众团体中，官僚主义与宗派主义的作风还极端严重。不少的干部是站在民众之上，而不是站在民众之中；他们是以人民的上司自居，而不是以人民的勤务员自任；他们是越权垄断包办一切，而没有尽到与党外人士实行民主合作的义务；他们自以为是人民的统治者，而不是人民的公仆；他们不是听命于人民、以民意为依归（不要与尾巴主义相混淆）。这些现象，是我们根据地内组织民主政治生活之很大的障碍。不肃清这些现象，在根据地内组织很好的民主政治生活是不可能的。"③谢觉哉说："我们生长在没有民主，没有法治的国度里，又不是每个人对民主和法治的制度都有研究。相反，还带来不少封建专制社会的残余，向往民主，却不知民主要怎样做；或对民主很重视，而对于与民主分不开的法治，又随便得很。'出尔反尔''自埋自掘'的事，发现也不以为奇，甚至自己就犯。必须注意于法治精神和民主作风的养成，要由上而推行到下，要重视大的，也不忽视小的。"④我们不要害怕民主，而是要学习民主，实行民主，喜欢民主，"民主越多越好办事"⑤。

（3）坚持人民民主专政。无产阶级在建立自己的政权以后，不仅要对人民实行民主，还要建立自己的专政政权，民主要与专政相结合，即建立人

---

① 《毛泽东著作选读》（下册），人民出版社 1986 年版，第 762 页。
② 《毛泽东文集》第八卷，人民出版社 1999 年版，第 296—297 页。
③ 《刘少奇选集》（上卷），人民出版社 1981 年版，第 225—226 页。
④ 《谢觉哉文集》，人民出版社 1989 年版，第 555 页。
⑤ 《谢觉哉文集》，人民出版社 1989 年版，第 728 页。

民民主专政制度。1949 年 6 月 30 日,毛泽东为纪念中国共产党成立二十八周年写了《论人民民主专政》一文。毛泽东指出,人民民主专政制度就是工人阶级、农民阶级、城市小资产阶级和民族资产阶级"在工人阶级和共产党的领导之下,团结起来,组成自己的国家,选举自己的政府,向着帝国主义的走狗即地主阶级和官僚资产阶级以及代表这些阶级的国民党反动派及其帮凶们实行专政,实行独裁,压迫这些人,只许他们规规矩矩,不许他们乱说乱动。如要乱说乱动,立即取缔,予以制裁。对于人民内部,则实行民主制度,人民有言论集会结社等项的自由权。选举权,只给人民,不给反动派。这两方面,对人民内部的民主方面和对反动派的专政方面,互相结合起来,就是人民民主专政"①。1956 年,周恩来针对国内国际的形势指出:"从国内来说,残余的反革命分子没有完全肃清,从国外来说,帝国主义还敌视着我们,因此,我们的专政应该继续。但是,由于我们的专政更加巩固了,工人阶级的力量更加强大了,所以我们的民主就应该更扩大,而不应该缩小。这一方面是形势许可,另一方面是从整个无产阶级专政的历史中得来的经验。我们的人民民主专政是为了建设社会主义,消灭剥削阶级。专政的权力虽然建立在民主的基础上,但这个权力是相当集中相当大的,如果处理不好,就容易忽视民主。苏联的历史经验可以借鉴。所以我们要时常警惕,要经常注意扩大民主,这一点更带有本质的意义。"②周恩来的论述抓住了人民民主专政制度本质,人民民主专政讲专政,但根本的是民主。周恩来的论述是对毛泽东人民民主专政思想的补充,丰富了毛泽东思想法学理论。

3. 宪法思想

(1)新民主主义宪制思想。1940 年 2 月,吴玉章在延安各界宪政促进会成立大会上的讲话中首次明确地提出了新民主主义宪政的概念,吴玉章说:"现在我们处在什么环境中,要实行什么样的宪政呢? 现在我们要实行

———————

① 《毛泽东选集》第四卷,人民出版社 1991 年版,第 1475 页。

② 《周恩来选集》(下),人民出版社 1984 年版,第 207 页。

的宪政是新民主主义的宪政，是以我们二年半抗战中所得来的社会经济的真实基础为根据的宪政。这种新民主主义是与抗战相适应的，首先它必是反帝的，即抗日民族统一战线的民主。它不为一个阶级或少数资产阶级及一个政党所专有，而是各阶级、各党派、各民族，除了汉奸卖国贼而外都有平等权利的全民性的民主。它是为了坚持团结反对分裂，以求得抗战胜利的基本条件的民主。其次它必是反封建、反官僚、反贪污腐化，反一切阴谋黑暗势力的民主，它是为了反对倒退坚持进步以求得政治光明的民主。"①毛泽东说："宪政是什么呢？就是民主的政治。刚才吴老同志的话，我是赞成的"②。

"宪政"在中国，最早是孙中山提出来的。在构建国民政府建国大纲时，孙中山主张以三民主义为革命纲领，以五权宪法构建中华民国，并将建设程序分为军政时期、训政时期和宪政时期。规定"凡一省全数之县皆达完全自治者，则为宪政开始时期"③。1927年，南京国民政府成立后，蒋介石利用"军政""训政"的说法，剥夺人民自由权利，推行独裁专政。在国民参政会一届四次会议以后，国民党虽然表面上同意召开国民大会，但实际上是要假借实行宪政之名，行维持一党专政之实。毛泽东的新民主主义宪政主张揭露了国民党的宪政假戏。毛泽东说："多年以前，我们就听到过宪政的名词，但是至今不见宪政的影子。他们是嘴里一套，手里又是一套，这个叫做宪政的两面派。这种两面派，就是所谓'一贯主张'的真面目。现在的顽固分子，就是这种两面派。他们的宪政，是骗人的东西。"④更重要的是，毛泽东还指出了中国实行民主政治的条件和困难，毛泽东说："世界上历来的宪政，不论是英国、法国、美国，或者是苏联，都是在革命成功有了民主事实之后，颁布一个根本大法，去承认它，这就是宪法。中国则不然。中国是

---

① 《吴玉章文集》（上），重庆出版社1987年版，第202—203页。
② 《毛泽东选集》第二卷，人民出版社1991年版，第732页。
③ 《孙中山选集》（下），人民出版社2011年版，第626页。
④ 《毛泽东选集》第二卷，人民出版社1991年版，第735—736页。

革命尚未成功,国内除我们边区等地而外,尚无民主政治的事实。中国现在的事实是半殖民地半封建的政治,即使颁布一种好宪法,也必然被封建势力所阻挠,被顽固分子所障碍,要想顺畅实行,是不可能的。所以现在的宪政运动是争取尚未取得的民主,不是承认已经民主化的事实。这是一个大斗争,决不是一件轻松容易的事。"① 毛泽东特别强调指出:"真正的宪政决不是容易到手的,是要经过艰苦斗争才能取得的。"② 就社会主义民主而言,"这自然是很好的,全世界将来都要实行社会主义的民主。但是这种民主,在现在的中国,还行不通,因此我们也只得暂时不要它。到了将来,有了一定的条件之后,才能实行社会主义的民主"③。在新民主主义革命时期,由于中国革命的复杂性,我们中国需要的民主政治,既"不是旧的、过了时的、欧美式的、资产阶级专政的所谓民主政治;同时,也还不是苏联式的、无产阶级专政的民主政治"④。中国新民主主义革命时期只能是追求以中国共产党为领导的,合乎中国新民主主义国情的新民主主义宪政,"我们一定要把事情办好,一定要争取民主和自由,一定要实行新民主主义的宪政"⑤。

(2)重视宪法的作用和宪法的遵守。新中国成立前后,以毛泽东同志为核心的党的第一代中央领导集体非常重视宪法的作用。毛泽东指出:"一个团体要有一个章程,一个国家也要有一个章程,宪法就是一个总章程,是根本大法。用宪法这样一个根本大法的形式,把人民民主和社会主义原则固定下来,使全国人民有一条清楚的轨道,使全国人民感到有一条清楚的明确的和正确的道路可走,就可以提高全国人民的积极性。"⑥ 董必武说:"宪法是国家的根本大法,它规定了我国的社会主义制度、政治制度、国家

---

① 《毛泽东选集》第二卷,人民出版社1991年版,第735页。
② 《毛泽东选集》第二卷,人民出版社1991年版,第736页。
③ 《毛泽东选集》第二卷,人民出版社1991年版,第732—733页。
④ 《毛泽东选集》第二卷,人民出版社1991年版,第732页。
⑤ 《毛泽东选集》第二卷,人民出版社1991年版,第739页。
⑥ 《毛泽东文集》第六卷,人民出版社1999年版,第328页。

机构、公民权利义务等根本性质的问题。"①刘少奇说："我国宪法的公布，是全国各族人民长期共同奋斗获得了伟大胜利的一个成果，但是这并不是说，宪法公布以后，宪法所规定的任何条文就都会自然而然地实现起来。不是的。宪法一方面总结了我们过去的奋斗，另一方面给了我们目前的奋斗以根本的法律基础。它在我们国家生活的最重要的问题上，规定了什么样的事是合法的，或者是法定必须执行的，又规定了什么样的事是非法的，必须禁止的。在宪法公布以后，违反宪法规定的现象并不会自行消灭，但是宪法给了我们一个有力的武器，使我们能够有效地为消灭这些现象而斗争。"②

1954年宪法制定前后，以毛泽东同志为核心的党的第一代中央领导集体非常强调宪法的遵守问题。在1954年宪法草案形成后，毛泽东就要求大家遵守宪法，他说，宪法"通过以后，全国人民每一个人都要实行，特别是国家机关工作人员要带头实行，首先在座的各位要实行。不实行就是违反宪法"③。刘少奇在1954年宪法草案的报告中指出："宪法是全体人民和一切国家机关都必须遵守的。全国人民代表大会和地方各级人民代表大会的代表以及一切国家机关的工作人员，都是人民的勤务员，一切国家机关都是为人民服务的机关，因此，他们在遵守宪法和保证宪法的实施方面，就负有特别的责任。"④1954年，彭真在第一届全国人民代表大会第一次会议上批判了党内国内种种不愿意遵守法律的错误思想，强调公民在法律面前人人平等的宪法原则，他说："我们的宪法就要通过公布了，我国全体公民和所有的国家机关、民主党派、人民团体都必须严格地遵守宪法，都必须用宪法规定的标准来检查我们的思想和行动，并且和一切违法现象进行斗争。"⑤

4.刑事法律思想

（1）关于罪与非罪的问题。人民内部的犯罪也是犯罪，应该当作犯罪

---

① 《董必武政治法律文集》，法律出版社1986年版，第355页。
② 《刘少奇选集》（下卷），人民出版社1985年版，第169页。
③ 《毛泽东文集》第六卷，人民出版社1999年版，第328页。
④ 《刘少奇选集》（下卷），人民出版社1985年版，第168页。
⑤ 《彭真文选》，人民出版社1991年版，第259页。

来对待。由于教条地区分人民内部矛盾和敌我矛盾,在审判实际中,有些法院的工作人员分不清罪与非罪的界限,出现了很多把危害妇女身体和精神的这种野蛮的犯罪行为当作私生活问题而予以放纵的案件,有些法院认为这些问题只是道德问题,教育问题,人民内部问题,不是严重的犯罪行为。为此,董必武明确指出,"人民内部犯罪并不是一个单纯的人民内部是非问题,它在不同程度上侵害了国家和人民的利益,因而是必须依法惩罚的问题。一切犯罪行为都是侵害我们国家和人民的利益的,都是侵犯我国正在发展中的社会主义社会关系的,它不单纯是犯罪者同被害者个人间的矛盾问题,而且是同国家和人民的利益相矛盾的,是同社会主义社会关系相矛盾的"①,"人民法院对人民内部犯罪案件应当依法正确审判,不应当因为犯罪者是劳动人民而不予严肃处理"②。谢觉哉从马克思主义哲学上的量变与质变的角度解释了罪与非罪的区别,他说:"某种同样的行为,因为量的不同,而引起质的不同。他偷了一支粉笔不算犯罪,但他偷的多了就算犯罪。"③

　　(2)少杀、慎杀的刑事政策。新中国成立前后,国内敌我势力斗争非常激烈,为此,毛泽东要求必须运用刑罚的手段,坚决肃清一切危害人民的土匪、特务、恶霸及其他反革命分子,但一定要执行少杀、慎杀的刑事政策原则。具体而言,第一,在运用刑罚打击反革命分子的问题上,"必须实行镇压与宽大相结合的政策,即首恶者必办,胁从者不问,立功者受奖的政策,不可偏废"④。第二,坚持少杀,严禁乱杀。毛泽东指出:"极少数真正罪大恶极分子经人民法庭认真审讯判决,并经一定政府机关(县级或分区一级所组织的委员会)批准枪决予以公布,这是完全必要的革命秩序。这是一方面。另一方面,必须坚持少杀,严禁乱杀。"⑤"关于杀反革命的数字,必须控

---

① 《董必武选集》,人民出版社 1985 年版,第 467 页。
② 《董必武选集》,人民出版社 1985 年版,第 467 页。
③ 《谢觉哉文集》,人民出版社 1989 年版,第 648 页。
④ 《毛泽东文集》第六卷,人民出版社 1999 年版,第 72 页。
⑤ 《毛泽东选集》第四卷,人民出版社 1991 年版,第 1271 页。

制在一定比例以内。这里的原则是：对于有血债或其他最严重的罪行非杀不足以平民愤者和最严重地损害国家利益者，必须坚决地判处死刑，并迅即执行。对于没有血债、民愤不大和虽然严重地损害国家利益但尚未达到最严重的程度，而又罪该处死者，应当采取判处死刑、缓期二年执行、强迫劳动、以观后效的政策。"①此外，毛泽东还特别强调指出："还应明确地规定：凡介在可捕可不捕之间的人一定不要捕，如果捕了就是犯错误；凡介在可杀可不杀之间的人一定不要杀，如果杀了就是犯错误。"②第三，中央对待反革命分子实行坦白从宽、抗拒从严，立功折罪、立大功受奖的政策。"一切反革命分子，如果拒不坦白，坚持反革命立场，继续与人民为敌，一定要受到国法的严厉惩处。但是只要能够真诚坦白，悔过自新，哪怕就是罪恶严重的也一定会得到国家的宽大处理，并且只要坦白得彻底，立有功劳，不仅可以获得减刑或者免予处刑，而且还给以参加生产或工作的机会。"③

（3）刑事司法审判要遵循教育与惩罚相结合原则，在惩罚中实现教育。刑事司法审判中，对犯法的人判罪是教育还是惩罚呢？董必武指出："对犯了法的人依法判了他的罪，给他以应得的惩处，这对于他是不是教育呢？是教育，这就是教育他下次再不要犯，你现在犯了法要负这个责任，对其他的人也是教育他们不要犯法。在这个意义上讲，教育意义是很大的，但对犯罪人本身来讲，也就是惩罚，如果对他应该惩罚而没有惩罚，那么这种教育作用也就体现不出来。"④1957年，董必武在军事检察院检察长、军事法院院长会议上再次强调了这个问题，他说："审判机关的工作不是以惩罚为目的，应与教育工作相辅而行，惩罚是作为教育工作的最后的一个手段。同时，通过公开审判，可以进行法制宣传教育，使当事人知道犯了什么罪，为什么犯罪，使旁听的人深刻认识犯罪行为的危险性，从而警觉起来，预防犯

---

① 《毛泽东文集》第六卷，人民出版社1999年版，第158页。
② 《毛泽东文集》第六卷，人民出版社1999年版，第159页。
③ 《董必武政治法律文集》，法律出版社1986年版，第452页。
④ 《董必武政治法律文集》，法律出版社1986年版，第343页。

罪。"①谢觉哉站在马克思主义立场之上,区分资产阶级法庭和人民法庭审判目的的差异。谢觉哉说:"资产阶级的法庭,以达到镇压为目的,而我们的法庭,以达到教育改造为目的。我们不是要把那一种人永远踏在我们的脚下,而是镇压和惩办为着教育,为着改造成为新人。"②

(三)毛泽东思想法学理论的价值

1. 毛泽东思想法学理论的实践价值

毛泽东思想法学理论回答了中国革命和建设实践中遇到的法律问题,是指导中国具体法律革命和法制建设实践的理论武器。中国法律革命和法制建设具有特殊性。1939 年,毛泽东在《中国革命和中国共产党》一文中就着手研究中国社会和中国革命的特征,以此来确立中国共产党的时代任务。毛泽东指出,现阶段的中国是一个有自己特点的半殖民地、半封建的社会,中国现阶段的革命对象或者主要敌人就是帝国主义和封建主义,现阶段的中国革命在性质上就是新民主主义革命,"就是在无产阶级领导之下的人民大众的反帝反封建的革命"③。董必武指出,实现这种革命主要依靠武装革命但也不能忽视法律革命,因为"法律是一种上层建筑,这种上层建筑的形成和发展,对摧毁旧基础、巩固新基础有巨大的作用。不知道运用法律这个武器,无形中就会削弱国家权力的作用"④。谢觉哉指出:"国家是阶级的产物,法律是国家表现权力的工具,法律自然也是阶级的产物了。"⑤因此,毛泽东思想法学理论是中国法律革命实践的产物,在指导中国新民主主义法律革命、社会主义法律革命方面发挥了重要作用。

在新民主主义革命时期,以毛泽东同志为主要代表的中国共产党人非

①　《董必武选集》,人民出版社 1985 年版,第 455 页。
②　《谢觉哉文集》,人民出版社 1989 年版,第 643 页。
③　《毛泽东选集》第二卷,人民出版社 1991 年版,第 647 页。
④　《董必武选集》,人民出版社 1985 年版,第 350 页。
⑤　《谢觉哉文集》,人民出版社 1989 年版,第 642 页。

常注重运用法律的武器开展革命斗争。在建党之后，就开始提出自己的宪法主张，在革命根据地制定并颁布了《中华苏维埃共和国宪法大纲》，规定了工农民主专政的国家性质、政治制度、经济制度、公民权利义务、民族政策等方面的内容。这是中国共产党人领导工农群众进行法律革命实践的一次重要尝试。在全民族抗战爆发后，中国共产党站在马克思主义的立场之上，从中国革命实际出发，制定和发布了抗日民主政权的施政纲领和人权保障条例，团结广大爱国人士参与抗日战争，毛泽东思想法学理论再次显现它的实践价值。在新中国成立前后，废除旧法统、建立新法制成为建立人民共和国必须要解决的一系列难题，毛泽东思想法学理论在实践中发挥自身的作用。中国共产党主张废除国民党的六法全书，召开中国人民政治协商会议，颁布《中国人民政治协商会议共同纲领》，制定和发布《中华人民共和国土地改革法》《惩治反革命条例》《中华人民共和国婚姻法》，根据"三反"和"五反"的需要，公布施行《中华人民共和国惩治贪污条例》等一系列立法活动，初步完成从法律革命到革命法律的过渡。

社会主义改造完成后，中国开始进入到社会主义建设时期。中国的社会主义建设是全方位的，既要进行经济建设、文化建设、政治建设、党的建设，也要进行法制建设。按照马克思主义的观点，"那个阶级当权，就有那个阶级体现本阶级利益的一套法律。我们建立人民民主专政的国家，就得有我们的一套新的法律"①。因此，颁布一套新的法律，并让法律运转起来，成为社会主义建设时期的一项重要任务。这个时期，在毛泽东思想法学理论的指导下，制定和施行了 1954 年的《中华人民共和国宪法》（以下简称"五四宪法"）。五四宪法的制定过程是中国历史上空前的、规模巨大的民主运动过程，是我国历史上第一次人民参与制定人民自己的宪法。1956 年中共八大前后，中国共产党更加注重法制建设。董必武在中共八大作的《进一步加强人民民主法制，保障社会主义建设事业》发言，第一次提出了

---

① 《谢觉哉文集》，人民出版社 1989 年版，第 642 页。

"有法可依""有法必依"的法制原则,将依法办事视为新中国"进一步加强
人民民主法制的中心环节"①。这些主张回应了当时社会主义法制实践的
需求,推动了新中国社会主义法制建设。

2. 毛泽东思想法学理论的理论价值

毛泽东思想法学理论推动了马克思主义法律思想的中国化、时代化,进
一步丰富了马克思主义法律思想,彰显了以毛泽东同志为主要代表的中国
共产党人对马克思主义法律思想的理论贡献。

马克思主义是不断发展的理论,马克思主义在中国只有不断地中国化,
只有与中国的具体实践相结合,才能不断地走向时代化,才能成为指导中国
革命和建设实践的理论武器。马克思、恩格斯指出:"一切划时代的体系的
真正的内容都是由于产生这些体系的那个时期的需要而形成起来的。"②
"我们的理论是发展着的理论,而不是必须背得烂熟并机械地加以重复的
教条。"③马克思主义理论"随时随地都要以当时的历史条件为转移"④。马
克思主义理论体系的出场有其特定的时代场景,"马克思主义原初出场语
境是以工业资本为主导的旧全球化时代。对这一资本全球化的本性、特征
和规律性过程的批判地反思,造就马克思,使马克思新世界观出场"⑤。在
马克思主义指导俄国革命实践的过程中,俄国的革命实践从一开始就面临
着与马克思创立科学社会主义理论时不同的具体历史情境。俄国是一个政
治上、经济上都非常落后的国家,并没有经过充分的资本主义的洗礼。要用
马克思主义指导俄国革命就必须首先科学地对待马克思主义。为此,列宁
一方面坚持从实践出发理解马克思主义,从俄国革命的具体实践需要出发
做到坚持和发展马克思主义的有机统一,坚持在实践中解读出马克思主义

---

① 《董必武选集》,人民出版社 1985 年版,第 418—419 页。
② 《马克思恩格斯全集》第 3 卷,人民出版社 1960 年版,第 544 页。
③ 《马克思恩格斯选集》第 4 卷,人民出版社 1995 年版,第 681 页。
④ 《马克思恩格斯选集》第 1 卷,人民出版社 1995 年版,第 248 页。
⑤ 任平:《出场与差异:对马克思主义时代化、中国化、大众化路径的哲学反思》,载《江
苏行政学院学报》2010 年第 4 期。

的真谛;另一方面,列宁反对从马克思主义的本本出发,反对囿于马克思和恩格斯的某些具体论断、不能进行实践创新的态度,在理论与实践之间,强调实践的主导地位。他说:"只有不可救药的书呆子,才会单靠引证马克思关于另一历史时代的某一论述,来解决当前发生的独特而复杂的问题。"①列宁领导的俄国十月革命胜利的马克思主义意义在于,它"并不是对科学社会主义结论的直接论证,而是灵活运用马克思主义学说的成功典范,是列宁所领导的布尔什维克党对马克思历史辩证法的主体向度的弘扬"②。列宁领导的俄国十月革命的中国意义在于给我们送来了马克思列宁主义,特别是送来了列宁主义,这是一个具体化的马克思主义,它也间接说明"马克思主义在中国的传播与发展必然要经过一个本土化的过程"③。

马克思列宁主义进入中国后,其出场场景又发生了巨大的变化,马克思列宁主义来到了一个半殖民地半封建的落后大国,而马克思主义也从19世纪走向了20世纪,马克思主义要适应时空的巨变,适应时代发展的需要,就必须要发展。毛泽东是马克思主义中国化的提出者和倡导者,他真切地看到了这个问题,他说:"马克思活着的时候,不能将后来出现的所有的问题都看到,也就不能在那时把所有的这些问题都加以解决。俄国的问题只能由列宁解决,中国的问题只能由中国人解决。"④马克思主义必须成为能够指导中国新民主主义革命、社会主义革命和建设需要的一种理论,而这种理论必须产生于中国的语境,只能是在中国语境中横空出世的中国化马克思主义。这个横空出世的中国化马克思主义就是毛泽东思想。

同样的,马克思主义法律思想的出场场景也是不一样的,德国不同于俄国,俄国也不同于中国,马克思主义法律思想也需要在中国革命和建设的实践中获得发展,不断完成自己的时代化,成为时代精华。毛泽东思想法学理

① 《列宁选集》第1卷,人民出版社1995年版,第162页。
② 孙伯鍨等:《走进马克思》,江苏人民出版社2001年版,第47—48页。
③ 孙伯鍨等:《走进马克思》,江苏人民出版社2001年版,第48页。
④ 《毛泽东文集》第八卷,人民出版社1999年版,第5页。

论就是中国化的马克思主义法律思想,就是时代化的马克思主义法律思想。毛泽东关于新民主主义宪制的论述,极大地推动马克思主义宪制思想的发展。毛泽东关于人民民主专政思想的论述,极大地推动马克思主义无产阶级专政思想的发展。毛泽东提出的少杀、慎杀的刑事法律政策,极大地推动马克思主义刑事法律思想的发展。董必武在中共八大的发言中提出的依法办事是加强人民民主法制的中心环节的著名论断,极大地发展了列宁的社会主义法制思想,这个著名论断"成为毛泽东思想法学理论宝库中的名篇"①,成为中国化的马克思主义法律思想的重要内容。

二、中国特色社会主义法治理论

(一)马克思主义法律思想中国化的体系化理论成果

改革开放和社会主义现代化建设新时期,围绕中国特色社会主义法治建设,中国共产党人运用马克思主义法律思想指导中国的法治实践,形成了一系列中国特色社会主义法治理论。中共十一届三中全会以来,以邓小平同志为主要代表的中国共产党人开始探索如何建设社会主义的问题,开始思考法治与人治的问题,形成了邓小平法制思想。中共十三届四中全会以来,以江泽民同志为主要代表的中国共产党人站在马克思主义立场上,不断推进马克思主义法律思想中国化,提出依法治国理论。中共十六大以来,以胡锦涛同志为主要代表的中国共产党人提出依宪治国、依法执政理论,继续推进马克思主义法律思想中国化进程。

对于这些理论成果,到底是用中国特色社会主义法治理论予以概括,还是用中国特色社会主义法治理论体系予以概括,笔者认为可以用中国特色社会主义法治理论予以概括。用中国特色社会主义法治理论这个概念来概括改革开放以来马克思主义法律思想中国化的系列理论成果,既考虑到马

① 付子堂:《马克思主义法律思想研究》,高等教育出版社 2005 年版,第 222 页。

克思主义法律思想中国化成果的体系化要求,也考虑到成果形成的阶段化特征,还考虑到理论内容的整体性特质。中国特色社会主义法治理论"将不同时期关于法治的同一概念、同一论题的重要观点和论述整合起来"①,形成体系化的马克思主义法治理论成果。

中国特色社会主义法治理论具有逻辑上的体系性、生成的阶段性和主题的一致性三个特征。所谓逻辑上的体系性和阶段性主要表现在中国特色社会主义法治理论包含着邓小平法制思想、依法治国理论、以人为本的依法执政理念三个思想体系,这三个思想体系分别是在不同历史阶段形成的。中国特色社会主义法治理论也具有法治主题的一致性和整体性。所谓法治主题上的一致性表现在两个方面:中国特色社会主义法治理论是改革开放以来中国共产党人不断地推进马克思主义法治思想中国化的系列理论成果,主题都是"法治"。在《邓小平文选》中,有100多篇文章的内容论及民主法制,学界通常将邓小平关于民主法制思想称之为邓小平法制思想,但是,邓小平法制思想虽然谈的是法制,但法制的指向是"法治","邓小平法制思想的精髓是法治"②。邓小平法制思想中所谈的法制是与人治相对应的。在邓小平看来,法制就是一种治国基本方略,所以邓小平说"从党的十一届三中全会以后就开始抓法制,没有法制不行"③,"还是要靠法制,搞法制靠得住些"④,"要通过改革,处理好法治与人治的关系"⑤。因此,"我们不能仅仅从字面上来看,应当从精神实质上去领会邓小平关于法制论述的核心要义。全面分析邓小平的法制思想,就不难发现,在他所使用的'法制'一词中是包含了法制和法治两种不同含义的,其精髓或核心就是依法治国、实行法治"⑥。可以说,邓小平法制思想的主题既有法制也有法治,但

① 王乐泉:《坚持和发展中国特色社会主义法治理论》,载《中国法学》2015年第5期。
② 蒋传光:《邓小平法制思想概论》,人民出版社2009年版,第289页。
③ 《邓小平文选》第三卷,人民出版社1993年版,第163页。
④ 《邓小平文选》第三卷,人民出版社1993年版,第379页。
⑤ 《邓小平文选》第三卷,人民出版社1993年版,第177页。
⑥ 田忠宝:《学习邓小平法治思想　全面推进依法治国》,载《前进》2014年第9期。

精髓是法治。邓小平法制思想是运用马克思主义法律思想指导中国改革开放和社会主义现代化建设过程中形成的第一个中国特色社会主义法治理论成果。

中共十三届四中全会以来,以江泽民同志为主要代表的中国共产党人站在马克思主义立场上,不断推进马克思主义法律思想中国化,提出的依法治国理论,明确地选择了法治的治国基本方略,旗帜鲜明地开启了建设社会主义法治国家的征程。依法治国理论是"三个代表"重要思想的重要组成部分,也是中国特色社会主义法治理论的重要组成部分。

中共十六大以来,以胡锦涛同志为主要代表的中国共产党人提出的依宪治国和依法执政理论,"回答了怎样坚持依法治国正确方向、落实依法治国基本方略等重大问题,丰富了中国特色社会主义法治理论"①。依宪治国和依法执政理论是"科学发展观"的重要组成部分,也是中国特色社会主义法治理论的重要组成部分。

（二）中国特色社会主义法治理论形成中的重要节点

考察这一具有体系化和整体化特征的理论成果的形成和发展历程,可以发现,这一法治理论的形成和发展历经两个重要转折节点、两个重要发展节点。

1. 中共十一届三中全会是中国特色社会主义法治理论形成的第一个重要转折点

"文化大革命"结束后,中国进入一个人心思变、人心思治、人心思法的时代。1978 年 12 月 13 日,邓小平在中共中央工作会议闭幕会上作题为《解放思想,实事求是,团结一致向前看》的重要讲话,这篇讲话紧紧抓住了中国历史转折中最根本的思想僵化问题,提出了解决中国社会向何处去等一系列重大问题。这篇讲话实际上成为随后召开的中共十一届三中全会的

---

① 李林:《习近平法治思想的理论渊源》,载《光明日报》2021 年 1 月 23 日。

主题报告。1978年12月18日到22日,中国共产党在北京召开十一届三中全会。全会拨乱反正,不仅重新确立了马克思主义思想路线、政治路线和组织路线,而且确定并形成了改革开放的战略决策。更重要的是,全会从思想解放的角度,实事求是地对过去的民主和法制问题进行了认真的讨论并形成了一系列关于健全社会主义民主、加强社会主义法制的观点。这些观点概括起来,主要有七个方面:第一,会议认为社会主义现代化建设需要集中统一的领导,但在过去一个时期内,民主集中制没有真正实行,离开民主讲集中,民主太少,当前这个时期特别需要强调民主,强调民主和集中的辩证关系,使党的统一领导和各个生产组织的有效指挥建立在群众路线的基础上。在人民内部的思想政治生活中,只能实行民主方法,不能采取压制、打击手段。第二,重申不抓辫子、不扣帽子、不打棍子的"三不主义"。第三,强调宪法规定的公民权利,必须坚决保障,任何人不得侵犯。第四,主张为了保障人民民主,必须加强社会主义法制,使民主制度化、法律化,使这种制度和法律具有稳定性、连续性和极大的权威,做到有法可依、有法必依、执法必严、违法必究。第五,主张从现在起,应当把立法工作摆到全国人民代表大会及其常务委员会的重要议程上来。第六,检察机关和司法机关要保持应有的独立性,要忠实于法律和制度,忠实于人民利益,忠实于事实真相。第七,要保证人民在自己的法律面前人人平等,不允许任何人有超越于法律之上的特权。

中共十一届三中全会及其确立的社会主义法制原则,既可以看作是中国特色社会主义法治理论形成的第一个重要转折点,也可以视其为中国特色社会主义法治理论形成的起点。说其是第一个重要转折点,是从以下角度来理解的。从马克思主义法律思想中国化的历程来看,中共十一届三中全会是马克思主义法律思想中国化演进中的一个重要转折点,这个重要的转折点也就是从毛泽东思想法学理论逐渐发展到中国特色社会主义法治理论的转折点。在这次会议以后,中国在实践层面开始从人治转向法治,从无法可依转向有法可依、有法必依、执法必严、违法必究。更重要的是,实行社会主义法治也逐渐成为中国共产党及其领导人的时代新识。这有两点表现：一是法治开始进入党的文件。1979 年 9 月 9 日，中共中央出台《中共中央关于坚决保证刑法、刑事诉讼法切实实施的指示》(该文件系 1979 年中共中央第 64 号，故简称 64 号文件)，该文件第一次明确提出了"社会主义法治"的概念。文件认为："刑法、刑事诉讼法，同全国人民每天的切身利益有密切联系，它们能否严格执行，是衡量我国是否实行社会主义法治的重要标志。"①二是法治开始进入党和国家领导人的话语体系之中。他们开始关注人治与法治关系问题，在人治与法治之间，在意识上倾向于选择法治。1979 年，彭真在中央党校所作的《关于社会主义法制的几个问题》的讲话中，也谈到法治问题，他对一些领导干部讲："现在要依法办事，依法治国，你是领导，不懂法怎么行。"②避免党和国家的工作因领导人改变而出现某些失误甚至发生某种曲折的问题，没有别的办法，只有坚持实行法治，只有走民主制度化、法律化这一条路。

　　这一时期，马克思主义法律思想中国化也在演进中形成了邓小平法制思想。具体而言，这一理论成果的主要内容有：健全社会主义民主，加强社会主义法制；遵循有法可依、有法必依、执法必严、违法必究的社会主义法制建设原则；促进民主制度化、法制化；一手抓建设，一手抓法制的"两手抓"思想；"严打"的法律政策；"党有党规，国有国法"；"没有法制不行"③；"还是要靠法制，搞法制靠得住些"④。邓小平作为党的第二代中央领导集体的核心，作为改革开放的总设计师，尽管在很多场合，他都是用"法制"一词，但邓小平在 1979 年、1986 年两次明确使用过"法治"一词，正如蒋传光所

---

　　①　李步云等：《从"法制"到"法治"二十年改一字——建国以来法学界重大事件研究》，载《法学》1999 年第 7 期。

　　②　彭真：《关于社会主义法制的几个问题——在中央党校的讲话》，载《红旗》杂志 1979 年第 11 期。

　　③　《邓小平文选》第三卷，人民出版社 1993 年版，第 163 页。

　　④　《邓小平文选》第三卷，人民出版社 1993 年版，第 379 页。

言，"邓小平法制思想的精髓是法治"①。正是在邓小平法制思想的指导下，中国才逐渐走上依法治国的道路。

2. 中共十五大是中国特色社会主义法治理论演进中的第二个重要转折点

中共十五大确立了依法治国基本方略，这意味着中国实现了从法制到法治的转变。从中共十一届三中全会开始，中国走上了有法可依、有法必依、执法必严、违法必究的社会主义法制建设道路。尽管"法治"一词多次出现在党的文件或者是党和国家领导人的讲话之中，②但法治未能代替法制成为全党的思想共识。从理论上讲，法制不同于法治。法制是法律制度的简称，自人类进入阶级社会以后，就有了法制，只不过社会主义法制是一种比较高的类型的法制而已。法制仅意味着法律是治理国家的手段。但是，法治却不同，法治是包含着法律制度和法律理念、法律价值相统一的复合概念，它不仅意味着法律是治理国家的手段，而且还意味着实行良法的统治；不仅意味着法律要具有良好的品质，而且清楚地表明法律还要具有至上的权威；不仅意味着法律是一种治理国家、控制社会的一种手段，更意味着它是一种治国的方略和理念。特别需要强调的是，法治作为治国方略的意义在于将法律视为治理国家的主要手段和价值追求，意味着用法治来处理党和法律之间的关系问题，这恰恰是社会主义法制理论所不能满足的。1997年，中共十五大报告正式提出"依法治国，建设社会主义法治国家"的治国方略。中共十五大报告指出："我国经济体制改革的深入和社会主义现代化建设跨世纪的发展，要求我们在坚持四项基本原则的前提下继续推进政治体制改革，进一步扩大社会主义民主，健全社会主义法制，依法治国，建设社会主义法治国家。"1999年3月，根据中共中央的建议，九

---

① 蒋传光：《邓小平法制思想概论》，人民出版社2009年版，第289页。

② 1989年9月，江泽民在回答《纽约时报》记者的提问时，谈到法治问题。他说："我们绝不能以党代政，也绝不能以党代法。……我想我们一定要遵循法治的方针。"《江泽民等答中外记者问》，载《人民日报》1989年9月27日。

届人大二次会议又以绝对多数票通过宪法修正案,将"依法治国,建设社会主义法治国家"列入宪法第五条第一款,社会主义法治思想成为全国人民的共识。

从1978年中共十一届三中全会到中共十五大,从法制到法治,诚如李步云所言,"二十年改一字"①,这种改,不是一般地改,这是一种认识上的重要转折点,是对法的作用、功能和价值认识上的全面突破。从马克思主义法律思想中国化的理论层面的演进而言,这一时期形成了"依法治国,建设社会主义法治国家"的依法治国论,即广大人民群众在中国共产党的领导下,依照宪法和法律规定,通过各种途径和形式管理国家事务,管理经济文化事业,管理社会事务,保证国家各项工作都依法进行,逐步实现社会主义民主的制度化、法律化,使这种制度和法律不因领导人的改变而改变,不因领导人看法和注意力的改变而改变。"依法治国,建设社会主义法治国家"成为中国特色社会主义法治理论的新主题,成为全党的一个重要的理论共识,中国开始走上"依法治国,建设社会主义法治国家"的伟大征程。从马克思主义法律思想中国化的角度来看,这不仅是马克思主义法律思想中国化的第二个重要实践转折点,也是中国特色社会主义法治理论形成的重要理论转折点;不仅是从法制到依法治国的实践转折,而且也是从法制思想到治国理论的理论转折。

3. 中共十六大和中共十七大是中国特色社会主义法治理论发展中的两个重要发展节点

2002年11月8日至14日,中共第十六次全国代表大会在北京召开。这次大会提出全面建设小康社会的战略目标,把"三个代表"重要思想写入党章,与马克思列宁主义、毛泽东思想、邓小平理论一起作为党必须长期坚持的指导思想。中共十六大报告从历史和时代的高度,对我国社会主义法

---

① 李步云等:《从"法制"到"法治" 二十年改一字》,载《当代中国法学争鸣实录》,湖南人民出版社1998年版,第565页。

治国家建设作了进一步的部署,提出了一些新的法学理论观点。具体有以下几个方面:第一,突破了传统的文明理论,明确提出了政治文明的范畴,确立了物质文明、政治文明、精神文明三元并立的新理论。并以此为坐标,对法律和法治定位,视法律是政治文明的重要组成部分。第二,在党的领导和依法治国理论方面,认为党的领导是人民当家作主和依法治国的根本保障,在党的领导方式和执政方式上,认为党的领导主要是政治、思想和组织领导,通过制定大政方针,提出立法建议,推荐重要干部,进行思想宣传,发挥党组织和党员的作用,坚持依法执政。第三,强调加强对执法活动的监督,推进依法行政,按照公正司法和严格执法的要求,推进司法改革,继续坚持有法可依、有法必依、执法必严、违法必究的法制原则。中共十六大是中国特色社会主义法治理论演进一个重要的发展节点。

2007年10月15日至21日,中共第十七次全国代表大会在北京召开,胡锦涛代表中共第十六届中央委员会向大会作了题为《高举中国特色社会主义伟大旗帜,为夺取全面建设小康社会新胜利而奋斗》的报告。该报告在中共十六大报告基础之上又提出了一系列新的法治观点:一是社会主义法治建设必须坚持以人为本,"把体现人民意志、保障人民权利、促进人的自由平等发展作为社会主义法治的灵魂,作为一条红线贯穿于法治工作的全部过程及其各个环节"①。二是要坚持中国特色社会主义政治发展道路,坚持党的领导、人民当家作主、依法治国有机统一。依法治国是社会主义民主政治的基本要求。三是要坚持依法治国基本方略,树立社会主义法治理念,实现国家各项工作法治化,保障公民合法权益。四是加强公民意识教育,树立社会主义民主法治、自由平等、公平正义理念。五是全面落实依法治国基本方略,加快建设社会主义法治国家。六是完善权力制约和监督机制,确保权力正确行使,必须让权力在阳光下运行。中共十七大报告重申并

_____

① 张文显:《法治宣言 法学文献——十七大报告的法学解读》,载《法制与社会发展》2007年第6期。

提出社会主义法治的一系列基本原则、基本要求和基本对策,"通篇闪耀着社会主义法治理念、现代法治精神、马克思主义法学理论的光辉"①。中共十七大的召开成为马克思主义法律思想中国化历程中的一个重要历史节点,也是中国特色社会主义法治理论一个重要的发展节点。

4. 中共十八大是中国特色社会主义法治理论发展中的一个关键性节点

中共十八大报告彰显了全面推进依法治国的时代主题,在总结和概括以往社会主义法治理论的基础之上,又提出了一系列新的社会主义法治观点,极大地丰富了中国特色社会主义法治理论。具体而言,第一,中共十八大对十五大、十六大、十七大提出的"依法治国,建设社会主义法治国家"的重大战略任务进一步强化,要求全面推进依法治国,明确提出要加快推进社会主义民主政治制度化、规范化、程序化,从各层次各领域扩大公民有序政治参与,实现国家各项工作法治化。第二,中共十八大提出提高领导干部运用法治思维和法治方式深化改革、推动发展、化解矛盾、维护稳定的能力。所谓的法治思维就是一种崇尚法治、依法办事的思维,这是与人治思维对应的一种新思维。所谓的法治方式就是用法律提供的纠纷解决方式,与传统的人治方式相对应。"法治思维"和"法治方式"在执政党报告中的首次出现,是中国共产党"对依法治国方略认识进入一个新高度的体现"②。第三,中共十八大提出全面推进依法治国的新十六字方针,即"科学立法、严格执法、公正司法、全民守法"。从中共十一届三中全会开始到中共十八大之前,无论是强化社会主义法制,还是强调依法治国,建设社会主义法治国家,都强调"有法可依、有法必依、执法必严、违法必究"的十六字方针。从有法可依到科学立法,这是一个重大的变化,有法可依解决的是法律的有无问题、数量问题,而科学立法解决的是法律的优良问题、质量问题。用"严格

---

①　张文显:《法治宣言　法学文献——十七大报告的法学解读》,载《法制与社会发展》2007 年第 6 期。

②　刘武俊:《解读十八大报告的法治精神》,载《中国司法》2012 年第 12 期。

执法、公正司法、全民守法"来替代"有法必依、执法必严、违法必究"也是一种提升,这是从法的运行理论角度提出的法治的有效运行的新原则。第四,中共十八大提出经济、政治、文化、社会、生态五位一体地建设中国特色社会主义的设想,法治就是五位一体地建设中国特色社会主义中的具有保障功能的部分。第五,中共十八大报告把法治作为社会主义核心价值观的重要内容。报告提出倡导自由、平等、公正、法治的价值观念,这表明,法治不仅仅是一种工具价值,也是一种目的价值。

中共十八大提出了关于全面推进依法治国的一系列新论述新观点,标志着中国特色社会主义法治理论开始走向系统化,这些新论述新观点开始系统性地回答了社会主义法治的本质特征、价值功能、内在要求、基本原则、发展方向等重大问题,为马克思主义法律思想中国化的再发展和更新成果的生成奠定了基础。

（三）中国特色社会主义法治理论的主要论点

中国特色社会主义法治理论具有体系性和整体性、历时性和共识性,内容非常丰富,概括起来,主要论点包括以下十三个方面。

1. 依法治国论

依法治国论的核心问题就是确立法治是治国理政的基本方略。从1949年新中国成立到1956年中共八大召开,以毛泽东同志为核心的党的第一代中央领导集体极为重视加强人民民主法制建设,在治国方略选择上尝试进行法治方略探索。但是,受制于当时的社会历史条件,中国的治国方略探索坎坎坷坷。中共十一届三中全会以后,以邓小平同志为核心的党的第二代中央领导集体拨乱反正,明确反对人治。邓小平对人治的危害有着清醒的认识。1980年,邓小平明确提出反对党内的家长制,主张改革党和国家的领导制度。邓小平说:"革命队伍内的家长制作风,除了使个人高度集权以外,还使个人凌驾于组织之上,组织成为个人的工具。家长制是历史非常悠久的一种陈旧社会现象,它的影响在党的历史上产生过很大危害。

陈独秀、王明、张国焘等人都是搞家长制的。"①家长制就是人治,必须要用民主制度予以改变。1989 年,邓小平在同几位中央负责同志谈话时,继续反思这个问题。他说:"一个国家的命运建立在一两个人的声望上面,是很不健康的,是很危险的。不出事没问题,一出事就不可收拾。"②邓小平高度重视民主法制建设,对民主法制的重视程度达到了党内历史上前所未有的高度。以邓小平同志为核心的党的第二代中央领导集体的不懈努力为治国基本方略的转型奠定了坚实的理论基础、观念基础和制度基础。1997 年,中共十五大选择了法治的基本方略,实现了中国社会主义治国基本方略的转型。依法治国成为一种优于人治的基本治国方略,得到了全党的认可。1999 年,法治入宪,依法治国的基本方略又得到了全国人民的认可。依法治国的最终战略目标是建立中国特色社会主义法治国家。2012 年,中共十八大提出,法治是治国理政的基本方式。

依法治国论的主要内容有五个方面:第一,依法治国的内涵。依法治国就是指广大人民群众在中国共产党的领导下,依照宪法和法律规定,通过各种途径和形式管理国家事务、管理经济文化事业、管理社会事务,保证国家各项工作都依法进行,逐步实现社会主义民主的制度化、法律化,使这种制度和法律不因领导人的改变而改变,不因领导人看法和注意力的改变而改变。第二,依法治国是中国共产党领导人民治理国家的基本方略,是发展社会主义市场经济的客观需要,是社会文明进步的重要标志,是国家长治久安的重要保障。第三,坚持依法治国与以德治国相结合。治理国家既要重视发挥法律的规范作用,又要重视发挥道德的教化作用,以法治体现道德理念、强化法律对道德建设的促进作用,以道德滋养法治精神、强化道德对法治文化的支撑作用。第四,依法治国的基本方针。坚持科学立法、严格执法、公正司法和全民守法。第五,依法治国的总目标是建设中国特色社会主

---

① 《邓小平文选》第二卷,人民出版社 1994 年版,第 329—330 页。
② 《邓小平文选》第三卷,人民出版社 1993 年版,第 311 页。

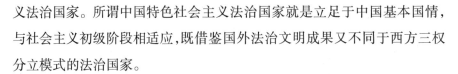

义法治国家。所谓中国特色社会主义法治国家就是立足于中国基本国情,与社会主义初级阶段相适应,既借鉴国外法治文明成果又不同于西方三权分立模式的法治国家。

2. 党法关系论

"文化大革命"结束后,邓小平认为党的领导不能离开国法,也不能离开党规党法,邓小平指出:"国要有国法,党要有党规党法。"①邓小平要求全党同志和全体干部都要学会使用法律武器,并将其视为"现在和今后发展社会主义民主、健全社会主义法制的过程中要求我们必须尽快学会处理的新课题"②。1989 年 9 月,江泽民在回答《纽约时报》记者的提问时,强调党的领导一定要遵循法治的方针,他说:"我们绝不能以党代政,也绝不能以党代法。"③从中共十五大开始,党法关系开始向法治化的方向发展,到中共十八大,中国特色社会主义党法关系理论已经形成,党法关系理论成为中国特色社会主义法治理论的重要内容。

（1）党法关系的法治化。1997 年,中共十五大确立了"依法治国,建设社会主义法治国家"的基本治国方略。2002 年 11 月,中共十六大报告明确提出改革和完善党的领导方式和执政方式,提出通过走依法执政之路实施党对国家和社会的领导。2007 年,中共十七大提出全面落实依法治国基本方略,加快建设社会主义法治国家。2012 年,中共十八大强调指出,我国的社会主义法治国家建设成绩显著,党的科学执政、民主执政、依法执政水平不断提高。具体而言,主要有以下几个方面:第一,中国共产党作为执政党自觉选择走依法执政之路,领导人民科学立法、民主立法,保证执法,不断地推进国家经济、政治、文化、社会生活的法制化、规范化。理顺了党法关系的运行机制。第二,以人民主权为逻辑起点,强调党的领导、人民利益与依法治国的有机统一,积极地探索党的领导、人民利益与依法治国的有机统一的

---

① 《邓小平文选》第二卷,人民出版社 1994 年版,第 147 页。
② 《邓小平文选》第二卷,人民出版社 1994 年版,第 371 页。
③ 《江泽民等答中外记者问》,载《人民日报》1989 年 9 月 27 日。

实现途径,从而将党法关系的有机统一奠定在人民主权的民主政治的逻辑基础之上。第三,中国共产党自觉地要求党的各级组织和全体党员都要模范地遵守宪法和法律、自觉地要求党的各级组织和全体党员严格依法办事,积极支持人大、政府、司法机关的工作,使党与人大、党与政府、党与司法机关等之间的职能关系越来越规范化。

(2)中国特色社会主义党法关系理论的形成。马克思主义党法关系在中国的百年历程,不仅是一种实践历程,也是一种理论创新历程。中国共产党领导人民在运用马克思主义党法关系思想解决当代中国的法律革命、法制建设、依法治国、依宪执政和依法执政等具体法律问题的过程中,善于总结经验、善于反思教训、善于提升理论,最终形成了具有中国特色社会主义的党法关系理论。

第一,党法关系的基本定位:党要在宪法与法律范围内活动。党要不要受法律约束的问题,这是中国共产党从革命党向领导党转变、从领导党向执政党转变过程中都必须不断解决的问题。在成为执政党之前,中国共产党虽然主张无产阶级革命不需遵守国民党的法律法规,但同样认为中国共产党及其党员也必须严格遵守革命法制。1937年,毛泽东针对黄克功因逼婚不成,枪杀革命青年刘茜一案,专门致信雷经天,阐述了党员必须遵守革命根据地的法律法令。1940年8月,董必武针对党内一些同志不懂党和政府之间的关系,主张党组织和党员应该成为服从法令的模范,针对边区有些党员自以为是党员,认为自己犯法是党内的事,不应该受到法律的惩处的错误思想,要求党员必须遵守边区政府的法令,明确提出,党员犯法,加重治罪。1956年9月,邓小平在中共八大作的《关于修改党的章程的报告》中,针对党内出现的轻视法律以及党内出现的违反法律等各种不良现象,邓小平要求每一个党员都要"严格地遵守党章和国家的法律"①。

"文化大革命"结束后,以邓小平同志为核心的党的第二代中央领导集

---

① 《邓小平文选》第一卷,人民出版社1994年版,第243页。

体承继了党的第一代中央领导集体的关于党法关系的实践经验,主张重建党法关系,并要求全体党员和全体干部都要依法办事。1981 年,中共十一届六中全会通过《关于建国以来党的若干历史问题的决议》,决议强调:"党的各级组织同其他社会组织一样,都必须在宪法和法律的范围内活动。"①1982 年宪法规定:一切国家机关和武装力量、各政党和各社会团体、各企业事业组织都必须遵守宪法和法律。一切违反宪法和法律的行为,必须予以追究。任何组织或者个人都不得有超越宪法和法律的特权。中共十二大通过的《中国共产党章程》更明确地将"党必须在宪法和法律的范围内活动"作为党的一个基本要求规定下来。这样,党从宪法和党章两个方面厘定党与法律之间的界限和关系。党作为社会主义建设事业的领导核心,也没有超越法律的权力,不仅如此,党的各级组织和领导干部还要带头模范地遵守国家的法律法规,尊重法律的权威。这样,党法关系有了基本的定位。

第二,党法关系的基本逻辑:党的领导、人民当家作主和依法治国的有机统一。回顾中国共产党的历史,不难发现,在坚持党的领导、坚持人民当家作主和坚持走法治之路这三个方面,我们有过争议甚至出现过错误的认识。在 20 世纪 50 年代就曾出现过将党与法严重对立的错误认识和错误实践。因此,如何实现党法的有机结合始终是党在实践中不断思考的问题。同时,在党的领导和人民当家作主的问题上也曾出现过党大包大揽的局面,如何从法治的角度解决党和人民当家作主的问题上,同样也需要党不断地探索。中共十一届三中全会以后,以邓小平同志为主要代表的中国共产党人根据中国的实际,积极探索党法关系模式,成功地解决了党法关系中的基本定位问题。中共十三届四中全会以后,以江泽民同志为主要代表的中国共产党人提出了依法治国的基本方略,党法关系被纳入法治化的轨道。中共十六大以后,以胡锦涛同志为主要代表的中国共产党人继续探讨如何改

---

① 中共中央文献研究室编著:《关于建国以来党的若干历史问题的决议注释本》,人民出版社 1983 年版,第 69 页。

善党的领导问题。2003年12月,在中共十六届二中全会上,胡锦涛明确地提出把坚持党的领导、人民当家作主和依法治国统一起来,并阐述了三者之间的关系,即"党的领导是人民当家作主和依法治国的根本保证,人民当家作主是社会主义民主政治的本质要求,依法治国是党领导人民治理国家的基本方略"①。

"党的领导、人民当家作主、依法治国有机统一"彰显了党法关系的基本逻辑。首先,党法关系是以党群关系为基础的,是建立在党群关系之上的。中国共产党作为执政党,其权力是人民给予的,党和国家的一切权力都属于人民。同时,党的使命就是要保障人民当家作主,保障人民真正地掌握国家权力,党法关系以党群关系为政治基础。其次,党群关系需要建立在以法治为基础的党法关系之上。尽管党和人民群众的利益是一致的,但党和人民群众毕竟是两个不同的社会主体,党必须要为人民治理国家寻求最好的路径,而依法治国就是党领导人民在社会主义法治建设过程中探索出来的基本治国方略,其所要解决的就是党在领导人民进行社会主义建设过程中究竟是走人治之路还是走法治之路的问题,其本质是强调依法办事和宪法法律至上。最后,无论是党法关系还是党群关系都离不开党。依法治国,建设社会主义法治国家和保证人民群众当家作主的主人翁地位都离不开党的领导,党的领导是人民当家作主和依法治国的根本保证。这样,党法关系和党群关系都统一于人民主权的民主政治逻辑基础之上,党的领导和依法治国通过人民当家作主这个基础而实现了逻辑上的有机统一。

第三,党法关系的辩证逻辑:党的领导和法治是高度一致的。"党和法治的关系是法治建设的核心问题","处理得好,则法治兴、党兴、国家兴;处理得不好,则法治衰、党衰、国家衰"②。正确处理好二者之间的关系,解决

---

① 中共中央文献研究室编:《十六大以来重要文献选编》(上),中央文献出版社2005年版,第146页。

② 中共中央文献研究室编:《习近平关于全面依法治国论述摘编》,中央文献出版社2015年版,第22、33页。

二者之间的矛盾,要讲辩证法,一是要辩证地认识和理解法治与政治之间的关系。"党和法的关系是政治和法治关系的集中反映。法治当中有政治,没有脱离政治的法治。西方法学家也认为公法只是一种复杂的政治话语形态,公法领域内的争论只是政治争论的延伸。每一种法治形态背后都有一套政治理论,每一种法治模式当中都有一种政治逻辑,每一条法治道路底下都有一种政治立场。"[1]中国的法治基础是马克思主义理论,中国的法治模式是社会主义法治模式,中国的法治道路是中国特色社会主义法治道路。"党的领导是中国特色社会主义法治之魂,是我们的法治同西方资本主义国家的法治最大的区别。"[2]二是正确认识"党大还是法大"的命题。"'党大还是法大'是一个政治陷阱,是一个伪命题。"[3]之所以说"不存在'党大还是法大'的问题,是把党作为一个执政整体而言的,是指党的执政地位和领导地位而言的"[4]。当然,"如果说'党大还是法大'是一个伪命题,那么对各级党政组织、各级领导干部来说,权大还是法大则是一个真命题。"[5]"具体到每个党政组织、每个领导干部,就必须服从和遵守宪法法律,就不能以党自居,就不能把党的领导作为个人以言代法、以权压法、徇私枉法的挡箭牌。"[6]各级领导干部,一方面要坚持党的领导,一方面要严格遵守法治。在中国政治体制之下,社会主义法治建设必须坚持党的领导,党的领导和法治是高度一致的。

---

① 中共中央文献研究室编:《习近平关于全面依法治国论述摘编》,中央文献出版社2015年版,第34页。
② 中共中央文献研究室编:《习近平关于全面依法治国论述摘编》,中央文献出版社2015年版,第35页。
③ 中共中央文献研究室编:《习近平关于全面依法治国论述摘编》,中央文献出版社2015年版,第34页。
④ 中共中央文献研究室编:《习近平关于全面依法治国论述摘编》,中央文献出版社2015年版,第37页。
⑤ 中共中央文献研究室编:《习近平关于全面依法治国论述摘编》,中央文献出版社2015年版,第37页。
⑥ 中共中央文献研究室编:《习近平关于全面依法治国论述摘编》,中央文献出版社2015年版,第37页。

第四,党法关系的基本运行方式:依宪执政和依法执政。依法治国是中国特色社会主义党法关系理论的重要内容,是党作为执政党在治理国家的过程中对治国方略的一次重大选择。它既是党对人治的治国方略的弃用,又是党对法治的治国方略的选择,而依宪执政和依法执政是党在新的历史时期对党的执政方式的一种新探索。就依法治国与依法执政之间的关系而言,二者之间"是存在递进关系的。依法治国主要强调的是人治与法治的问题,它要解决的是靠个人还是靠制度的问题。依法执政就进一步,主要是强调处理党和国家政权之间的关系问题,是说党和国家机关的关系问题,比依法治国的问题更加深入,更加有针对性"①。换句话说,依法治国是依法执政的基础,依法执政所要解决的则是党如何具体执政的问题,如何具体实施党对国家和社会的领导问题。从党法关系的角度来看,所要解决的就是党法关系如何运行的问题。

与以往党的领导方式相比,依宪执政、依法执政已成为新时代党法关系的基本运行方式。首先,依宪执政和依法执政就是党通过选举自己的代表参与国家治理的基本途径。"党的执政,其真正的含义是党的代表们代表党执政。"②依宪执政和依法执政就是要求党通过选拔党内的优秀代表进入国家机构之中,代表党依法执政的一种基本方式。其次,依宪执政和依法执政解决了党和国家机构之间的权力分工问题,依法执政不仅理顺了党会关系(党和人民代表大会),党政关系(党与人民政府)、党和司法机关之间的关系,而且强调了党要支持人大、政府、司法机关的工作。再次,依宪执政和依法执政强调要发挥党的依法立法的作用,即党要善于将自己的主张通过法定的渠道上升为国家法律,党要坚持依法治国,领导立法,不断推进国家经济、政治、文化、社会生活的法制化、规范化。最后,依宪执政和依法执政保证了民主党派的参政能力,从制度上理顺了执政党和参政党之间的关系,

①　沈国明:《依法执政是党执政的基本方式》,载《文汇报》2007年1月22日。
②　张恒山等:《法治和党的执政方式研究》,法律出版社2004年版,第41页。

为民主党派依法参政议政构建了法律制度通道。

中国特色社会主义党法关系理论就是以党法关系的基本定位、党法关系的基本逻辑、党法关系的辩证逻辑、党法关系的基本运行方式为主要内容的理论，这个理论是中国特色社会主义理论体系的具体内容，在中国特色社会主义理论体系中占有重要的位置。中国特色社会主义理论体系是"系统研究中国社会主义建设的本质规律的科学"①。党法关系也是其中的应有内容，因为建设社会主义、建设党、实现科学发展都离不开法律，离不开稳定的党法关系。在中国共产党实践探索中，中国共产党逐渐认识到社会主义法治建设的重要性，自觉选择法治为党领导人民治理国家的基本方略，自觉选择和规定党在法内活动，自觉选择依法执政，自觉地理顺了党与人大、党与政府、党与司法机关之间的关系，自觉地确立以人为本的法律发展观，自觉地将社会主义建设、党的建设以及经济、社会、文化的科学发展纳入法治化轨道。

中国特色社会主义党法关系理论是中国共产党人在解决如何坚持党的领导和如何维护法治权威，如何破解政治与法治的难题的实践中创造性地运用马克思主义党法关系思想而逐渐形成的新理论，它是中国特色社会主义法治理论中的核心内容，特别彰显了中国特色社会主义法治理论的中国国情、中国特征。

3. 宪法法律至上论

"法治的基本精神是法律至上，任何人与法律相比，法律都具有更高的权威。"②法律权威是法律至上的必然要求。法律至上意味着法律具有最高权威，法律具有最高权威则意味着法律至上。在中国特色社会主义法治建设过程中解决宪法法律至上问题，就是首先从解决宪法法律在国家和社会治理过程中的权威维护问题开始的。"文化大革命"结束以后，以邓小平同

① 罗文东：《中国特色社会主义理论体系的科学内涵和重大意义》，载《思想理论教育导刊》2008年第12期。
② 王家福等：《论法制改革》，载《法学研究》1989年第2期。

志为核心的党的第二代中央领导集体重视维护法律的权威。1978 年,邓小平在中央工作会议闭幕会上的讲话中强调指出:"为了保障人民民主,必须加强法制。必须使民主制度化、法律化,使这种制度和法律不因领导人的改变而改变,不因领导人的看法和注意力的改变而改变。"①维护法律权威就是要反对以党代政、反对以言代法、反对以权压法。1982 年,中共十二大通过的《中国共产党章程》明确规定党必须在宪法和法律的范围内活动,强调了党要维护宪法法律的权威。同年,五届全国人民代表大会第五次会议通过的 1982 年宪法第五条明确规定,国家维护社会主义法制的统一和尊严。一切法律、行政法规和地方性法规都不得同宪法相抵触。一切国家机关和武装力量、各政党和各社会团体、各企业事业组织都必须遵守宪法和法律。一切违反宪法和法律的行为都必须予以追究。任何组织或者个人都不得有超越宪法和法律的特权。宪法法律的权威有了宪法的保障。

中共十三届四中全会以来,以江泽民同志为主要代表的中国共产党人始终强调要树立宪法法律的权威。中共十四大报告提出高度重视法制建设,严格执行宪法和法律,加强执法监督,坚决纠正以言代法、以罚代刑等现象。中共十五大报告提出坚持有法可依、有法必依、执法必严、违法必究的原则,加强对宪法和法律实施的监督,维护国家法制统一,依法治国,建设社会主义法治国家。坚持有法可依、有法必依、执法必严、违法必究成为维护法律权威的原则,强化宪法和法律监督成为维护法律权威的有效手段,法治的基本方略的提出内在的包含着法律至上的精神。中共十六大报告提出宪法和法律是党的主张和人民意志相统一的体现,必须严格依法办事,维护法制的统一和尊严。这次报告首次提出维护法制的尊严问题,主要有四个方面:一是坚持法律面前人人平等,强调任何组织和个人都不允许有超越宪法和法律的特权;二是加强对执法活动的监督,推进依法行政,维护司法公正,提高执法水平,确保法律的严格实施;三是防止和克服法律实施过程中的地

---

① 《邓小平文选》第二卷,人民出版社 1994 年版,第 146 页。

方和部门的保护主义；四是加强对权力的制约和监督，重点加强对领导干部特别是主要领导干部的监督。中共十七大报告提出全面落实依法治国基本方略，维护宪法法律权威。值得指出的是，中共十七大报告不仅提出了维护社会主义法制的统一和尊严而且还增加维护"权威"两个字，即维护社会主义法制的统一、尊严、权威。主要有五个方面：一是要坚持科学立法、民主立法，完善中国特色社会主义法律体系；二是尊重和保障人权；三是深化司法体制改革，建设公正高效权威的社会主义司法制度；四是各级党组织和全体党员要自觉在宪法和法律范围内活动，带头维护宪法和法律的权威；五是弘扬法治精神，形成全社会自觉学法守法用法的社会氛围。2007年12月26日，胡锦涛在全国政法工作会议代表和全国大法官、大检察官座谈会上提出了政法工作要"始终坚持党的事业至上、人民利益至上、宪法法律至上"的观点，"三个至上"是党在新时期对政法工作提出的新要求。中共十八大指出法治是治国理政的基本方式，我们必须要维护法治权威。维护法治法律权威：主要有五个方面：一是要推进科学立法、严格执法、公正司法、全民守法；二是要进一步深化司法体制改革，确保审判机关、检察机关依法独立公正行使审判权、检察权；三是弘扬社会主义法治精神，树立社会主义法治理念，增强全社会学法尊法守法用法意识；四是提高领导干部运用法治思维和法治方式深化改革、推动发展、化解矛盾、维护稳定能力；五是强调党领导人民制定宪法和法律，党必须在宪法和法律范围内活动，任何组织或者个人都不得有超越宪法和法律的特权，绝不允许以言代法、以权压法、徇私枉法。

在首都各界纪念现行宪法公布施行30周年大会上的讲话中，习近平总书记指出："宪法与国家前途、人民命运息息相关。维护宪法权威，就是维护党和人民共同意志的权威。捍卫宪法尊严，就是捍卫党和人民共同意志的尊严。保证宪法实施，就是保证人民根本利益的实现。"①维护宪法权威就是要切实尊重和有效实施宪法。"好的宪法，贵在实施。否则，宪法如果

---

① 《习近平谈治国理政》第一卷，外文出版社2018年版，第137页。

得不到充分实施,那么,法典写的再美妙,亦属徒然。"①改革开放之前的宪法历史启示我们:"如果宪法受到漠视、削弱甚至破坏,人民权利和自由就无法保证,党和国家事业就会遭受挫折。"②改革开放以来现行宪法实施情况也表明,"我国宪法以其至上的法制地位和强大的法制力量,有力保障了人民当家作主,有力促进了改革开放和社会主义现代化建设,有力推动了社会主义法治国家进程,有力促进了人权事业发展,有力维护了国家统一、民族团结、社会稳定"③。

4. 民主法治论

民主法治论成为中国特色社会主义法治理论的主要内容之一,有一个较长的认识过程,它"经历了民主与法治的初步碰撞和分开、民主与法制相结合和民主与法治相结合三个认识阶段"④,是在民主法制相结合论的基础之上演变提升而来的。

新中国成立后,以毛泽东同志为核心的党的第一代中央领导集体领导人民走上了民主立国之路,启动了新中国的民主政治建设。值得强调的是,党的第一代中央领导集体此时非常重视法律的作用。从新中国成立到中共八大,中国共产党党内"占主流的观点是奉行法治的"⑤。这一时期,民主与法治有了初步的碰撞机会。但1957年以后,民主与法制开始逐渐分离,乃至后来完全分离。没有了法制的支撑和保障,民主也在单轨道运行中失去保障。"文化大革命"结束后,中国自上而下都在反思社会主义建设中的失误,此时,民主和法制被视为社会主义建设的两只手而得到重视,民主与法制开始紧密的结合。加强社会主义民主,健全社会主义法

---

①　许崇德:《中华人民共和国宪法史》,福建人民出版社2003年版,第884页。

②　《习近平谈治国理政》第一卷,外文出版社2018年版,第137页。

③　《习近平谈治国理政》第一卷,外文出版社2018年版,第136页。

④　张波:《论当代中国六大法治主题的形成、逻辑和价值》,载《学习与探索》2013年第6期。

⑤　李龙、汪习根对这段历史进行了细致的分析,并得出了这个结论。参见李龙、汪习根:《新中国法制建设的回顾与反思》,中国社会科学出版社2004年版,第53页。

制，"通过改革，使我国社会主义民主政治一步一步走向制度化、法律化"①成为时代的共识。民主制度化、民主法制论成为指导中国社会主义法制建设的一个重要思想。

随着社会主义法制的深入发展，人们越发认识到法制与法治之间的巨大差异。法制是法律制度的简称，人类有了法律就有了法制，而法治则是治国的基本方略，强调法律至上。基于此认识上的突破，中共十五大确立了依法治国的基本方略。2005 年，中共中央举办"省部级主要领导干部提高构建社会主义和谐社会能力"专题研讨班，胡锦涛在讲话中首次使用"民主法治"的概念，并将其视为社会主义和谐社会的首要特征。自此，民主法治论取代民主法制论，成为指导当代中国法治建设的一个重要思想。

民主法治论的主要内容有四个方面：第一，中国的民主政治建设与法治建设必须相结合，民主离不开法治，法治离不开民主，没有民主就没有法治，没有法治也就没有民主。法治是和民主政治相伴而生的产物，法治始终是与民主政治相伴的一种治国模式。从中共十五大报告到十八大报告都将法治建设与民主政治问题放在一起进行阐述的。第二，坚持中国特色社会主义政治发展道路，坚持党的领导、人民当家作主、依法治国有机统一，坚持和完善人民代表大会制度、坚持和完善中国共产党领导的多党合作和政治协商制度、坚持和完善民族区域自治制度以及基层群众自治制度。第三，强调中国共产党在治国理政过程中，必须要"依法实行民主选举、民主决策、民主管理、民主监督，保障人民的知情权、参与权、表达权、监督权"②，实现民主法治化。第四，强调发展人民民主必须坚持依法治国、维护宪法法律权威，使民主制度化、法律化，使这种制度和法律不因领导人的改变而改变，不因领导人的看法和注意力的改变而改变。

---

① 中共中央文献研究室编：《十三大以来重要文献选编》（上），人民出版社 1991 年版，第 47 页。

② 《中国共产党第十七次全国代表大会文件汇编》，人民出版社 2007 年版，第 28 页。

5. 依法执政论

新中国成立后,在认识上和实践中都曾出现过以党代法、以言代法、轻视法律等错误。"文化大革命"结束后,以邓小平同志为核心的党的第二代中央领导集体在处理党权和法制的关系问题上,逐渐形成了三点重要共识:一是将努力改善党的领导和学会使用和用好法律武器紧密结合在一起,重视法律。二是明确政党与法律的各自界限,"法律范围的问题,要用法制来解决,由党直接管不合适。党要管党内纪律的问题,法律范围的问题应该由国家和政府管。党干预太多,不利于在全体人民中树立法制观念"①。三是中国共产党作为执政党也要在宪法和法律规定的范围内进行活动。这三点共识为依法执政理论的形成和依法执政的实践展开奠定了前提和基础。

1997年,中共十五大将"依法治国,建设社会主义法治国家"确立为中国共产党领导人民治理国家的基本方略,中国共产党作为执政党与法治走向了结合。采取何种具体方式进行结合,2002年中共十六大报告明确地提出改革和完善党的领导方式和执政方式,依法执政被视为改革和完善党的领导方式的新路径而被提出。2004年中共十六届四中全会提出加强党的执政能力建设,而依法执政作为不断完善党的领导方式和执政方式基本途径再次被强调。依法执政就是要求中国共产党作为执政党要坚持走法治之路,带头遵守宪法和法律,依照法律程序启动立法,保证司法和执法,不断推进国家经济、政治、文化、社会生活的法治化。

中共十八大报告提出,中国共产党是中国社会主义事业的领导核心,要坚持立党为公,执政为民的理念,加强改善党的领导,努力提高科学执政、民主执政、依法执政的水平。

依法执政论的主要内容有四个方面:第一,坚持"三统一",即主张坚持党领导立法、保证执法、支持司法、带头守法,把依法治国基本方略同依法执政基本方式统一起来,把党总揽全局、协调各方同人大、政府、政协、审判机

---

① 《邓小平文选》第三卷,人民出版社1993年版,第163页。

关、检察机关依法依章程履行职能、开展工作统一起来，把党领导人民制定和实施宪法法律同党坚持在宪法法律范围内活动统一起来。第二，做到"四善于"，即善于使党的主张通过法定程序成为国家意志，善于使党组织推荐的人选通过法定程序成为国家政权机关的领导人员，善于运用民主集中制原则维护中央权威、维护全党全国团结统一，善于通过国家政权机关实施党对国家和社会的领导。第三，做到"两衔接"。依法执政既要求党依据宪法法律治国理政，也要求党依据党内法规管党治党，把党内法规体系建设与国家法律体系相衔接，构建以完备的法律规范体系、高效的法治实施体系、严密的法治监督体系、有力的法治保障体系和完善的党内法规体系为支撑的中国特色社会主义法治体系。第四，坚持"一个关键"。依法执政的关键是依宪执政。宪法是国家的根本法，是治国安邦的总章程，具有最高的法律地位、法律权威、法律效力，具有根本性、全局性、稳定性、长期性。新中国成立以来宪法制度的发展历程告诉我们，"宪法与国家前途、人民命运息息相关"①。宪法是每个公民享有权利、履行义务的根本保证。依法执政就是要贯彻实施宪法，"依法保障全体公民享有广泛的权利，保障公民的人身权、财产权、基本政治权利等各项权利不受侵犯，保证公民的经济、文化、社会等各方面权利得到落实，努力维护最广大人民根本利益，保障人民群众对美好生活的向往和追求"②。

6. 良法善治论

探寻良法的起源和演变，可以发现，良法是法治的内在条件。法治是一种良法的统治，良法是人类法治实践中为法律自身设定的一个价值目标。法律自身有良法与恶法之分。在西方法律思想的发展历史进程中，良法与恶法的辩题长期为学者们所关注。在这个问题上，西方存在着两个对立的学派：一个是自然法学派；一个是分析实证主义法学派。自然法学派认为，

① 《习近平谈治国理政》第一卷，外文出版社 2018 年版，第 137 页。
② 《习近平谈治国理政》第一卷，外文出版社 2018 年版，第 141 页。

在人们制定的人定法之外,还存在着一种高于人定法的自然法,自然法是世俗的法律和政治基础,如果人定法与自然法相违背,则被认为是一种恶法,恶法不是法,人们自然没有遵守恶法的义务。分析实证主义法学派则持有相反的观点,其创始人奥斯丁认为,一项法律只要是主权者制定的,就具有法律效力,而不管法的善恶与否,其主张"恶法亦是法"。

　　中国古代法律思想蕴含着相当丰富的良法思想,概括起来主要表现在两个方面:一个是儒家的良法观,一个是法家的良法观。儒家的良法观是人治思想下的良法观。在治国的基本方略方面,孔子提出德治思想,孔子主张"为政以德""为政在人",孔子认为治理国家应主要靠道德教化、宗教礼仪,而不是靠严刑峻法。先秦儒家是有良法理论主张的,只不过儒家"坚持良法与贤人的结合"①。这种结合正是和儒家的治国基本方略相一致的,儒家主张人治为主,强调道德教化,主张为政在人,所谓的良法主张只是人治或德治思想的组成部分。这与西方传统中的良法理论完全不同。先前法家的思想当中也含有一定的良法思想。商鞅认为法律的制定要遵循一定的目的,"法者,所以爱民也"②。"不观时俗,不察国本,则其法立而民乱。"③不仅如此,法律的制定要适宜,"礼法以时而定,制令各顺其宜"④。"立法明分,而不以私害法则治。"⑤先秦之后,古代中国社会仍有一些思想家和政治家在关注良法问题。王安石在《周公》一文中曾强调良法对于国家治理的重要性,他说:"立善法于天下,则天下治;立善法于一国,则一国治。"⑥

　　近代以来,以康有为、梁启超等为代表的近代中国资产阶级改良主义者不仅继承了中国古代的儒家思想,也接受了西方资产阶级进化论的影响。康有为认为法久则弊,法律是治国之方,需要不断变革,针对清末法弊严重的情

---

①　李龙:《良法论》,武汉大学出版社 2001 年版,第 50 页。

②　《商君书·更法》。

③　《商君书·算地》。

④　《商君书·更法》。

⑤　《商君书·修权》。

⑥　王安石:《周公》。

况,他提出"宜易新法以治之"①。梁启超认为,自然万物在变,人类社会在变,法律及其他社会现象也在变,"法治主义是今日救时之唯一主义"②。沈家本认为实行法治要以良法为要义。他指出:"律者,民命之所系也。其用甚重而其义至精也。根极于天理民彝,称量于人情世故"③。孙中山作为资产阶级革命的领袖也主张良法治理:一是主张在中国创立一部优良的宪法,认为"我们有了良好底宪法,才能建立一个真正底共和国家"④。二是以大总统的身份连续发布命令,禁止刑讯、禁止体罚、提倡人道、禁止酷刑、注重民生、保障民权。

有学者认为在中国现代时期,最早提出良法概念的应是毛泽东。⑤ 毛泽东认为,良法不仅可以促进民众幸福,也可以换得民众的拥护和维持;恶法不能促进民众幸福,只能给民众带来恐惧,当然无法获得民众的拥护和支持。"商鞅之法,良法也。"⑥新中国成立后直到中共十一届三中全会之前,人们主要关注法的革命性、阶级性等问题,而忽视了法的良恶问题。

中国在选择了依法治国的基本方略以后,良法的标准和要求也成为中国特色社会主义法治实践活动的应然价值目标。从"有法可依"到"科学立法"的理念转变就意味着这种价值目标的转变。改革开放之初,中国的社会主义法制建设一穷二白,为了调整社会关系,适用中国的改革发展需要,邓小平提出"宜粗不宜细"的立法指导思想,力图快速实现政治、经济社会活动进入有法可依的状态。在这种思想指导下,中国进入立法的快车道,到2010年如期完成中国特色社会主义法律体系的立法工作目标。但是,"宜粗不宜细"的立法指导思想是以追求法律的秩序价值为目标的,它解决的

---

① 康有为:《康有为政论集》,中华书局1981年版,第59页。
② 梁启超:《中国法理学发达史论》,载《饮冰室合集》(第二卷),中华书局1936年版,第93页。
③ 沈家本:《历代刑法考》,中华书局1985年版,第2207页。
④ 《孙中山选集》(下),人民出版社2011年版,第506页。
⑤ 参见李龙:《良法论》,武汉大学出版社2001年版,第64页。
⑥ 《毛泽东早期文稿》,湖南人民出版社1990年版,第1页。

是法律的有无问题,解决的是法律的数量问题。中国的改革开放日新月异,一些快速制定出来的法律在时代的变迁下落后了,有的甚至妨碍生产力的发展,损害公民的应有利益。因此需要重新对法律进行价值判断,重新思考法律的优良问题。中共十八大以来,以习近平同志为核心的党中央非常重视立法质量,提出了"科学立法"的新理念。

　　何为良法呢? 国内有学者从历史唯物主义的角度提出了良法的标准。李龙认为,"良法应该是符合客观规律的法律"①。良法的标准不能仅仅停留在抽象善和抽象恶的标准层面,还应该从法律自身的发展规律予以认识。"界定良法的标准,首先应尊重法律自身的发展规律。只有尊重并反映法律发展的自身规律,才能准确把握住良法的具体标准。"②何峻认为,"良好的法律制度应当有利于促进和保障先进社会生产力的发展;应当体现先进文化的前进方向;应当将代表最广大人民的根本利益奉为至上原则;应当促进人的自由而全面发展"③。马克思认为,"法典就是人民自由的圣经"④。平等、自由、正义的法律始终是马克思对法的理想追求,平等、自由、正义的法律就是良法。良法的判断标准和要求有:第一,良法是科学立法、民主立法理念的产物。第二,良法要求坚持问题导向,具有立法的针对性、及时性、系统性、可操作性的要求。第三,法律应以道德为基础。"法律是成文的道德,道德是内心的法律"⑤,法律"要树立鲜明道德导向,弘扬美德义行"⑥,法律离不开道德支撑,"法律是底线的道德"⑦,要把道德要求贯穿到立法过程之中,贯穿到法治中国建设过程之中。第四,良法"符合宪法精神、反映

---

　　① 李龙:《宪法基础理论》,武汉大学出版社 1999 年版,第 99 页。
　　② 李龙:《良法论》,武汉大学出版社 2001 年版,第 45 页。
　　③ 何峻:《论"三个代表"重要思想与良法之治》,载《四川行政学院学报》2004 年第1 期。
　　④ 《马克思恩格斯全集》第 1 卷,人民出版社 1956 年版,第 71 页。
　　⑤ 《习近平谈治国理政》第二卷,外文出版社 2017 年版,第 133 页。
　　⑥ 《习近平谈治国理政》第二卷,外文出版社 2017 年版,第 134 页。
　　⑦ 《习近平谈治国理政》第二卷,外文出版社 2017 年版,第 134 页。

人民意愿、得到人民拥护"①。

善治的理念源于治理理论的创新。罗茨（R.Rhodes）认为治理一词至少有 6 种不同的用法：作为最小的国家的治理、作为公司治理的治理、作为新公共管理的治理、作为"善治"的治理、作为社会—控制论系统的治理、作为自组织网络的治理。② 其中，作为"善治"的理论主张最引人瞩目。

20 世纪 90 年代之后，随着中国依法治国基本方略的确立，学界在高度关注良法理论的同时也开始讨论治理与善治的问题。俞可平在 2000 年出版的《治理与善治》一书，引发了国内讨论治理与善治问题的一个高潮。在讨论善治的过程中，国内高度关注良法与善治的内在逻辑。有学者从法治中国概念逻辑中看到良法善治的重要性和必然性，认为法治中国作为全体中国人民的高度共识和行动宣言，是有着丰富内涵的行动目标，是"通往良法善治之路"③。建设中国特色社会主义法治体系，必须坚持立法先行，发挥立法的引领和推动作用，抓住提高立法质量这个关键。

概括起来，良法善治论的主要内容有五个方面：第一，法律是治国之重器，良法是善治之前提，只有有了良法的前提，才能实现善治的结果。第二，建设中国特色社会主义法治体系，必须坚持立法先行，发挥立法的引领和推动作用，抓住提高立法质量这个关键。第三，完善立法体制。加强党对立法工作的领导，完善党对立法工作中重大问题决策的程序。凡立法涉及重大体制和重大政策调整的，必须报党中央讨论决定。健全有立法权的人大主导立法工作的体制机制，发挥人大及其常委会在立法工作中的主导作用。完善公众参与政府立法机制。明确立法权力边界，从体制机制和工作程序上有效防止部门利益和地方保护主义法律化。第四，深入推进科学立法、民主立法。加快完善体现权利公平、机会公平、规则公平的法律制度，保障公

---

① 习近平：《论坚持全面依法治国》，中央文献出版社 2020 年版，第 74 页。
② 参见［英］罗伯特·罗茨：《新的治理》，木易编译，载俞可平：《治理与善治》，社会科学文献出版社 2000 年版，第 87—96 页。
③ 江必新：《法治中国，通往良法善治之路》，载《人民日报》2013 年 7 月 12 日。

民人身权、财产权、基本政治权利等各项权利不受侵犯,保障公民经济、文化、社会等各方面权利得到落实,实现公民权利保障法治化。健全公民权利救济渠道和方式。第五,法治是国家治理体系和治理能力的重要依托,必须且只有通过法治,才能推进国家治理体系和治理能力现代化。建设社会主义现代化强国,必须"坚持顶层设计和法治实践相结合,提升法治促进国家治理体系和治理能力现代化的效能"①,做到"中国特色社会主义实践向前推进一步,法治建设就要跟进一步"②。

7. 法治政府论

探寻法治的起源,可以发现,法治就是为了限制权力而生的,而且主要为了限制行政权力。梁治平认为,"法治固然要求每个人都服从法律,但他首先要求的却是'政府守法'……法治原本是要消除不受限制的权力,造成法律支配权力的格局,自然就是要把注意力放在政府权力的合法性问题上"③。孙笑侠认为,法治是"对权力与权利关系的合理配置,是对国家权力的控制。而权力控制中最重要的是对国家权力的控制"④。龚祥瑞认为:"法治不仅是以法律统治老百姓,更是以法律约束统治者。法治就是对权力的限制。……政府的权力也要受法律的限制,这才是法治的实质意义。"⑤

新中国成立后,开始向法治政府方向探索。五四宪法规定了一府两院的宪法体制,行政权从国家政权中分离出来,并被纳入了宪法的轨道。这是新中国成立后政府与法治交汇的初步。20 世纪 50 年代后期,随着人治方略的确立,特别是此后法律虚无主义盛行,政府行为也进入了没有法律制约和保障的状况之中。1982 年的《中华人民共和国宪法》又一次确立中国一府两院的宪法体制,行政权真正被纳入法律的轨道。此后,行政立法、行政

---

① 习近平:《论坚持全面依法治国》,中央文献出版社 2020 年版,第 275 页。
② 习近平:《论坚持全面依法治国》,中央文献出版社 2020 年版,第 272 页。
③ 梁治平:《法辨——中国法的过去、现在与未来》,贵州人民出版社 1992 年版,第 23 页。
④ 孙笑侠:《法律对行政的控制——现代行政法的法理解释》,山东人民出版社 1999 年版,第 22 页。
⑤ 龚祥瑞:《比较宪法与行政法》,法律出版社 1985 年版,第 74—77 页。

执法、行政复议、行政诉讼等围绕着政府行为运转的一系列法律制度逐渐得到建立，法律对行政权的控制逐渐增强。

依法治国基本方略的确立对政府的依法行政产生重要影响。2004 年，国务院根据建设社会主义法治国家的需要，发布《全面推进依法行政实施纲要》，该纲要明确提出了全面推进依法行政，建设法治政府的奋斗目标。法治政府首次被视为政府改革和法治建设的共同主题。针对地方政府法治化水平不高的现状，2008 年，国务院发布《国务院关于加强市县政府依法行政的决定》，就加强市县政府依法行政的重要性和紧迫性、提高市县行政机关工作人员依法行政的意识和能力、完善市县政府行政决策机制、建立健全规范性文件监督管理制度、严格行政执法、强化对行政行为的监督、增强社会自治功能等问题给予了细致的规定，要求全面加强市县两级政府依法行政的步伐，使地方政府的依法行政和中央政府的依法行政有机衔接起来，得以共筑法治政府。为了全面落实依法治国的基本方略，2010 年，国务院再次下发《国务院关于加强法治政府建设的意见》，要求全面推进依法行政，进一步加强法治政府建设。自此，依法行政，建设法治政府成为国务院和地方各级人民政府为适用法治国家建设需要而作出的共同选择，依法行政，建设法治政府由此也成为中国法治建设的主题之一。

法治政府论的主要内容有四个方面：第一，依法行政。"依法治国是我国宪法确定的治理国家的基本方略，而能不能做到依法治国，关键在于党能不能坚持依法执政，各级政府能不能依法行政。"①依法行政需要"推进机构、职能、权限、程序、责任法定化，推进各级政府事权规范化、法律化"②。依法行政是建设中国特色社会主义法治政府的基本路径。第二，严格执法。执法是行政机关履行政府职能、管理经济社会事务的主要方式。"执法者必须忠实于法律，既不能以权压法、以身试法，也不能法外开恩，徇私枉

---

① 《习近平谈治国理政》第二卷，外文出版社 2017 年版，第 120 页。
② 《习近平谈治国理政》第二卷，外文出版社 2017 年版，第 121 页。

法"①,"推进严格执法,重点是解决执法不规范、不严格、不透明、不文明以及不作为、乱作为等突出问题"②。各级政府要完善执法程序,严格执法责任,做到严格规范公正文明执法。严格执法是建设中国特色社会主义法治政府的基本原则。第三,制度控权。制度控权论主张把政府的权力关进制度的牢笼。"要最大限度减少政府对微观事务的管理。对保留的审批事项,要推行权力清单制度,公开审批流程,提高审批透明度,压缩自由裁量权。对审批权力集中的部门和岗位要分解权力、定期轮岗,强化内部流程控制,防止权力滥用。"③第四,有限政府。"各级政府必须依法全面履行职能,坚持法定职责必须为、法无授权不可为,健全依法决策机制,完善执法程序,严格执法责任,做到严格规范公正文明执法。"④第五,法治政府。法治政府不是抽象的而是具体的,法治政府的建设目标和要求就是职能科学、权责法定、执法严明、公开公正、廉洁高效、守法诚信。各级政府要"坚决防止和克服地方保护主义和部门保护主义、坚决防止和克服执法工作中的利益驱动"⑤。努力打造职能科学、权责法定、执法严明、公开公正、廉洁高效、守法诚信法治政府是中国法治政府建设的目标和要求。

8. 公正司法论

从司法的历史发展来看,司法的价值有两个方面:一是通过司法恢复和实现社会正义;二是通过司法维护应有的社会秩序。在不同的历史时期,两者的主次地位不一样。⑥ 一般认为,在司法的早期,司法的价值主要表现为实现统治者主观上所认为的维持社会存续所需的秩序,此后,随着社会的发展,司法的价值主要表现为以实现社会正义为主。实现了社会正义也就实

① 习近平:《论坚持全面依法治国》,中央文献出版社2020年版,第21页。
② 《习近平谈治国理政》第二卷,外文出版社2017年版,第121页。
③ 中共中央文献研究室编:《习近平关于全面依法治国论述摘编》,中央文献出版社2015年版,第63—64页。
④ 《习近平谈治国理政》第二卷,外文出版社2017年版,第120页。
⑤ 习近平:《论坚持全面依法治国》,中央文献出版社2020年版,第21—22页。
⑥ 参见杨正万:《论被害人诉讼地位的理论基础》,载《中国法学》2002年第4期。

现了维持社会存续所需的秩序的目的,社会的正义就变成司法活动的终级的价值准则。① 司法的价值就是通过司法活动实现司法公正。整个司法的发展史就是人类社会不断追求公平、实现正义的历史。② 从司法公正的实现条件来讲,公正司法首先必须以法官的独立审判为基础。马克思认为,"法官除了法律就没有别的上司,……独立的法官既不属于我,也不属于政府"③。在资本主义国家出现之前,司法权是不独立的,司法权与王权或神权混为一体,但司法权一旦独立,就极大地促进社会的进步。权力分立是现代政治文明的一种标志,而司法在现代政治文明中具有结构性意义。④ 司法权的真正独立造就了法院的权威,也促进政治文明的发展。其次,公正司法必须以良法为前提。马克思说:"如果认为在立法者偏私的情况下可以有公正的法官,那简直是愚蠢而不切实际的幻想! 既然法律是自私自利的,那么大公无私的判决还能有什么意义呢? 法官只能丝毫不苟地表达法律的自私自利,只能够无条件地执行它。"⑤因此,马克思追求司法公正,但他认为司法公正的前提是法律公正。没有良法就没有司法公正。最后,公正司法必须以程序正义为保障。一个司法过程采用什么样的程序极大地影响着人们对公正的看法。英美法社会学著作经常引用的十分著名的研究表明,"人们对程序权的控制越大,对这一程序所引导的结果的接受程度就越高"。⑥

公正司法是中国特色社会主义司法活动的价值追求和价值目标。我国1954年宪法确立一府两院的宪法体制,同时,宪法第七十八条规定人民法院独立进行审判,只服从法律。第八十一条规定中华人民共和国最高人民

---

① 参见张一平:《司法正义论》,法律出版社1999年版,第53页。
② 参见张一平:《司法正义论》,法律出版社1999年版,"导言"第2页。
③ 《马克思恩格斯全集》第1卷,人民出版社1956年版,第76页。
④ 参见程竹汝等:《价值、制度、角色——系统论视野中的现代司法结构形态》,载《学习与探索》2002年第1期。
⑤ 《马克思恩格斯全集》第1卷,人民出版社1956年版,第178页。
⑥ 参见宋冰:《程序、正义与现代化——外国法学家在华演讲录》,中国政法大学出版社1998年版,第17页。

检察院行使检察权。第八十三条规定地方各级人民检察院独立行使职权，不受地方国家机关的干涉。我国第一次在宪法层面确立司法体制以及法官独立审判、检察院独立检察的司法原则。1982年宪法规定，最高人民法院是最高审判机关，人民法院依照法律规定独立行使审判权，不受行政机关、社会团体和个人的干涉。中华人民共和国人民检察院是国家的法律监督机关，人民检察院依照法律规定独立行使检察权，不受行政机关、社会团体和个人的干涉。在宪法层面恢复了我国的司法体制与司法原则。1997年，中共十五大报告提出，在现行司法体制基础之上推进司法改革，从制度上保证司法机关依法独立公正地行使审判权和检察权，建立冤案、错案责任追究制度。2002年，中共十六大报告明确指出社会主义司法制度必须保障在全社会实现公平和正义。2007年，中共十七大报告指出要深化司法体制改革，优化司法职权配置，规范司法行为，建设公正高效权威的社会主义司法制度，保证审判机关、检察机关依法独立公正地行使审判权、检察权。加强政法队伍建设，做到严格、公正、文明执法。2012年，中共十八大报告提出法治是治国理政的基本方式，必须推进科学立法、严格执法、公正司法和全民守法。全面推进依法治国，必须坚持公正司法。公正司法是维护社会公平正义的最后一道防线。

公正司法论的主要内容有六个方面：第一，司法公正的内涵。"所谓公正司法，就是受到侵害的权利一定会得到保护和救济，违法犯罪活动一定要受到制裁和惩罚。如果人民群众通过司法程序不能保护自己的合法权利，那司法就没有公信力，人民群众也不会相信司法。"①司法公正就是要依法保护人民群众合法权益，依法打击违法犯罪活动。第二，司法公正是法治的生命线。司法公正对社会公正具有重要引领作用，司法不公对社会公正具有致命破坏作用。"一次不公正的审判，其恶果甚至超过十次犯罪。因为

---

　　①　中共中央文献研究室编：《习近平关于全面依法治国论述摘编》，中央文献出版社2015年版，第67页。

犯罪虽是无视法律——好比污染了水流,而不公正的审判则毁坏法律——好比污染了水源。"①第三,努力让人民群众在每一个司法案件中感受到公平正义。司法是维护社会公平正义的最后一道防线,"我们要依法公正对待人民群众的诉求,努力让人民群众在每一个司法案件中都能感受到公平正义,决不能让不公正的审判伤害人民群众感情、损害人民群众权益"②。第四,努力提高司法公信力。司法的公信力来自两个方面,"一是公正不公正,二是廉洁不廉洁"③。阳光是最好的防腐剂,司法越公开,就越有权威和公信力。就个案价值而言,司法人员要懂得一个道理:"人民群众每一次求告无门、每一次经历冤假错案,损害的都不仅仅是他们的合法权益,更是法律的尊严和权威,是他们对社会公平正义的信心。要懂得'100-1=0'的道理,一个错案的负面影响足以摧毁九十九个公正裁判积累起来的良好形象。"④第五,实现司法公正需要解决司法体制和司法能力背后的深层次问题。具体而言,又包括以下四个方面:一是确保司法机关依法独立行使审判权、检察权,推进以审判为中心的诉讼制度改革;二是健全司法权力运行机制,解决"审者不判,判者不审"的突出问题;三是改善司法运行的社会环境,"坚决破除各种潜规则,杜绝法外开恩,改变找门路托关系就能通吃、不找门路托关系就寸步难行的现象"⑤;四是建立符合职业特点的司法人员管理体系,这是司法改革"必须牵住的'牛鼻子'。司法活动具有特殊的性质和规律,司法权是对案件事实和法律的判断权和裁决权,要求司法人员具有相应的实践经历和社会阅历,具有良好的法律专业素养和司法职业操

---

① ［英］培根:《论司法》,载《培根论说文集》,水天同译,商务印书馆 1983 年版,第 193 页。

② 《习近平谈治国理政》第一卷,外文出版社 2018 年版,第 141 页。

③ 中共中央文献研究室编:《十八大以来重要文献选编》(上),中央文献出版社 2014 年版,第 718 页。

④ 中共中央文献研究室编:《习近平关于全面依法治国论述摘编》,中央文献出版社 2015 年版,第 96 页。

⑤ 习近平:《论坚持全面依法治国》,中央文献出版社 2020 年版,第 51 页。

守"①。长期以来,"把司法人员定位于公务员,实行与公务员基本相同的管理模式,带来不少弊端"②,已经不适合司法公正的要求,必须建立符合司法职业特点的司法人员管理制度。第六,建设中国特色社会主义司法制度。"一个国家实行什么样的司法制度,归根到底是由这个国家的国情决定的。评价一个国家的司法制度,关键看是否符合国情、能否解决本国实际问题。"③中国的司法制度是以公正为价值取向的,符合中国的国情,要继续加快建设公正高效权威的社会主义司法制度。

9.权力制约论

法治的核心是限制和约束权力,特别是约束行政权力。亚里士多德作为法治论的创立者,他坚信没有约束的权力必然会导致腐败,而解决的方法就是"必须制定各种法律尽力防止任何人拥有过多过大的权力"④。亚里士多德主张通过法律限制划定权力边界。孟德斯鸠认为:"政治自由只在宽和的政府里存在。不过它并不是经常存在于政治宽和的国家里;它只在那样的国家的权力不被滥用的时候才存在。但是,一切有权力的人都容易滥用权力,这是万古不易的一条经验,有权力的人们使用权力一直到遇到有界限的地方才休止。"⑤"从事物的性质上说,要防止权力滥用,就必须以权力制约权力。"⑥的确,权力具有可被滥用的本质,因为权力就是一种对利益的支配能力、控制能力和分配能力。马克思恩格斯站在无产阶级的立场上,从批判资本主义国家的权力入手,得出了"权力恶的结论"⑦。马克思认为,为了自由的利益十分需要分权和权力的互相监督、立法权对行政权的干预就

①　习近平:《论坚持全面依法治国》,中央文献出版社 2020 年版,第 61 页。
②　习近平:《论坚持全面依法治国》,中央文献出版社 2020 年版,第 61 页。
③　习近平:《论坚持全面依法治国》,中央文献出版社 2020 年版,第 59 页。
④　[希腊]亚里士多德:《政治学》,颜一、秦典华译,中国人民大学出版社 1999 年版,第 189 页。
⑤　[法]孟德斯鸠:《论法的精神》,张雁深译,商务印书馆 1961 年版,第 154 页。
⑥　[英]洛克:《政府论》(下),叶启芳等译,商务印书馆 1964 年版,第 96 页。
⑦　参见周永坤:《规范权力——权力的法理研究》,法律出版社 2006 年版,第 104 页。

是一项"立宪原则"①，分权思想具有历史进步性，无产阶级在建立无产阶级专政以后，必须要采取办法限制和约束自身的权力。列宁在苏俄建立检察机关，将其作为新型的法律监督机构，也是出于这样的考虑。

毛泽东主张对权力进行制约，制约手段主要就是民主集中制。毛泽东指出："不可以没有民主，也不可以没有集中。"②对中国共产党来说，"党委制是保证集体领导、防止个人包办的党的重要制度"③。邓小平主张对权力进行制约，主张制约的手段是通过运用法律进行制约。邓小平深刻批判了权力集中的弊端，他说："权力过分集中，越来越不能适应社会主义事业的发展。对这个问题长期没有足够的认识，成为发生'文化大革命'的一个重要原因，使我们付出了沉重的代价。现在再也不能不解决了。"④邓小平强调："关于不允许权力过分集中的原则，也将在宪法上表现出来。"⑤1982年宪法充分体现了邓小平提出的这一原则。中共十三大直面我国现实生活中存在的权力过分集中的现象，认为我国行政、经济、文化组织和群众团体的权力过分集中于党委领导机关、基层的权力过分集中于上级领导机关。克服这一弊端的有效途径是下放权力。中共十四大提出强化法律监督机关和行政监察机关的职能，重视传播媒介的舆论监督，逐步完善监督机制，使各级国家机关及其工作人员置于有效的监督之下。加强执法监督，坚决纠正以言代法、以罚代刑等现象。中共十五大强调指出，我们的权力是人民赋予的，一切干部都是人民的公仆，必须受到人民和法律的监督。要深化改革，完善监督法制，建立健全依法行使权力的制约机制。加强对各级干部特别是领导干部的监督，防止滥用权力。中共十六大提出加强对权力的制约和监督。建立结构合理、配置科学、程序严密、制约有效的权力运行机制，从决

---

① 《马克思恩格斯选集》第 1 卷，人民出版社 1995 年版，第 314 页。
② 《毛泽东著作选读》（下），人民出版社 1986 年版，第 762 页。
③ 《毛泽东选集》第四卷，人民出版社 1991 年版，第 1340 页。
④ 《邓小平文选》第二卷，人民出版社 1994 年版，第 329 页。
⑤ 《邓小平文选》第二卷，人民出版社 1994 年版，第 339 页。

策和执行等环节加强对权力的监督,保证把人民赋予的权力真正用来为人民谋利益。建立和完善巡视制度。中共十七大提出完善制约和监督机制,保证人民赋予的权力始终用来为人民谋利益。确保权力正确行使,必须让权力在阳光下运行。要坚持用制度管权、管事、管人,建立健全决策权、执行权、监督权既相互制约又相互协调的权力结构和运行机制。中共十八大提出健全权力运行制约和监督体系。坚持用制度管权管事管人,要确保决策权、执行权、监督权既相互制约又相互协调,确保国家机关按照法定权限和程序行使权力。健全质询、问责、经济责任审计、引咎辞职、罢免等制度,加强党内监督、民主监督、法律监督、舆论监督。

依法治国的核心就是依法治权、依法治官。"纵观人类政治文明史,权力是一把双刃剑,在法治轨道上行使可以造福人民,在法律之外行使必然祸害国家和人民。"①在中国,"任何人都没有法律之外的绝对权力,任何人行使权力都必须为人民服务、对人民负责并自觉接受人民监督"②。权力本质上具有扩张性和支配性,"权力不论大小,只要不受制约和监督,都可能被滥用"③,"如果法治的堤坝被冲破了,权力的滥用就会像洪水一样成灾"④。建设社会主义法治国家必须要科学配置权力,在法治的轨道上构建完善的权力制约机制,建立健全的权力制约和监督体系,"做到有权必有责、用权受监督、违法必追究"⑤。

权力制约论的主要内容有四个方面:第一,树立正确的权力观。在党和国家干部队伍中,"在权力观上,有的领导干部头脑中存在着十分错误的观

---

① 中共中央文献研究室编:《习近平关于全面依法治国论述摘编》,中央文献出版社2015年版,第37—38页。

② 中共中央文献研究室编:《十八大以来重要文献选编》(上),中央文献出版社2014年版,第136页。

③ 中共中央文献研究室编:《习近平关于全面依法治国论述摘编》,中央文献出版社2015年版,第59页。

④ 中共中央文献研究室编:《习近平关于全面依法治国论述摘编》,中央文献出版社2015年版,第128页。

⑤ 习近平:《论坚持全面依法治国》,中央文献出版社2020年版,第22页。

念。有的认为权力是靠个人奋斗得来的,是辛辛苦苦几十年熬出来的;有的认为权力是千方百计拉关系、找靠山弄来的;有的则更直白,认为权力是花钱买来的,过期作废,不用白不用。"①在这样的权力观支配下,权力必然会被滥用。须知"各级党政组织、各级领导干部手中的权力是党和人民赋予的,是上下左右有界受控的,不是可以为所欲为、随心所欲的"。"如果领导干部仍然习惯于人治思维、迷恋于以权代法,那十个有十个要栽大跟头。"②第二,依法治权,把权力关进制度的笼子里。"把权力关进制度的笼子里,就是要依法设定权力、规范权力、制约权力、监督权力。"③各级领导干部"要牢记职权法定,明白权力来自哪里、界线划在哪里,做到法定职责必须为、法无授权不可为","法律是行使权力的依据,只有把这个依据掌握住了,才能正确开展工作。如果一味跟着感觉走,难免偏离法治轨道"④。第三,建立健全科学的权力运行机制体系。建立结构合理、配置科学、程序严密、制约有效的权力运行机制,"坚持权责法定,健全分事行权、分岗设权、分级授权、定期轮岗制度"⑤。从决策和执行等环节加强对权力的监督,保证把人民赋予的权力真正用来为人民谋利益。对行政机关而言,要强化政务公开,"推行地方各级政府及其工作部门权力清单制度,依法公开权力运行流程,让权力在阳光下运行,让广大干部群众在公开中监督,保证权力正确行使"⑥。第四,建立健全科学的权力监督机制体系。把党内监督、法律监督、

---

① 中共中央文献研究室编:《习近平关于全面依法治国论述摘编》,中央文献出版社2015年版,第127页。

② 中共中央文献研究室编:《习近平关于全面依法治国论述摘编》,中央文献出版社2015年版,第128、125页。

③ 中共中央文献研究室编:《习近平关于全面依法治国论述摘编》,中央文献出版社2015年版,第127—128页。

④ 中共中央文献研究室编:《习近平关于全面依法治国论述摘编》,中央文献出版社2015年版,第125、123—124页。

⑤ 《中共中央关于坚持和完善中国特色社会主义制度 推进国家治理体系和治理能力现代化若干重大问题的决定》,人民出版社2019年版,第41页。

⑥ 中共中央文献研究室编:《习近平关于全面依法治国论述摘编》,中央文献出版社2015年版,第60页。

群众监督结合起来,发挥舆论监督的作用,要"着力改进对领导干部特别是一把手行使权力的监督,加强领导班子内部监督,加强行政监察、审计监督、巡视监督。纪委派驻监督要对党和国家机关全覆盖,巡视监督要对地方、部门、企事业单位全覆盖"①。依法建立健全质询、问责、引咎辞职、罢免等制度,坚持用制度管权管事管人。

10. 法治经济论

当代中国的经济体制改革历经由社会主义计划经济体制向有计划的社会主义商品经济再到社会主义市场经济体制的转变。高度集权的计划经济体制对法治没有内在需求,而社会主义商品经济或社会主义市场经济的理论和实践,却在不断地呼唤法治的出场。有计划的社会主义商品经济的实践也证明了这一点。1981 年的《中华人民共和国经济合同法》、1982 年的《中华人民共和国民事诉讼法》(试行)、1985 年的《中华人民共和国涉外经济合同法》、1986 年的《中华人民共和国民法通则》等一系列重要法律的出台与社会主义商品经济的推动具有直接的关系。1992 年,中共十四大在明确地提出建立社会主义市场经济体制目标的同时,主张必须有完备的法制来规范和保障社会主义市场经济体制的建立和完善。1993 年,乔石将市场经济和立法结合起来,在八届全国人大常委会第二次会议上发表《努力建立社会主义市场经济法律体系》的讲话。此时,认真地对待并加快市场经济立法已成为当代中国经济发展和法律发展的共同课题。不到五年,市场经济呼唤法治的预言在中国被证实。

1997 年,中共十五大宣布并确立"依法治国,建设社会主义法治国家"的宏伟目标,明确提出到 2010 年形成中国特色社会主义法律体系。自此,市场经济与法治相结合,法治推动市场经济,市场经济推动法治,二者之间的双向内在需求使得法治经济成为社会主义市场经济建设和社会主义法治

---

① 中共中央文献研究室编:《习近平关于全面依法治国论述摘编》,中央文献出版社 2015 年版,第 59—60 页。

建设的共同主题。中共十六大报告提出我国当前的经济建设和改革的主要任务是完善社会主义市场经济体制,推动经济结构战略性调整。要着力整顿和规范市场经济秩序,健全现代市场经济的社会信用体系,打破行业垄断和地区封锁,促进商品和生产要素在全国市场自由流动。进一步完善政府的经济调节、市场监管、社会管理和公共服务的职能,减少和规范行政审批。中共十七大报告提出完善基本经济制度,加快形成统一开放竞争有序的现代市场体系,发展各类生产要素市场,健全社会信用体系。中共十八大报告提出加快完善社会主义市场经济体制和加快转变经济发展方式。深化改革是加快转变经济发展方式的关键。经济体制改革的核心问题是处理好政府和市场的关系,必须更加尊重市场规律,更好发挥政府作用。

法治经济论的内容非常丰富,主要有以下七个方面:第一,社会主义市场经济是信用经济、法治经济。市场经济体制改革的核心是要理顺政府与市场的关系,使市场在资源配置中起决定性作用。第二,社会主义市场经济建设必须以保护产权、维护契约、统一市场、平等交换、公平竞争、有效监管为基本导向,完善社会主义市场经济法律制度。第三,健全以公平为核心原则的产权保护制度,加强对各种所有制经济组织和自然人财产权的平等保护,清理有违公平的法律法规条款。第四,加强市场法律制度建设,制定和完善发展规划、投资管理、土地管理、能源和矿产资源、农业、财政税收、金融等方面法律法规,促进商品和要素自由流动、公平交易、平等使用。第五,依法加强和改善宏观调控、市场监管,反对垄断,促进合理竞争,维护公平竞争的市场秩序。第六,要依法调控和治理经济,依法打击各种危害社会主义市场经济的刑事犯罪活动。"社会主义市场经济本质上是法治经济,经济秩序混乱多源于有法不依、违法不究,因此必须坚持法治思维、增强法治观念"①,提高党领导经济工作的法治化水平,在法治轨道上推进社会主义市场经济建设。第七,打造市场化、法治化、国际化、便利化的"四化"营商环境。"依法平等保护国有、

---

① 习近平:《论坚持全面依法治国》,中央文献出版社 2020 年版,第 129 页。

民营、外资等各种所有制企业产权和自主经营权,完善各类市场主体公平竞争的法治环境。"①实施好民法典和外商投资法,培育市场主体的法治意识、契约精神和守法观念,放宽市场准入,推动贸易和投资便利化。

11. 法治文化论

与治国基本方略相一致,文化与人治交汇后会形成人治文化,文化与法治交汇后会形成法治文化。② 当代中国的法律文化也经历了从人治文化向法治文化的转变。

新中国成立后,在中外各种文化思潮中的借鉴与比较中探索中国文化的发展方向,成为中国共产党作为执政党的一个重要任务。但由于受社会历史条件等主客观因素的影响,中国的文化发展一度走向了法治文化的反面。改革开放以后,以邓小平同志为核心的党的第二代中央领导集体将法律与文化结合起来进行思考,一方面回应当时中国的制度化诉求,高度重视法律的作用;另一方面回应当时的文化反思诉求,批判传统的人治文化。在这种双重反思中,中国的法律文化开始向法制文化的方向发展,健全社会主义法制成为当时社会主流的法律意识。

如同法治不同于法制一样,法治意识也不同于法制意识。"建立一种新文化——法治文化,已经刻不容缓"③。经过近二十年的探索,法治取代法制,法治观念开始在中国共产党党内逐渐形成。2011 年 3 月,中共中央宣传部、司法部制定了《关于在公民中开展法制宣传教育的第六个五年规划(2011—2015 年)》。同年 7 月,中共中央、国务院转发了该规划。该规划第一次正式提出了促进社会主义法治文化建设的目标和任务。建设社会主义法治文化由此被视为当代中国法治建设中必须要解决的一个重要问

---

① 习近平:《论坚持全面依法治国》,中央文献出版社 2020 年版,第 29 页。

② 文化是"人类在长期历史实践中所创造的精神现象的总和"。如果我们把人们在法律实践中对法律的看法予以归纳的话,人们对法的看法和观点也是一种文化。法律文化正是在这个意义上被提出来的。参见张文显:《法理学》,高等教育出版社、北京大学出版社 2007年版,第 378 页。

③ 程燎原:《从法制到法治》,法律出版社 1999 年版,第 126 页。

题。2011 年 10 月,中共十七届六中全会审议通过了《中共中央关于深化文化体制改革、推动社会主义文化大发展大繁荣若干重大问题的决定》,该决定首次将"文化命题"作为中央全会的议题,并提出了社会主义文化强国的宏伟目标,而法治文化则是"跟文化是一体的,跟先进文化、跟文化强国战略是一体的"①。这样,法治与文化被紧密结合起来而成为一种新文化的代名词,法治文化变成了社会主义文化建设和当代中国法治建设的共同主题,建设法治文化成为中国共产党的文化建设新主张。"法律的权威源自人民的内心拥护和真诚信仰"②,必须弘扬社会主义法治精神,建设社会主义法治文化。

法治文化论的主要内容有六个方面:第一,法治文化的核心要义是坚持尊重和维护宪法法律权威、宪法法律至上、法律面前人人平等、权利与义务相统一的法治理念。第二,法治文化建设的目的是在全社会形成人民群众内心拥护法律、真正信仰法律、守法光荣、违法可耻的社会文化氛围。这需要以道德滋养法治精神,因为"没有道德滋养,法治文化就缺乏源头活水"③,守法光荣、违法可耻的社会文化氛围不可能真正形成。第三,法治文化建设的路径就是坚持推进全民守法。坚持把全民普法和全民守法作为依法治国的长期基础性工作,深入开展法治宣传教育,引导全民自觉守法、遇事找法、解决问题靠法。坚持法治教育从娃娃抓起,"由易到难、循序渐进不断增强青少年的规则意识"④。第四,法治文化建设的要求就是信仰法治,"要坚决改变'违法成本低、守法成本高'的现象"⑤,引领全体人民遵守法律,形成有问题依靠法律来解决的观念,最终让法治成为人们的一种生活方式。第五,中国法治文化建设的特点是积极培育和践行以富强、民主、文

① 马怀德:《文化强国离不开法治文化》,载《人民法院报》2011 年 10 月 28 日。
② 《中国共产党第十八届中央委员会第四次全体会议文件汇编》,人民出版社 2014 年版,第 48 页。
③ 习近平:《论坚持全面依法治国》,中央文献出版社 2020 年版,第 110 页。
④ 《习近平谈治国理政》第二卷,外文出版社 2017 年版,第 122 页。
⑤ 习近平:《论坚持全面依法治国》,中央文献出版社 2020 年版,第 24 页。

明、和谐,自由、平等、公正、法治,爱国、敬业、诚信、友善为内容的社会主义核心价值观,发挥社会主义法治价值观在社会主义核心价值观中的规范保障作用。第六,法治文化建设的重点是抓住领导干部这个关键少数。"领导干部尊不尊法、学不学法、守不守法、用不用法,人民群众看在眼里、记在心上,并且会在自己的行动中效法。"①如果"领导干部装腔作势、装模作样,当面是人、背后是鬼,老百姓就不可能信你那一套"②。你自己"都不遵守法律,怎么叫群众遵守法律? 上行下效嘛!"③因此,各级领导干部务必要带头依法办事,带头遵守法律,在法治文化建设中发挥带头示范作用,以换取老百姓对法治的信心和信赖。

12. 民生法治论

新中国成立后,中国共产党作为执政党一直高度重视民生问题。改革开放以后,中国走上了以促进经济发展为中心的法律发展模式,民生法治建设也在这种模式的进展之中被提及,立法注重考虑老百姓的民生需求。彭真曾说过,立法机关在"立法时脑子里要有农民、工人,要有十亿人民,要面向他们,为了他们"④。2007 年是民生法治的转折之年,中共十七大将民生问题视为和谐社会的重要内容予以明确提出。中共十七大报告提出:"必须在经济发展的基础上,更加注重社会建设,着力保障和改善民生,推进社会体制改革,扩大公共服务,完善社会管理,促进社会公平正义,努力使全体人民学有所教、劳有所得、病有所医、老有所养、住有所居,推动建设和谐社会。"⑤由此,社会体制改革和社会建设被明确提出。法治因为被同时视为和谐社会的首要特征而与民生问题迅速开始交汇。

---

① 中共中央文献研究室编:《习近平关于全面依法治国论述摘编》,中央文献出版社 2015 年版,第 125 页。

② 中共中央文献研究室编:《习近平关于全面依法治国论述摘编》,中央文献出版社 2015 年版,第 125—126 页。

③ 习近平:《论坚持全面依法治国》,中央文献出版社 2020 年版,第 25 页。

④ 彭真:《论新中国的政法工作》,中央文献出版社 1992 年版,第 268 页。

⑤ 《中国共产党第十七次全国代表大会文件汇编》,人民出版社 2007 年版,第 36 页。

从 2007 年开始,民生法治论逐渐成为中国特色社会主义法治理论的重要内容,这明显地体现在当代中国法治建设主题的变化方面,即由重视法治经济逐渐转向法治经济和民生法治并重:第一,民生问题成为当代中国立法的主题词。中国的立法重心开始由经济立法逐渐转向经济立法与民生立法并重。伴随着这种立法重心的转变,十届全国人大五次会议通过《中华人民共和国物权法》、十届全国人大常委会第二十八次会议、第二十九次会议、第三十一次会议先后通过了《中华人民共和国劳动合同法》《中华人民共和国就业促进法》《中华人民共和国劳动争议调解仲裁法》,十一届全国人大常委会第十七次会议通过了《中华人民共和国社会保险法》等一批重要的民生法律。从行政法规的发展角度来看,国务院也开始清理、修改与民生有关的行政法规,用《国有土地上房屋征收与补偿条例》取代《城市房屋拆迁管理条例》就是一个例证。第二,民生法治为最高人民法院和最高人民检察院所重视。最高人民法院印发的《人民法院第三个五年改革纲要(2009—2013)》的通知中明确提出要妥善解决司法工作中涉及民生的热点问题。最高人民检察院要求检察系统将"始终注重保障和改善民生作为检察工作必须做到的'五个始终'之一"①。

民生法治论的主要内容有四个方面:第一,坚持法治建设为了人民、依靠人民、造福人民、保护人民,以保障人民根本权益为出发点和落脚点。"把体现人民利益、反映人民愿望、维护人民权益、增进人民福祉落实到依法治国全过程,使法律及其实施充分体现人民意志"②,"把以人民为中心的发展思想体现在经济社会发展各个环节"③。第二,全面依法治国,必须紧紧围绕着保障和促进社会公平正义来进行。要逐步建立以权利公平、机会公平、规则公平为主要内容的社会公平保障体系,努力营造公平的社会环境,保证人民平等参与、平等发展权利。要努力让人民群众有更多的法治获

---

① 付子堂、石伟:《民生法治论》,载《中国法学》2009 年第 6 期。
② 《习近平谈治国理政》第二卷,外文出版社 2017 年版,第 115 页。
③ 《习近平谈治国理政》第二卷,外文出版社 2017 年版,第 103 页。

得感、幸福感和安全感。第三,坚持司法为民原则,改进司法作风,推进对困难群众的法律援助工作。"要依法公正对待人民群众的诉求,努力让人民群众在每一个司法案件中都能感受到公平正义,决不能让不公正的审判伤害人民群众感情、损害人民群众权益。"①"通过热情服务,切实解决好老百姓打官司难问题。特别是要加大对困难群众维护合法权益的法律援助,加紧解决有些地方没有律师和欠发达地区律师资源不足问题。"②第四,坚持共享理念,集中力量提高弱势群体的生活水平,使全体人民共享改革发展成果,逐步实现共同富裕。"稳定实现农村贫困人口不愁吃,不愁穿,农村贫困人口义务教育、基本医疗、住房安全有保障"③,完善社会保障等相关法律法规。

13. 法治与改革关系论

中共十一届三中全会以后,中国走上了改革开放之路。"改革"和"开放"一起成为时代的主题。邓小平作为中国改革开放的总设计师,率先倡导改革,主张要解放生产力,"要多方面地改变生产关系,改变上层建筑,改变工农业企业的管理方式和国家对工农业企业的管理方式,使之适应于现代化大经济的需要"④。在邓小平的改革思想指导下,1986年,中共十二届六中全会首次提出以经济建设为中心,坚定不移地进行经济体制改革、坚定不移地进行政治体制改革、坚定不移地加强精神文明建设的"三位一体"总体布局。"三位一体"总体布局的提法一直延续了20年。这20年,就是中国经济体制改革,政治体制改革和精神文明建设的20年。当然,社会主义法制建设以及进行的社会主义法制改革是被当作政治体制改革的重要内容被提出来的。2006年,中共十六届六中全会提出构建社会主义和谐社会的重大任务,增加了社会建设,强调民生法治,总体布局由"三位一体"扩展为

---

① 中共中央文献研究室编:《十八大以来重要文献选编》(上),中央文献出版社2014年版,第91页。

② 习近平:《论坚持全面依法治国》,中央文献出版社2020年版,第23页。

③ 《习近平谈治国理政》第二卷,外文出版社2017年版,第84页。

④ 《邓小平文选》第二卷,人民出版社1994年版,第135—136页。

"四位一体"。2012 年,中共十八大提出生态文明建设的新目标,总体布局由"四位一体"扩展为"五位一体"。

中国的改革是一种体制改革,既涉及生产关系也涉及上层建筑。改革是对以往经济和政治法律制度的突破,必然涉及法律问题。比如,1988 年以前,深圳等经济特区突破 1982 年宪法关于土地不得买卖、出租的规定,决定将土地使用权出租。一些地方开始出现私营企业,这也与宪法的规定相抵触。1982 年宪法第十五条规定我国实行计划经济,但实践中,一些地方已经开始实行商品经济。有学者对此现象进行了解释,认为这些事件是"表面上看似违宪、但实际上却符合历史发展趋势的事件"[1],是一种有利于社会生产力的发展,有利于维护国家和民族的根本利益,有利于社会的"良性违宪"[2]。也有学者不同意良性违宪的观点,认为"一切违宪行为都危害人民根本的、长远的和全局的利益,都是对法治的严重破坏,严格地说,都是恶性的"[3]。"对于改革中出现的新问题,可以经过法定程序以宪法修正案的形式解决,不可期望法外解决。"[4]良性违宪论者和反良性违宪论者都是尝试如何解决改革与法治的冲突问题。这个问题也成为中国改革开放和社会主义法治国家建设不能回避的问题。

法治与改革关系论的主要内容有四个方面:第一,改革与法治是全面推进依法治国的两个轮子。"改革与法治相辅相成,相伴而生。我国历史上的历次变法,都是改革和法治紧密结合,变旧法、立新法"[5]。我们要在法治下推进改革,在改革中完善法治。第二,实现立法和改革决策相衔接,做到重大改革于法有据、立法主动适应改革和经济社会发展需要。"改革和法

---

① 郝铁川:《论良性违宪》,载《法学研究》1996 年第 4 期。

② 郝铁川:《论良性违宪》,载《法学研究》1996 年第 4 期。

③ 童之伟:《"良性违宪"不宜肯定——对郝铁川同志有关主张的不同看法》,载《法学研究》1996 年第 6 期。

④ 张少瑜:《宪法学研究述评》,载《法学研究》1995 年第 1 期。

⑤ 中共中央文献研究室编:《习近平关于全面依法治国论述摘编》,中央文献出版社 2015 年版,第 51—52 页。

治同步推进,增强改革的穿透力"①。第三,实践证明行之有效的,要及时上升为法律。实践条件还不成熟、需要先行先试的,要按照法定程序作出授权,在程序上做好授权工作。第四,科学立法是处理好改革和法治关系的重要环节,对不适应改革要求的法律法规,要及时修改和废止。"不能让一些过时的法律条款成为改革的'绊马索'"②,要加强法律的解释工作,及时明确法律规定含义和适用法律依据。

(四)中国特色社会主义法治理论的特征

中国特色社会主义法治理论与中国特色社会主义法治道路、中国特色社会主义法治体系相伴相生,是在中国特色社会主义法治道路的探索过程中,特别是在中国特色社会主义法治体系的建构过程中形成的,具有鲜明的时代特色、实践特色和民族特色。

1. 鲜明的时代特色

中国特色社会主义法治理论是改革开放时代的产物。马克思说过:"问题是时代的格言,是表现时代自己状态的最实际的呼声。"③"正确地认识和把握世界发展态势和基本走向,从时代的高度对世界形势及其发展趋势作出理论上的概括,形成指导性的思想认识,为战略目标的选择及方针政策的制定提供实情依据,这是马克思主义政党的一个显著特点。"④中国共产党作为马克思主义政党具有这个能力和特点。20 世纪 40 年代,毛泽东分析当时的世界态势后指出:"现在的世界,是处在革命和战争的新时代,是资本主义决然死灭和社会主义决然兴盛的时代。"⑤中国

---

① 中共中央文献研究室编:《习近平关于全面依法治国论述摘编》,中央文献出版社 2015 年版,第 52 页。

② 中共中央文献研究室编:《习近平关于全面依法治国论述摘编》,中央文献出版社 2015 年版,第 52—53 页。

③ 《马克思恩格斯全集》第 1 卷,人民出版社 1995 年版,第 203 页。

④ 秦刚:《中国特色社会主义理论体系研究》,中共中央党校出版社 2014 年版,第 13 页。

⑤ 《毛泽东选集》第二卷,人民出版社 1991 年版,第 680 页。

在革命胜利以后，向何处去？毛泽东指出，中国只能建立新民主主义共和国。"文化大革命"结束以后，邓小平审时度势，深刻指出："现在世界上真正大的问题，带全球性的战略问题，一个是和平问题，一个是经济问题或者说发展问题。和平问题是东西问题，发展问题是南北问题。概括起来，就是东西南北四个字。南北问题是核心问题。"①从中共十三大开始，和平与发展便成为中国共产党对当今世界发展态势的基本判断。邓小平说现代世界发展突飞猛进，"我们要赶上时代"②。和平与发展的时代背景要求中国对内加快现代化建设，启动中国社会的改革进程，加快法治国家建设进程；对外实行开放，融入经济全球化和法律全球化的世界进程之中。

法治是人类的文明成果，是现代政府治理国家的基本方略，是"社会文明进步的重要标志"③，是一个现代化国家文明进步的标志。中国作为社会主义国家必须顺应时代发展，融入法律全球化潮流之中，依法治国，建设社会主义法治国家。中共十五大正式将"依法治国，建设社会主义法治国家"写进大会的政治报告。法治实践呼唤法治理论，依法治国理论开始生成。中共十六大以来，中国共产党始终做到，"正确判断时代特征，准确把握发展趋势，科学制定目标任务"④，倡导树立社会主义法治理念，进一步促成中国特色社会主义法治理论的发展。"只有立足于时代去解决特定的时代问题，才能推动这个时代的社会进步；只有立足于时代去倾听这些特定的时代声音，才能吹响促进社会和谐的时代号角"⑤。"法治和人治问题是人类政治文明史上的一个基本问题，也是各国在实现现代化过程中必须面对和解决的一个重大问题。纵观世界近现代史，凡是顺利实现现代化的国家，没有一

---

① 《邓小平文选》第三卷，人民出版社1993年版，第105页。
② 《邓小平文选》第三卷，人民出版社1993年版，第242页。
③ 《江泽民文选》第二卷，人民出版社2006年版，第29页。
④ 中共中央文献研究室编：《十六大以来重要文献选编》（下），中央文献出版社2008年版，第521页。
⑤ 习近平：《之江新语》，浙江人民出版社2007年版，第235页。

个不是较好解决了法治和人治问题的。相反,一些国家虽然也一度实现快速发展,但并没有顺利迈进现代化的门槛,而是陷入这样或那样的'陷阱',出现经济社会发展停滞甚至倒退的局面。后一种情况很大程度上与法治不彰有关。"①正是抓住了法治的时代性、现代性特征,中国共产党领导人民不断推动马克思主义法律思想的时代化。

2. 鲜明的实践特色

(1)中国特色社会主义法治理论是中国共产党人在不断地总结社会主义法治建设实践经验教训的基础上形成的。中国特色社会主义是一项新事业,"马克思没有讲过,我们的前人没有做过,其他社会主义国家也没有干过,所以,没有现成的经验可学。我们只能在干中学,在实践中摸索"②,而摸索的"关键在于不断地总结经验"③。只有不断地总结经验,我们才能提高认识,形成能够指导中国社会主义建设实践的一种理论。中国特色社会主义初级阶段的理论,就是遵循这个规律而形成的。中国特色社会主义法治理论的产生和形成也体现了这个规律和特点。1979 年,邓小平在会见日本客人时说:"我们吃够了动乱的苦头。"④同年,叶剑英在接见新华社记者时也说,林彪、"四人帮"之所以能够横行于世,就是钻了新中国法制一直没有很好地健全起来的空子,"这一教训使我们懂得,一个国家非有法律和制度不可"⑤。1986 年,邓小平在中央政治局常委会的讲话中,再次强调了法制的重要性,他说,"我们国家缺少执法和守法的传统,从党的十一届三中全会以后就开始抓法制,没有法制不行"⑥。彭真总结中国社会主义法制的经验教训说:"发展社会主义民主,健全社会主义法制,反映了中华人民共

①　中共中央文献研究室编:《习近平关于全面依法治国论述摘编》,中央文献出版社 2015 年版,第 12 页。

②　《邓小平文选》第三卷,人民出版社 1993 年版,第 258—259 页。

③　《邓小平文选》第三卷,人民出版社 1993 年版,第 259 页。

④　《邓小平文选》第二卷,人民出版社 1994 年版,第 189 页。

⑤　《叶委员长接见新华社记者谈法制建设　人大常委会着手研究健全法制》,载《人民日报》1979 年 2 月 15 日。

⑥　《邓小平文选》第三卷,人民出版社 1993 年版,第 163 页。

和国历史发展的必然规律,符合各族人民的根本利益。什么时候我们按照这个规律去做,国家就能够安定团结,比较能够经得起各种风险,顺利地进行社会主义现代化建设;什么时候违背了这个规律,就要吃苦头。"①1992年,邓小平在南方谈话中又一次强调:"还是要靠法制,搞法制靠得住些。"②中共十三届四中全会以后,以江泽民同志为核心的党中央总结以往社会主义法制建设实践经验,高度重视法制建设。1997年1月,江泽民在会见中国法学会第四次会员代表大会代表时的讲话中指出:"'法令行则国治,法令弛则国乱。我看这是一个历史规律。从封建社会到资本主义社会到社会主义社会,都是如此。"③同年9月,中共十五大在北京召开,这次大会确立了依法治国的基本方略,确立了"依法治国,建设社会主义法治国家"的宏伟目标。中共十六大以来,以胡锦涛同志为总书记的党中央在法治国家建设方面取得了一系列成就。在总结法治建设经验的基础上,提出了"依法治国、执政为民、公平正义、服务大局和党的领导"为内容的社会主义法治理念,推动了中国特色社会主义法治理论的进一步发展。"中国特色社会主义是实践、理论、制度紧密结合的,既把成功的实践上升为理论,又以正确的理论指导新的实践,还把实践中已见成效的方针政策及时上升为党和国家的制度,由此形成了中国特色社会主义道路、理论体系、制度。"④

（2）中国特色社会主义法治理论正面回答了中国特色社会主义法治建设实践中的问题。1980年,邓小平在《党和国家领导制度的改革》讲话中,毫不回避党和国家的领导制度、干部制度方面的弊端。他说:"从党和国家的领导制度、干部制度方面来说,主要的弊端就是官僚主义现象,权力过分集中的现象,家长制现象,干部领导职务终身制现象和形形色色的特权现

---

① 彭真:《论新时期的社会主义民主与法制建设》,中央文献出版社1989年版,第293页。

② 《邓小平文选》第三卷,人民出版社1993年版,第379页。

③ 《江泽民在会见中国法学会会员代表大会代表时指出 依法治国是长治久安的重要保障》,载《人民日报》1997年1月22日。

④ 《习近平总书记系列重要讲话读本》,学习出版社、人民出版社2014年版,第11页。

象。"①为此,必须改革党和国家的领导制度。中共十三届四中全会以后,以江泽民同志为核心的党中央与时俱进,确立了依法治国的基本方略。中共十六大以来,以胡锦涛同志为总书记的党中央提出加强党的执政能力建设,将依法执政作为中国共产党领导人民依法治国的基本方式。中共十八大以来,以习近平同志为核心的党中央着力推进全面深化改革、全面建成小康社会、全面推进依法治国、全面从严治党的"四个全面"战略布局,"这'四个全面'是当前党和国家事业发展中必须解决好的主要矛盾"②。

3. 鲜明的民族特色

从马克思主义法律思想中国化的角度来看,中国特色社会主义法治理论是马克思主义法律思想民族化的产物,具有鲜明的民族特色。恩格斯曾经说过:"为了使社会主义变为科学,就必须首先把它置于现实的基础之上。"③列宁指出:"一切民族都将走向社会主义,这是不可避免的,但是一切民族的走法却不会完全一样,在民主的这种或那种形式上,在无产阶级专政的这种或那种形态上,在社会生活各方面的社会主义改造的速度上,每个民族都会有自己的特点。"④同理,在法治建设的这种或那种形式上,每个民族也都会有自己的特点。邓小平指出:"在革命成功后,各国必须根据自己的条件建设社会主义。固定的模式是没有的,也不可能有。"⑤建设中国特色社会主义,必须把马克思主义普遍真理同中国具体实际结合起来,走自己的路。建设中国特色社会主义法治国家也必须遵循这个基本规律,走自己的路。而所谓走自己的路,就是要根据本民族法治建设的具体实际,从自己的条件出发,形成体现民族风格,符合民族需要的中国式法治。

主张走中国式的法治道路彰显了中国特色社会主义法治理论的民族特

---

① 《邓小平文选》第二卷,人民出版社 1994 年版,第 327 页。
② 《习近平谈治国理政》第二卷,外文出版社 2017 年版,第 22 页。
③ 《马克思恩格斯选集》第 3 卷,人民出版社 2012 年版,第 789 页。
④ 《列宁全集》第 28 卷,人民出版社 1990 年版,第 163 页。
⑤ 《邓小平文选》第三卷,人民出版社 1993 年版,第 292 页。

色。法治是治理国家的基本方略。从现代性的角度来看，一切民族都要走向法治，走向现代化。但是，由于国情不同，一切民族的走法却不完全相同，不同民族国家之间的法治内容也不完全相同，在探寻自己民族的法治模式过程中，每个民族都会有自己的特点。正如有学者所言，"一国的法治道路总是由一国的政治经济制度和历史文化传统等因素决定的。我们不能设想，世界上一百多个国情千差万别的主权国家，只能走一条完全一样的法治道路"①。就中国式的法治道路而言，中国式的法治道路是自上而下展开的，是在中国共产党领导下进行的，党的领导是中国社会主义法治建设最根本的保证。因此，中国式法治离不开中国共产党的领导。当然，党的领导又是一种法治之内的领导，是依宪执政、依法执政。这与西方的法治道路不同。美国是多党竞选、三权鼎立的民主法治体制，中国不适合采用，中国如果照搬美国的"多党竞选、三权鼎立那一套，肯定是动乱局面"②。

主张依法治国和以德治国相结合的主张最能彰显中国特色社会主义法治理论的民族特色。中国具有悠久的以法治国与以德治国相结合的传统。春秋末年，面对着礼崩乐坏的社会局面，法家学派主张以法治国，儒家学派主张以德治国，当然，儒家并没有完全抛弃法律，在孔子看来，德是根本的，是主要的手段，是体，刑罚是用，是辅助的手段，这就是"德主刑辅"的思想。汉初董仲舒开辟了儒法合流的先河，主张"'阳为德，阴为刑'，主张治国要'大德而小刑'"③。此后，中国古代政治家在强调德治的同时，也肯定了法家的一些主张，只不过在这个模式中，法治受德治统摄，法律是道德治国的补充。"尽管古人对德法的地位和作用认识不尽相同，但绝大多数都主张德法并用。通观我国古代历史，法治和德治运用得当的时期，大多能出现较好的治理和发展局面"④。进入近代社会以来，一些学者又重新开始了治国

---

① 袁曙宏：《全面推进依法治国的奋斗宣言和行动纲领》，载《法制日报》2014 年 11 月 3 日。

② 《邓小平文选》第三卷，人民出版社 1993 年版，第 244 页。

③ 习近平：《论坚持全面依法治国》，中央文献出版社 2020 年版，第 178 页。

④ 习近平：《论坚持全面依法治国》，中央文献出版社 2020 年版，第 178 页。

方略的新探索,梁启超就曾大声疾呼,"法治主义是今日救时之唯一主义"①。新中国成立后,中国共产党作为执政党一直在探索治国理政之道。经过多年的实践探索,1997 年,中共十五大确立依法治国的基本方略。2001 年,江泽民在坚持法治方略的基础之上谈到了以德治国的问题,主张依法治国和以德治国相结合。中共十八大提出了在全面推进依法治国的过程中要遵循依法治国与以德治国相结合的原则,主张既重视发挥法律的规范作用,又重视发挥道德的教化作用,以法治体现道德理念、强化法律对道德建设的促进作用,以道德滋养法治精神、强化道德对法治文化的支撑作用。依法治国与以德治国相结合的主张深受中国古代"德主刑辅"思想的影响,但又超越"德主刑辅"思想,因为"德主刑辅"是人治思想,而依法治国与以德治国相结合,是建立在法治基本方略上的结合。依法治国与以德治国相结合的主张实现了对传统法学中的"德主刑辅"思想的超越,彰显了中国特色社会主义法治理论的民族特色。

---

① 梁启超:《中国法理学发达史论》,《饮冰室合集》,《饮冰室文集》十五,中华书局 1936 年版,第 93 页。

第 六 章

哲学革命与法学革命

一、法学革命的哲学革命突破是马克思主义法律思想形成的一个重要特征

（一）马克思的哲学革命与法学革命的互动

马克思主义法律思想的形成有一个发轫、发展和成熟的过程,如果把马克思主义法律思想形成过程看作一场法学革命的话,我们可以明显地发现:马克思主义的法学革命发生在马克思主义哲学革命进程之中,二者具有同向性,同时法学革命的完成得益于哲学革命的成功,法学革命的哲学革命突破是马克思主义法律思想形成的一个重要特征。

在马克思的法律思想形成之初,就存在着一个十分突出的特点,即哲学观点与政治、法的观点之发展相互影响、相互制约、相互作用。① 1835 年 10 月,马克思来到波恩大学法律系学习法律,后又于 1836 年 10 月到柏林大学继续攻读法学,探讨法的真理。然而,就在这个过程中,马克思卷进了一场自身思想领域的巨大风暴之中。"马克思越来越认识康德理想主义法学观

① 参见公丕祥:《马克思的法哲学革命》,浙江人民出版社 1987 年版,第 51 页。

的缺陷,越来越感到'要使某种法哲学体系贯穿整个法的领域',就必须寻找一种新的法学世界观。"①为此,马克思的学术热情从此由法学转向哲学②,对哲学的重视程度开始超过法学。马克思自己也说:"我学的专业本来是法律,但我只是把它排在哲学和历史之次当作辅助学科来研究。"③在马克思看来,"没有哲学就不能前进,就无法把握法的内在逻辑与底蕴"④。正是在这种认识的驱动下,马克思转向了自己昔日的敌人,投向黑格尔的怀抱,参加了青年黑格尔派的"博士俱乐部",转向黑格尔哲学,开始应用黑格尔的从"现有"出发的认识路线来解决应有与现有的冲突问题。受青年黑格尔派思想的影响,马克思撰写了自己的博士论文,即《德谟克利特自然哲学与伊壁鸠鲁的自然哲学的一般差别》。马克思的"'博士论文'就是一部'自由哲学的宣言'。在这里,马克思把自由这一法哲学领域中的重要问题上升到本体论、认识论的高度来加以论证"⑤。通过对伊壁鸠鲁自由哲学的研究,马克思不仅"加深了对现时代的认识,更重要的是形成了自己独特的哲学世界观:既强调作为主体的人的自由、价值与尊严,又重视客体、环境的作用。马克思认为体现时代精神的自由哲学应当能够回答这样一个问题,怎样才能使人不受压迫?怎样才能使人成为自由的人"⑥。对马克思的自由哲学观与其法律思想的发展变化之间的关系而言,公丕祥认为马克思在自己"博士论文"中所表现出来的自由观虽然是以"自我意识"的面目出现,虽然还建立在黑格尔思辨唯心主义的理论基础之上,但毫无疑问,它是新理

---

① 公丕祥:《马克思的法哲学革命》,浙江人民出版社 1987 年版,第 19 页。

② 在马克思思想的发展过程中,早期马克思受德国古典哲学家的影响,特别是受到黑格尔的"法学是哲学的一个部门"观点的影响,使用"法哲学"的概念,但后来马克思是把哲学和法学当作两个独立的学科来对待,比如,马克思在谈到中世纪的法学时说过,"中世纪的世界观本质上是神学的世界观","中世纪把意识形态的其他一切形式——哲学、政治、法学,都合并到神学中,使它们成为神学中的科目"。参见《马克思恩格斯全集》第 21 卷,人民出版社 1965 年版,第 545、349 页。

③ 《马克思恩格斯选集》第 2 卷,人民出版社 1995 年版,第 31 页。

④ 公丕祥:《马克思的法哲学革命》,浙江人民出版社 1987 年版,第 31 页。

⑤ 李光灿、吕世伦:《马克思、恩格斯法律思想史》,法律出版社 1991 年版,第 53 页。

⑥ 李光灿、吕世伦:《马克思、恩格斯法律思想史》,法律出版社 1991 年版,第 55 页。

性批判主义法学世界观的"哲学纲领"。"这种自由观的内在精神像一根红线贯串于马克思从早年到暮岁对自由问题探索的整个活动之中。"①公丕祥的这个概括是很准确的,我们从马克思随后所撰写的一系列论文中可以得到印证。1842年1至2月,马克思为《德国年鉴》写了第一篇政论文章,即《评普鲁士最近的书报检查令》。这篇文章标志着马克思直接跨入了政治生活。"这是马克思的新理性批判主义法哲学在社会生活实践中的第一次显示。"②1842年4月,马克思写下了《关于出版自由和公布等级会议记录的辩论》,在这篇文章中,马克思站在唯心主义的立场上从理性法、自由法观念出发,论证了自由与法的关系。马克思指出,"法律不是压制自由的手段,正如重力定律不是阻止运动的措施一样","法典就是人民自由的圣经"③。这样,马克思便把"博士论文"中的自由哲学具体融入政治、法的精神之中。在这里,一方面,马克思继承了康德的思想,强调自由是人的类本质之体现,真正的法乃是以自由为基础并且是自由的实现;另一方面,马克思又超出了康德,他不仅抨击贵族等级对"普遍自由"的否定态度,而且明确指出"法典就是人民自由的圣经",从而使自由法哲学更具有实践的意义。当然,马克思也受到了黑格尔的影响,把自由规定为"肯定的善"④。1842年10月,马克思撰写了《关于林木盗窃法的辩论》一文,在这篇文章中,马克思第一次遇到了要对"物质利益"发表问题的难事。⑤ 为了解决使他苦恼的疑问,解决理性与现实的矛盾,1843年,在马克思退出《莱茵报》之后,便开始着手批判黑格尔的法哲学,写出了《黑格尔法哲学批判》这部长篇手稿。在这部长篇手稿中,马克思批判地继承了费尔巴哈的唯物主义,得出了与黑格尔相反的结论,即不是国家决定市民社会,而是市民社会决定国家的结论。"黑格尔理论'失足'的原因就在于他唯心地理解了思维与存在

---

① 公丕祥:《马克思的法哲学革命》,浙江人民出版社1987年版,第36页。
② 公丕祥:《马克思的法哲学革命》,浙江人民出版社1987年版,第37页。
③ 《马克思恩格斯全集》第1卷,人民出版社1995年版,第176页。
④ 公丕祥:《马克思的法哲学革命》,浙江人民出版社1987年版,第42页。
⑤ 参见《马克思恩格斯全集》第13卷,人民出版社1962年版,第7页。

的关系,把不依赖于理念而独立存在的实际,当做理念的'谓语'。"①这样,马克思沿着从存在到思维、到法的法学认识路线,站在唯物主义立场上批判了黑格尔唯心主义法学观,②得出了市民社会决定法的观点。对黑格尔法哲学的批判实际上就是马克思对自己的新理性批判主义法学世界观的批判和超越,而在这个批判和超越的过程中,马克思的法学思想的哲学立场已由唯心主义瞄准了唯物主义方向。

1844 年初,马克思在《德法年鉴》上发表了两篇文章,即《论犹太人问题》和《〈黑格尔法哲学批判〉导言》。在《论犹太人问题》中,马克思批判了布鲁诺·鲍威尔的观点,开始了与青年黑格尔派决裂后的第一次公开论战。在论战中,马克思指出:"我们不把世俗问题化为神学问题。我们要把神学问题化为世俗问题。"③此时,我们可以看出,马克思在走向现实的过程中,已踏上唯物主义的道路。不仅如此,当马克思用"人类解放"的口号来同"政治解放"相对立,提出无产阶级革命的任务时,已表明马克思开始由革命民主主义者向共产主义者立场的转变。在《〈黑格尔法哲学批判〉导言》中,马克思继续沿着唯物主义路线前进,并用它来分析法的问题,认为:"法的关系正象国家的形式一样,既不能从它们本身来理解,也不能从所谓人类精神的一般发展来理解,相反,它们根源于物质的生活关系,这种物质的生活关系的总和,黑格尔按照十八世纪的英国人和法国人的先例,称之为'市民社会',而对市民社会的解剖应该到政治经济学中去寻求。"④此时,马克思的法学思想的哲学立场已经成功从唯心主义转向唯物主义。

在《1844 年经济学哲学手稿》中,马克思一方面以费尔巴哈的人本主义为理论前提,另一方面又把费尔巴哈的理论引向对现实生活的分析和批判,并在此基础上,提出了异化劳动的概念和理论。在考察经济异化与其他

①　李光灿、吕世伦:《马克思、恩格斯法律思想史》,法律出版社 1991 年版,第 152 页。
②　公丕祥:《马克思法哲学思想述论》,河南人民出版社 1992 年版,第 23 页。
③　《马克思恩格斯文集》第 1 卷,人民出版社 2009 年版,第 27 页。
④　《马克思恩格斯选集》第 2 卷,人民出版社 1972 年版,第 82 页。

形式异化的关系时,马克思得出一个重要的结论,同宗教、家庭、国家、道德、科学和艺术一样,法"不过是生产的一些特殊的方式,并且受生产的普遍规律的支配"①。从而揭示出现代法权的私有制本质。在 1844 年,马克思与恩格斯合写了他们的第一部著作《神圣家族》。这部著作最初命名为《对批判的批判所做的批判——驳布鲁诺·鲍威尔及其伙伴》。这部批判性的著作是直接针对鲍威尔及其同伙在 1843 年底创办的《文学总汇报》的,主要是批判他们的唯心主义历史观、批判布鲁诺·鲍威尔及其同伙对蒲鲁东法学思想的歪曲,进一步分析资产阶级法律制度赖以存在的基础、评价近代资产阶级的刑法思想,从而进一步发展历史唯物主义法学。② 1845 年,马克思发表了马克思主义哲学发展史上具有里程碑意义的《关于费尔巴哈的提纲》一文,该文在批判以往一切哲学的缺陷中,为自己的哲学找到了"感性活动"或"实践"的原则基础,也为一年以后的马克思的唯物史观的发现做了基础铺垫。1845 年至 1847 年,马克思、恩格斯合写了《德意志意识形态》一书。该书不仅是马克思主义哲学形成的标志而且也是马克思主义法学形成的标志,它不仅阐述了唯物史观而且也具体阐述了以唯物史观为基础的法律观。在这篇奠基性的论著中,马克思和恩格斯揭示了法和法的关系根源于社会物质生活条件(关系),根源于利益的冲突,法随着经济条件的发展而发展等客观规律,揭示了法与阶级、国家的联系,阐明了马克思主义法学的一系列基本原理。③ 至此,马克思和恩格斯共同实现了人类法学发展史上的伟大革命。纵观这次法学革命的实现过程,马克思主义经典作家的法学革命是与他们的哲学革命同步进行的,法学革命的哲学革命突破是他们法学革命中的一个特点,他们在分析法的现象、探索法的真理的过程中,始终注重自己哲学世界观的突破,通过实践的批判、理论的批判和自我批判相结合最终实现了这场伟大的革命。

---

① 《马克思恩格斯全集》第 42 卷,人民出版社 1979 年版,第 121 页。
② 参见李光灿、吕世伦:《马克思、恩格斯法律思想史》,法律出版社 1991 年版,第 213 页。
③ 参见张文显:《法理学》,高等教育出版社 2003 年版,第 27 页。

（二）马克思主义法律思想的哲学基础

从法学的发展规律来看,任何法学流派都有自己的哲学根据或哲学基础,马克思主义法学或者马克思主义法律思想也有自己的哲学基础和哲学根据。这个哲学基础和哲学根据就是实践唯物主义。"西方近代法哲学本质上是法的形而上学"①,而之所以这样讲,是因为近代的法哲学都是离开法的现实基础,抽象地或形式地探讨法和权利的问题,他们习惯的理路就是从抽象的观念出发来探讨法或权利的终极依据、寻找法和权利的本原。这种法的形而上学历史从古希腊时期亚里士多德一直延续到黑格尔。黑格尔将法界定为:"任何定在,只要是自由意志的定在,就叫做法。所以,一般来说,法就是作为理念的自由。"②1843 年,马克思写下了著名的《黑格尔法哲学批判》一书,将被黑格尔颠倒的国家、法与市民社会的关系颠倒过来,得出了市民社会决定国家与法的结论。这部著作标志着马克思对法的形而上学批判的开始。③ 在《德法年鉴》时期,马克思在哲学立场上从自我意识和单纯的理性的立场转向费尔巴哈的"现实的人",开始与黑格尔主义决裂。在《关于费尔巴哈的提纲》一文中,马克思在哲学上全面超越费尔巴哈,而马克思自 1845 年春开始的对费尔巴哈的批判,本质上是对一切形而上学的重新宣战,是以"唯物主义"("新唯物主义"或"实践的唯物主义")的名义讨伐全部哲学或哲学本身。④

对法的产生和发展规律,历史上有各种说法,有"暴力论""阶级斗争论""契约论""自然论"等观点,它们都从不同的角度揭示了法的起源。引起法律产生的根本原因是什么呢? 马克思、恩格斯认为引起法律产生的根

---

① 刘日明:《法哲学》,复旦大学出版社 2005 年版,第 84 页。
② ［德］黑格尔:《法哲学原理》,范扬、张企泰译,商务印书馆 1961 年版,第 36 页。
③ 参见刘日明:《法哲学》,复旦大学出版社 2005 年版,第 160 页。
④ 参见吴晓明:《形而上学的没落——马克思与费尔巴哈关系的当代解读》,人民出版社 2006 年版,第 525、539 页。

本原因是商品交换,更准确地说,法产生于最早的产品交换。① 马克思说,"先有交易,后来才由交易发展为法制。我在分析商品流通时就指出,还在不发达的物物交换情况下,参加交换的个人就已经默认彼此是平等的个人,是他们用来交换的财物的所有者;他们还在彼此提供自己的财物,相互进行交易的时候,就已经做到这一点了。这种通过交换和在交换中才产生的实际关系,后来获得了契约这样的法的形式"②。所以,马克思认为先有交换,然后出现法律,而法律的最初形式是契约。③ 恩格斯在谈到法的起源时指出:"在社会发展某个很早的阶段,产生了这样一种需要:把每天重复着的产品生产、分配和交换用一个共同规则约束起来,借以使个人服从生产和交换的共同条件。这个规则首先表现为习惯,不久便成了法律。随着法律的产生,就必然产生出以维护法律为职责的机关——公共权力,即国家。随着社会的进一步的发展,法律进一步发展为或多或少广泛的立法。这种立法越复杂,它的表现方式也就越远离社会日常经济生活条件所借以表现的方式。立法就显得好像是一个独立的因素,这个因素似乎不是从经济关系中,而是从自身的内在根据中,可以说,从'意志概念'中,获得它存在的理由和继续发展的根据。人们忘记他们的法起源于他们的经济生活条件,正如他们忘记他们自己起源于动物界一样。"④从马克思和恩格斯的论述中,我们可以获得关于法的产生的三个判断:第一,法律产生于物质生产实践之中,是为了满足人们的生产和生活的需要,特别是和产品的生产、分配、交换或交易行为联系在一起的;法不是从"意志概念"中获得的,而是起源于人们的经济生活条件。而这里的经济生活条件或经济关系的主要内容就是人们的生产方式和交换方式,而后者归根到底是由以技术装备为标志的生产力决定的,只有物质资料的生产方式才是决定社会性质和推动

---

① 参见李龙:《法理学》,人民法院出版社、中国社会科学出版社 2003 年版,第 29 页。
② 《马克思恩格斯全集》第 19 卷,人民出版社 1963 年版,第 423 页。
③ 参见李龙:《法理学》,人民法院出版社、中国社会科学出版社 2003 年版,第 29 页。
④ 《马克思恩格斯选集》第 3 卷,人民出版社 1995 年版,第 211 页。

社会发展的主要因素。① 按照马克思的一贯哲学主张,人们的社会生活关系在本质上是实践的,人们的经济生活关系对应的就是人们的物质生产实践活动,人们的经济生活条件(关系)就产生于人们的物质实践之中,而人们的物质生产实践又是人类生存的第一个前提,所以法律的产生离不开物质生产实践这个基础。第二,法律的产生经历了由习惯到习惯法再到成文法的过程。按照马克思的劳动生存实践的观点,在原始社会由于劳动生产力极低,为了生存,人们不得不共同生产,共同生活,原始社会存在着很多的氏族习惯,而不存在着成文法律,人们没有自己的法权观念,"在氏族制度内部,还没有权利和义务的分别;参与公共事务,实行血族复仇或为此接受赎罪,究竟是权利还是义务这种问题,对印第安人来说是不存在的;在印第安人看来,这种问题正如吃饭、睡觉、打猎究竟是权利还是义务的问题一样荒谬"②。正是后来出现了社会生产中的大分工,人们的劳动生产能力增强,出现了剩余产品,产生了私有权利观念,成文法才开始出现。摩尔根的研究也证明了这种转变,摩尔根指出:"希腊人、罗马人、希伯来人的最初的法律——在文明时代开始以后——主要只是把他们前代体现在习惯和习俗中的经验的成果变为法律条文。"③第三,国家与法同时产生,不可分割。恩格斯在《家庭、私有制和国家的起源》中谈到三次社会大分工和三次社会大分裂,即游牧部落从其余的野蛮人群中分离出来及其带来的奴隶制,社会分裂为主人和奴隶、剥削者和被剥削者两个阶级;手工业与农业的分工产生新的分工和新的阶级划分;商人的出现形成了一个不再从事生产而只从事产品交换的阶级,商品的商品即货币开始统治了生产世界。在古希腊,奴隶的强制性劳动成了整个社会上层建筑所赖以建立的基础。④ 在这些变革中,

---

　　① 参见付子堂:《意识形态的演进——从马克思到邓小平》,重庆出版社 2000 年版,第 211 页。

　　② 《马克思恩格斯选集》第 4 卷,人民出版社 1995 年版,第 159 页。

　　③ 《马克思恩格斯全集》第 45 卷,人民出版社 1985 年版,第 389—390 页。

　　④ 参见付子堂:《意识形态的演进——从马克思到邓小平》,重庆出版社 2000 年版,第 198 页。

氏族制度被分工及其后果即社会之分裂为阶级和国家所取代。所以，国家是阶级矛盾不可调和的产物，国家决不是从外部强加于社会的一种力量。国家也不像黑格尔所断言的是"伦理观念的现实""理性的形象和现实"，国家是整个社会日益分裂为经济利益互相冲突的阶级，出现了不可调和的对立面，致使社会陷入了不可解决的自我矛盾的时候，为了"不致在无谓的斗争中把自己和社会消灭，就需要有一种表面上凌驾于社会之上的力量，这种力量应当缓和冲突，把冲突保持在'秩序'的范围以内；这种从社会中产生但又自居于社会之上并且日益同社会相异化的力量，就是国家"①。有国家也就有了维护国家这种公共权力的法律。恩格斯在分析人类历史的阶段性发展史时，也是立足于物质生产实践的基础之上的。恩格斯在文章之始就赞同摩尔根根据物质生活资料生产的进步为线索对人类史前阶段进行分类的方法。② 文明时代以前（蒙昧时代和野蛮时代）的"一切社会发展阶段上的生产在本质上是共同的生产，同样，消费也是在较大或较小的共产制共同体内部直接分配产品。生产的这种共同性是在极狭小的范围内实现的，但是它随身带来的是生产者对自己的生产过程和产品的支配"③。而文明时代却不同，"文明时代是社会发展的这样一个阶段，在这个阶段上，分工，由分工而产生的个人之间的交换，以及把这两者结合起来的商品生产，得到了充分的发展，完全改变了先前的整个社会"④。在《路德维希·费尔巴哈和德国古典哲学的终结》中，恩格斯也谈到马克思和自己是在劳动发展史中

---

① 《马克思恩格斯选集》第4卷，人民出版社1995年版，第170页。

② 恩格斯认为："摩尔根是第一个具有专门知识而尝试给人类的史前史建立一个确定的系统的人；他所提出的分期法，在没有大量增加的资料认为需要改变以前，无疑依旧是有效的。"《马克思恩格斯选集》第4卷，人民出版社1995年版，第18页。摩尔根说："这一生产上的技能，对于人类的优越程度和支配自然的程度具有决定的意义；一切生物之中，只有人类达到了几乎绝对控制食物生产的地步。人类进步的一切大的时代，是跟生活来源扩充的各时代多少直接相符合的。"（路易斯·亨·摩尔根：《古代社会》，1877年伦敦版，第19页），转引自《马克思恩格斯选集》第4卷，人民出版社1995年版，第18页。

③ 《马克思恩格斯选集》第4卷，人民出版社1995年版，第174页。

④ 《马克思恩格斯选集》第4卷，人民出版社1995年版，第174页。

找到了理解全部社会史的锁钥的新派别。① 恩格斯在后来的书信中也多次阐发自己的物质生产实践立场,"根据唯物史观,历史过程中的决定性因素归根到底是现实生活的生产和再生产。无论马克思或我都从来没有肯定过比这更多的东西"②。因此,可以说,私有制、阶级、国家和法律都是人类生产实践发展的产物。同任何事物都有一个产生、发展和消亡的过程一样,国家和法既不是从来就有的,也不是永恒存在的。马克思在探讨国家和法的起源、发展过程的同时,也研究了国家和法的消亡的条件。"他认为,如果说法的产生必须依赖于社会经济关系、阶级关系的实际运动,那末,法的消亡也同样必须以生产的巨大发展为基本物质前提。"③只有生产力发展到足以使竞争成为多余的东西,只有到了"共产主义社会高级阶段,在迫使个人奴隶般地服从分工的情形已经消失,从而脑力劳动和体力劳动的对立也随之消失之后;在劳动已经不仅仅是谋生的手段,而且本身成了生活的第一需要之后;在随着个人的全面发展,他们的生产力也增长起来,而集体财富的一切源泉都充分涌流之后"④,法律才有可能消亡。否则,"尽管被统治阶级有消灭竞争、消灭国家和法律的'意志',然而它们所想的毕竟是一种不可能的事"⑤。因此,国家和法律消亡的一个前提条件就是社会的生产力有极大地提高,劳动成了人们生活的第一需要,集体财富的一切源泉都充分涌流之后才可以,否则,国家和法律都会仍然存在。

　　马克思和恩格斯把唯物主义和辩证法应用于社会历史,运用物质决定意识的唯物主义原理研究社会历史,解决了社会存在与社会意识之间的关系。在此基础上,从物质生产实践出发,进一步揭示了法的起源和历史发展的一般规律,认为法的起源的根本原因是社会基本矛盾的发展,是由于生产

① 参见《马克思恩格斯选集》第4卷,人民出版社1995年版,第258页。
② 《马克思恩格斯选集》第4卷,人民出版社1995年版,第695—696页。
③ 公丕祥:《马克思的法哲学革命》,浙江人民出版社1987年版,第165页。
④ 《马克思恩格斯选集》第3卷,人民出版社1995年版,第305页。
⑤ 《马克思恩格斯全集》第3卷,人民出版社1960年版,第378页。

力和社会分工的发展,伴随着私有制、阶级和国家的出现,法作为阶级矛盾不可调和的产物开始出现的。由此可见,马克思主义法律思想是有其哲学基础的,其哲学基础就是马克思主义哲学,即实践的唯物主义。这样,马克思、恩格斯不仅将自己的法律思想牢牢地钉在实践唯物主义的历史观之中,使得无产阶级政党"有个很大的优点,就是有一个新的科学的世界观作为理论的基础"①。更重要的是,他们的思想在进入中国后,中国共产党人也是通过哲学革命来推动自身的法学革命。

二、毛泽东哲学思想与毛泽东思想法学理论

（一）青年毛泽东的哲学思想与法学思想

青年毛泽东在未接触马克思主义哲学之前,其所接触的是中国的传统文化。毛泽东 8 岁进入私塾,接受的是儒学教育。1911 年以后,毛泽东开始到长沙求学,在思想层面上开始转向资产阶级改良主义,康有为、梁启超是其楷模。而后,毛泽东开始阅读达尔文的《物种起源》、赫胥黎的《天演论》等外国名著,毛泽东又开始转向资产阶级民主主义。《新青年》杂志创刊后,毛泽东的思想再次发生了很大的变化,毛泽东也在思考如何对中国进行根本改造问题。1918 年,毛泽东到北京大学图书馆做一名图书馆助理员,开始阅读李大钊的文章,世界观迅速向共产主义世界观转变。1919 年,毛泽东第二次到北京,阅读了陈望道翻译的《共产党宣言》、考茨基著的《阶级斗争》和柯卡普著的《社会主义史》,毛泽东逐渐从一个革命民主主义者转变为马克思主义者。在这两次转变过程中,毛泽东实际上是一种哲学世界观的转变。毛泽东从传统哲学中跳了出来,转向了社会改良主义,然后又转向民主主义,受无政府主义思潮的影响又主张无政府主义,最后转向了共产主义。在这个转变过程中,毛泽东的法律思想也在不断随之转变,毛泽东

①《马克思恩格斯文集》第 2 卷,人民出版社 2009 年版,第 599 页。

起初受儒家思想影响，而"三纲五常正统法律观必然潜移默化在他的意识之中"①。毛泽东在接受康梁改良主义思想的时候，其法律思想也受其影响，是一种改良主义的法律思想。毛泽东读完梁启超主编的《新民丛报》，就说："今日之中国，应象英日等国一样，宪法为人民所制订，君主为人民所推戴。"②"保留君主，但君主需由人民所推戴，这是毛泽东改良主义法律思想出蓝胜蓝的地方，近代思想史上的奇特主张。"③当毛泽东转向卢梭、孟德斯鸠等资产阶级学者以后，毛泽东的法律思想再度发生了变化，在思想上接受资产阶级启蒙思想家的法律思想，自由、民主、人权、立宪也成为其思想主张。在彻底转向马克思主义之前，毛泽东还曾经有过一段时间主张无政府主义，形成了无政府主义的法律思想，而"承受无政府主义法律观，成为毛泽东向马克思主义法律观过渡的桥梁"④。随后，毛泽东开始接受马克思主义世界观，法律思想也开始向马克思主义法律思想转变。

（二）"两论"与毛泽东思想法学理论

《实践论》和《矛盾论》是毛泽东接受马克思主义哲学思想并将其与中国具体实践相结合而形成的中国化的马克思主义哲学思想的代表作。"两论"是"标注着毛泽东哲学思想正式形成的两个重要哲学文本，是毛泽东哲学思想理论化、系统化的代表作，奠定了毛泽东作为一个马克思主义哲学家的地位"⑤。从理论来源上看，"两论"主要来源于马克思主义哲学著作，如马克思的《关于费尔巴哈的提纲》、列宁的《唯物主义和经验批判主义》、恩格斯的《反杜林论》、列宁的《哲学笔记》等等。同时，"两论"又结合了中国传统文化，毛泽东的《实践论》的副标题就是"知和行的关系"。从实践角度

① 徐显明：《毛泽东早期法律思想初探》，载《文史哲》1998 年第 3 期。
② 汪树泊、张慎恒：《毛泽东早期哲学思想探源》，中国社会科学出版社、湖南人民出版社 1983 年版，第 42 页。
③ 徐显明：《毛泽东早期法律思想初探》，载《文史哲》1998 年第 3 期。
④ 徐显明：《毛泽东早期法律思想初探》，载《文史哲》1998 年第 3 期。
⑤ 尚庆飞：《中国马克思主义哲学史》（上），江苏人民出版社 2007 年版，第 127 页。

讲，"两论"是对中国革命经验的哲学概括和总结。"两论"的重要价值在于，重新解读了马克思主义的认识论和辩证法，并"把马克思主义认识论和辩证法化为具有中国共产党人特色的思想路线和工作路线、思想方法和工作方法（如从实际出发、理论联系实际、实事求是、分析矛盾、解决矛盾等）；在这一整套路线和方法的指导下，我们党找到了在半殖民地半封建社会的中国进行革命并避免资本主义前途的道路，取得了新民主主义革命的伟大胜利，开始探索适合中国国情的社会主义建设道路，并且在实践中总结出丰富的革命经验和正确的理论原则，从而使马克思主义哲学在中国具体化，成功地为中国革命现实服务"①。

毛泽东在《实践论》中概括了人类认识过程的总公式，即"实践——认识——实践"，这为人们认识真理开辟了正确的道路，更为中国共产党人认识中国法律革命的性质、特点和任务提供了认识论上的帮助。在新民主主义革命时期，中国面临着半殖民地半封建的任务，中国必须要采取新民主主义革命的模式，开展新民主主义的法律革命。毛泽东作为中国共产党的早期领导人之一，很早就发现了中国的特殊国情，提出了走农村包围城市的武装革命道路，建立农村革命根据地，在农村革命根据地开展武装革命、土地革命、法律革命。1940年1月，毛泽东发表了《新民主主义论》，一个月后，毛泽东在延安各界宪政促进会上，发表了《新民主主义的宪政》的演说。考察二者之间的关系，可以发现，二者之间有内在的联系。毛泽东的《新民主主义论》就是论新民主主义，就是对当下中国国情的新认识和新总结。毛泽东开篇就提出了"中国向何处去？"的设问，然后毛泽东说，解决这个问题，"科学的态度是'实事求是'，'自以为是'和'好为人师'那样狂妄的态度是决不能解决问题的。我们民族的灾难深重极了，惟有科学的态度和负责的精神，能够引导我们民族到解放之路。真理只有一个，而究竟谁发现了

---

① 雍涛：《〈实践论〉、〈矛盾论〉与马克思主义哲学中国》，载《哲学研究》2007年第7期。

真理,不依靠主观的夸张,而依靠客观的实践"①。毛泽东从中国的历史特点和中国革命的实际出发,指出,现时中国社会的性质是半殖民地半封建的性质,现实中国的国情就是在政治上是殖民地、半殖民地、半封建的政治,在经济上是殖民地、半殖民地、半封建的经济,在文化上是殖民地、半殖民地、半封建的文化。中国革命作为世界革命的一部分,这种革命就是要首先"建立以中国无产阶级为首领的中国各个革命阶级联合专政的新民主主义的社会"②。这个新民主主义社会就是以新民主主义政治、新民主主义经济、新民主主义文化为内容的一个社会形态。《新民主主义的宪政》则是毛泽东从自己的新民主主义国情的认识基础之上,对新民主主义社会的政治法律体制的一种再认识。毛泽东说:"中国缺少的东西固然很多,但是主要的就是少了两件东西:一件是独立,一件是民主。这两件东西少了一件,中国的事情就办不好。"③但中国现在所争取的民主,不是在外国已经实现过的旧式的民主,也不是社会主义民主,而是新民主主义民主,就是"几个革命阶级联合起来对于汉奸反动派的民主专政"④。同时,毛泽东还指出了新民主主义民主实施的条件和当下人们的任务问题,他说:"世界上历来的宪政,不论是英国、法国、美国,或者是苏联,都是在革命成功有了民主事实之后,颁布一个根本大法,去承认它,这就是宪法。中国则不然。中国是革命尚未成功,国内除我们边区等地而外,尚无民主政治的事实。中国现在的事实是半殖民地半封建的政治,即使颁布一种好宪法,也必然被封建势力所阻挠,被顽固分子所障碍,要想顺畅实行,是不可能的。所以现在的宪政运动是争取尚未取得的民主,不是承认已经民主化的事实。这是一个大斗争,决不是一件轻松容易的事。"⑤"我们一定要把事情办好,一定要争取民主和自

---

①　《毛泽东选集》第二卷,人民出版社1991年版,第662—663页。

②　《毛泽东选集》第二卷,人民出版社1991年版,第672页。

③　《毛泽东选集》第二卷,人民出版社1991年版,第731页。

④　《毛泽东选集》第二卷,人民出版社1991年版,第733页。

⑤　《毛泽东选集》第二卷,人民出版社1991年版,第735页。

由,一定要实行新民主主义的宪政。"①没有对新民主主义革命的正确认识,就不可能建立新中国。毛泽东对新民主主义的正确认识是怎么来的?这依赖于马克思主义认识论和实践第一的实践论。正是从马克思主义认识论出发,毛泽东分析新民主主义的民主政治、经济和文化特点,科学地回答了新民主主义民主、新民主主义经济、新民主主义文化向何处去的问题。马克思主义认识论和实践第一的实践论是毛泽东思想的认识论根据,也是毛泽东思想法学理论的哲学基础。

毛泽东思想的精髓是实事求是,毛泽东提出马克思主义中国化,源于他一贯的哲学思维,即从实际出发,理论联系实际,理论与实践相统一,背离理论与实践相统一的原则,不是"左"就是右。毛泽东在《实践论》中,为革命运动内部的"左"与右的偏差下了最为精确的定义。他在谈到革命党人必须善于使自己的主观认识跟上革命时期情况的变化,与所处的历史阶段的具体现实保持一致后谈到了"左"和右的问题,他讲道:"我们反对革命队伍中的顽固派,他们的思想不能随变化了的客观情况而前进,在历史上表现为右倾机会主义。这些人看不出矛盾的斗争已将客观过程推向前进了,而他们的认识仍然停止在旧阶段。一切顽固党的思想都有这样的特征。他们的思想离开了社会的实践,他们不能站在社会车轮的前头充任向导的工作,他们只知跟在车子后面怨恨车子走得太快了,企图把它向后拉,开倒车。我们也反对'左'翼空谈主义。他们的思想超过客观过程的一定发展阶段,有些把幻想看作真理,有些则把仅在将来有现实可能性的理想,勉强地放在现时来做,离开了当前大多数人的实践,离开了当前的现实性,在行动上表现为冒险主义。"②因此,在毛泽东看来,"左"的和右的错误首先都具有相同的认识论的根源,即"左"的和右的错误的共同特性就是主观和客观相分裂,认识和实践相脱离。此外,"左"的并不比右的好,右的也不比"左"的好。

---

① 《毛泽东选集》第二卷,人民出版社1991年版,第739页。
② 《毛泽东选集》第一卷,人民出版社1991年版,第295页。

毛泽东指出:"什么叫'左'？超过时代,超过当前的情况,在方针政策上、在行动上冒进,在斗争的问题上、在发生争论的问题上乱斗,这是'左',这个不好。落在时代的后面,落在当前情况的后面,缺乏斗争性,这是右,这个也不好。我们党内不但有喜欢'左'的,也有不少喜欢右的,或者中间偏右,都是不好的。我们要进行两条战线的斗争,既反对'左',也反对右。"①毛泽东这些论述是完全正确的,是秉持马克思主义立场、观点和方法的,是遵循自己一贯主张的主观与客观相统一原则的。

党内出现的极左思潮严重地影响了马克思主义法律思想中国化的进程。习近平总书记从总结我国社会主义法治建设的经验教训的角度指出:"党在指导思想上发生'左'的错误,逐渐对法制不那么重视了,特别是'文化大革命'十年内乱使法制遭到严重破坏,付出了沉重代价,教训十分惨痛!"②这里的代价,不仅是指中国社会主义建设遭受挫折的代价,也指中国社会主义民主法制建设停滞不前,甚至是倒退的代价。从马克思主义法律思想中国化的理论成果发展而言,也存在着一个代价问题,"文化大革命"十年期间,毛泽东思想法学理论也处于停滞的发展阶段。

三、邓小平哲学思想与邓小平法制思想

(一)邓小平的实践辩证法思维

无论是马克思主义,还是中国传统文化,都含有丰富的辩证法思想资源,邓小平既继承了马克思主义的唯物辩证法,也承继了中国的传统文化中的辩证法思想。"照辩证法办事"是邓小平的基本思维方式,邓小平也因为始终按照辩证法办事,受到毛泽东的肯定。邓小平的辩证法并不是一种抽

---

① 《毛泽东文集》第六卷,人民出版社1999年版,第403页。
② 中共中央文献研究室编:《习近平关于全面依法治国论述摘编》,中央文献出版社2015年版,第8页。

象的纯粹思辨的辩证法,而是一种从实践出发的辩证法,是一种实践中的辩证法,其辩证法始终是用来分析解决中国的实际问题,而不是单纯为了满足思辨的需要。早在1956年进行社会主义建设时,邓小平就反复强调"马列主义要与中国实际情况相结合",这就是一种实践辩证法,它反对从单纯的理论出发,主张理论与实际的辩证统一。在领导人民进行社会主义建设的过程中,邓小平的实践辩证法思维充分发挥作用,形成了很多具有实践特色的辩证法思维,如"两手抓、两手都要硬"的观点、"变"与"不变"的观点、"先富"与"共同富裕"的观点,都是在实践中形成的辩证法思想,既具有强烈的现实性又具有哲学上的思辨性。

（二）建立在实践辩证法基础之上的邓小平法制思想

邓小平的实践辩证法思维与邓小平法制思想的形成之间具有内在的联系。邓小平法律思想都是按照"照辩证法办事"思维指导下而形成的。"如果我们把邓小平同志的理论仅仅看作是马列主义毛泽东思想的现成理论的实践化,那就大错特错了。邓小平同志除了将马列主义毛泽东思想的基本原理实践化以外,更为重要的是,他还根据新的实践提出了一系列的论断,形成了一整套建设有中国特色社会主义的新理论。"①伟大的实践需要伟大的理论,伟大的实践产生伟大的理论。邓小平的民主与法制关系论、"两手抓"思想、打击和严厉打击相结合理论等都是在其实践辩证法的指导之下形成的。

1.民主与法制关系论

"文化大革命"结束后,就实行社会主义民主问题,邓小平指出:"在民主的实践方面,我们过去作得不够,并且犯过错误。"②具体而言,这种错误就是"大民主"的错误、无政府主义的错误、要"大民主"不要法制的错误,民

---

① 赵诗清:《将理论与实践融为一体——略论邓小平同志理论的特点》,载中国科学社会主义学会:《邓小平理论与实践研究》,法律出版社1995年版,第79页。

② 《邓小平文选》第二卷,人民出版社1994年版,第168页。

主没有制度保障。要实行真正的无产阶级民主,必须要健全社会主义法制,因为"制度好可以使坏人无法任意横行,制度不好可以使好人无法充分做好事,甚至会走向反面"①。从 1957 年以后,党在发展社会主义民主和建设社会主义法制问题的认识上存在着一种错误的倾向,割裂社会主义民主和社会主义法制之间的内在紧密联系,虽然 1956 年毛泽东也曾评价过斯大林破坏社会主义法制的现象,认为这样的事件在英、法、美这样的西方国家不可能发生。遗憾的是,毛泽东虽然意识到这一点,但他没有实际上解决领导制度问题,没有建立社会主义民主运行的法制通道,结果导致了"文化大革命"的十年浩劫,严重地破坏了中国的社会主义法制,给党、国家和人民都造成了严重的灾难。邓小平认为,"文化大革命"中那种脱离法制轨道的"大民主"不是社会主义民主,而是无政府主义,真正的社会主义民主是在社会主义法制框架下的民主,不要社会主义法制的民主绝不是社会主义民主,社会主义民主与社会主义法制不可分离。邓小平指出:"民主和法制,这两个方面都应该加强,过去我们都不足。要加强民主就要加强法制。没有广泛的民主是不行的,没有健全的法制也是不行的。我们吃够了动乱的苦头。"②"为了保障人民民主,必须加强法制。必须使民主制度化、法律化,使这种制度和法律不因领导人的改变而改变,不因领导人的看法和注意力的改变而改变。"③"民主要坚持下去,法制要坚持下去。这好像两只手,任何一只手削弱都不行。"④没有民主就没有社会主义,而没有法制同样也没有社会主义,加强和发展社会主义民主,还必须要加强社会主义法制,二者之间是一种辩证统一的关系。

2."两手抓"思想

邓小平的"两手抓"思想内容丰富。江泽民在中共十四大政治报告中,

---

① 《邓小平文选》第二卷,人民出版社 1994 年版,第 333 页。
② 《邓小平文选》第二卷,人民出版社 1994 年版,第 189 页。
③ 《邓小平文选》第二卷,人民出版社 1994 年版,第 146 页。
④ 《邓小平文选》第二卷,人民出版社 1994 年版,第 189 页。

将邓小平的"两手抓"思想概括为三个方面："一手抓改革开放，一手抓打击犯罪；一手抓经济建设，一手抓民主法制；一手抓物质文明，一手抓精神文明。"①邓小平的"两手抓"思想有两个特点，第一个特点是邓小平所谈的两手中，始终有一手涉及法和法制问题。1979 年 6 月，邓小平在会见日本公明党访华团时，第一次提出"两手抓"思想。不过这时的两手分别是民主与法制，邓小平视民主和法制为建立安定团结的政治局面的两只手，都要用，都不能削弱。1980 年 12 月，邓小平在中共中央工作会议上的讲话中，谈到新的两手，即"我们要建设的社会主义国家，不但要有高度的物质文明，而且要有高度的精神文明"②。法制在理论上被视为社会主义精神文明的应有内容。1982 年 4 月，邓小平在中央政治局的一次会议上提出："我们要有两手，一手就是坚持对外开放和对内搞活经济的政策，一手就是坚决打击经济犯罪活动。"③这里面的两手中的一手同样是法制，即运用法律打击经济犯罪活动。1986 年 1 月，邓小平在中央政治局常委会上的讲话中指出："搞四个现代化一定要有两手，只有一手是不行的。所谓两手，即一手抓建设，一手抓法制。"④1989 年 6 月，邓小平再次丰富了"两手抓"思想，他提出："我们一手抓改革开放，一手抓惩治腐败，这两件事结合起来，对照起来，就可以使我们的政策更加明朗，更能获得人心。"⑤1992 年，邓小平在视察南方时，不仅再次谈到了要"两手抓"，即一手抓改革开放，一手抓打击各种犯罪活动，而且要求"这两只手都要硬"⑥。在邓小平的"两手抓"思想中，法制始终是其中的一手，这也说明，法制在邓小平思想中的重要地位。另一个特点是邓小平所谈到的"两手抓"思想，始终是从实践中辩证地总结提炼出来的，具有强烈的现实针对性和思辨性。1979 年 6 月，邓小平第一次提出

① 《中国共产党第十四次全国代表大会文件汇编》，人民出版社 1992 年版，第 8 页。
② 《邓小平文选》第二卷，人民出版社 1994 年版，第 367 页。
③ 《邓小平文选》第二卷，人民出版社 1994 年版，第 404 页。
④ 《邓小平文选》第三卷，人民出版社 1993 年版，第 154 页。
⑤ 《邓小平文选》第三卷，人民出版社 1993 年版，第 314 页。
⑥ 《邓小平文选》第三卷，人民出版社 1993 年版，第 378 页。

关于民主和法制的"两手抓"思想,其思想的实践性和思辨性就很强,"文化大革命"损害了社会主义民主也破坏了社会主义法制,也证明了没有法制基础上的民主是一种空想。所以,邓小平提出一手抓民主一手抓法制。1980年,邓小平在谈到精神文明建设的时候,也是具有很强的实践针对性,中国在进行社会主义建设的过程中,人们在思想观念上还存在轻视法律、"唯利是图"、一切向钱看的腐朽思想,社会上还存在着一些无纪律、无政府、违反法制的现象,所以,邓小平从物质和精神的高度谈到了两手抓问题。1982年4月,在中央政治局的一次会议上,邓小平提出一手就是坚持对外开放和对内搞活经济的政策,一手就是坚决打击经济犯罪活动,其针对性更是明显。虽然国家实行对外开放和对内搞活经济的政策改革时间不长,但是已经有相当多的干部被腐蚀了。"卷进经济犯罪活动的人不是小量的,而是大量的。犯罪的严重情况,不是过去'三反'、'五反'那个时候能比的。"①所以,邓小平提出更具有实践针对性、内容更为思辨和具体的两手抓内容。1986年1月,邓小平提出一手抓建设、一手抓法制的"两手抓"思想,也同样具有现实针对性。从中共十一届三中全会到1986年,中国的经济建设已经取得了相当好的成绩,形势喜人,但是,法制建设却滞后于经济建设,社会风气并没有彻底好转,在国内国外都存在一些犯罪现象。所以,邓小平赞成中共中央书记处在全国抓端正党风工作、"赞成书记处这么抓"②,主张抓住典型,克服一切阻力抓法制建设。1989年6月,邓小平提出一手抓改革开放,一手抓惩治腐败,也是根据实践中的具体问题思辨总结出来的。1989年,中国共产党第三代中央领导集体正在形成,邓小平则从第三代领导集体的当务之急出发,提出第三代领导集体要做几件人民满意的事情时,提出要惩治腐败,认为"不惩治腐败,特别是党内的高层的腐败现象,确实有失败的危险"③。正是从实践需要出发,邓小平辩证地提出一手抓改革开

---

① 《邓小平文选》第二卷,人民出版社1994年版,第402页。
② 《邓小平文选》第三卷,人民出版社1993年版,第154页。
③ 《邓小平文选》第三卷,人民出版社1993年版,第313页。

放，一手抓惩治腐败。1992 年，邓小平在视察南方时，提出了这两只手都要硬更具有现实的针对性。这个针对性包括两个方面，一方面，当前国内的改革开放胆子要大一些，敢于试验，要警惕右，但主要是防止"左"，要抓住时机，发展经济。另一方面，要警惕开放以后中国的一些地方出现的吸毒、嫖娼、经济犯罪等丑恶现象，在整个改革开放过程中都要靠"靠得住些"的法制予以打击，不能任其发展，在苗头出现时不注意，就会出事。

四、真理标准问题大讨论与马克思主义法律思想中国化

（一）真理标准问题大讨论

1977 年 2 月 7 日，《人民日报》、《解放军报》、《红旗》杂志发表两报一刊社论《学好文件抓住纲》，提出："凡是毛主席作出的决策，我们都坚决维护，凡是毛主席的指示，我们都始终不渝地遵循。""两个凡是"提出不久，邓小平等老一辈无产阶级革命家就多次提出批评，倡导实事求是。1977 年 4 月，邓小平给党中央写信，提出要用准确的完整的毛泽东思想来指导全党、全军和全国人民，表达了与"两个凡是"不同的思想观点。1977 年 5 月 24 日，在同中央两位同志谈话时，邓小平旗帜鲜明地反对"两个凡是"，他说："'两个凡是'不行"①，之所以不行，邓小平认为从实践上看，无法说通为自己平反的问题，无法解释毛泽东同志自己给自己一生"三七开"的自评，这是一个理论与实践的矛盾；从理论上讲，不符合历史唯物主义、不符合马克思主义认识论的观点、是一种从主观出发的唯心主义、是一种典型的教条主义。在纪念毛泽东逝世一周年之际，聂荣臻、徐向前、陈云等先后在《人民日报》发表文章，总结党的历史经验，强调准确完整地宣传毛泽东

---

① 《邓小平文选》第二卷，人民出版社 1994 年版，第 38 页。

思想,阐述恢复和发扬实事求是优良传统的重大意义。① 1978 年 5 月 10 日,中央党校内部刊物《理论动态》第 60 期上发表《实践是检验真理的唯一标准》一文,次日,即 5 月 11 日由《光明日报》以特约评论员的名义公开发表这篇文章。随后,《人民日报》《解放军报》全文转载,引发了一场关于真理标准问题的全国性的大讨论。1978 年 12 月 13 日,邓小平发表《解放思想,实事求是,团结一致向前看》讲话,标志着真理标准问题的讨论结束。

真理标准问题大讨论的重要性在于恢复了马克思主义的认识论路线,重新理顺了理论与实践的关系,重新确立了实践是认识真理、检验真理和发展真理的实践路径,将人们的思想从长期的教条主义模式中解放出来。也正因为如此,1978 年 12 月,中共十一届三中全会高度评价真理标准的讨论问题,认为这对于促进全党同志和全国人民解放思想、端正思想路线,具有深远的意义。真理标准的讨论的结果就是恢复马克思主义中国化的实践主导路径,也正是因为恢复了马克思主义中国化的实践主导路径,马克思主义在中国才发生了第二次飞跃,形成了以中国特色社会主义理论为内容的邓小平理论,马克思主义在中国才得到了进一步的坚持和发展。

（二）真理标准的重新确立对马克思主义法律思想中国化的意义

真理标准的重新确立,对于马克思主义法律思想中国化意义重大,其价值性主要体现在恢复和重新确立马克思主义法律思想中国化实践主导路径。“文化大革命”中,马克思主义中国化的实践主导路径发生了严重的偏离,极左思潮占据统治地位,在“以阶级斗争为纲”的口号下,法律虚无主义盛行,社会主义法制遭到全面破坏,一些合法机构被取代,司法机关被砸烂,无数人遭到了林彪、“四人帮”法西斯式的非法迫害。在法学理论上只剩下法是无产阶级专政的工具一说,在实践中则是产生大量的冤假错案。“文

---

① 参见《改革开放简史》,人民出版社、中国社会科学出版社 2021 年版,第 3 页。

化大革命"结束后,马克思主义法律思想中国化也迎来了契机,但是,马克思主义法律思想中国化也同样受到"两个凡是"的禁锢,在实践中,一个突出的问题就是如何为冤假错案平反,而在理论上则表现为人们对法是什么,合法与非法的界限是什么,法的作用是什么,法制是什么,社会主义要不要法制等一系列问题的困惑和反思。真理标准的确立则从认识论上为人们提供了一个判断是非、真理与谬误的标准和契机,不仅活跃了思想理论界的气氛,而且为拨乱反正提供理论依据,解放了人们的思想,为平反冤假错案打开了大门。

1978 年 12 月 13 日,在中共中央工作会议闭幕会上,邓小平明确地指出:"我们的原则是'有错必纠'。凡是过去搞错了的东西,统统应该改正。有的问题不能够一下子解决,要放到会后去继续解决。但是要尽快实事求是地解决,干脆利落地解决,不要拖泥带水。对过去遗留的问题,应当解决好。"①在"有错必纠"思想的指导下,时任中央组织部部长胡耀邦开始大规模地进行冤假错案的平反工作。"文化大革命"后的冤假错案的平反工作,其意义不仅在于还个案正义以本来面目,而且在全社会确立社会主义法制的权威性和公信力。此外,另一个重要意义在于恢复了马克思主义法律思想中国化的实践层面的路径,将"文化大革命"中偏离的路径矫正过来。

真理标准的确立也引发了法学界的思想解放运动。自 1957 年反右运动以后,法学界就成了反右运动斗争的"重灾区",很多人被错误地戴上右派的高帽,受到了不公正的社会待遇。"文化大革命"中,法学更是凄惨,法学和中国社会一样已经进入到法律虚无主义的状态中。"文化大革命"结束后,法学研究开始被重视,1979 年 3 月,在党的理论工作务虚会上,邓小平明确指出:"政治学、法学、社会学以及世界政治的研究,我们过去多年忽视了,现在也需要赶快补课。"②不仅如此,邓小平还再次重申了中共十一届

---

① 《邓小平文选》第二卷,人民出版社 1994 年版,第 147 页。
② 《邓小平文选》第二卷,人民出版社 1994 年版,第 180—181 页。

三中全会所确立的思想理论问题的研究和讨论的"双百方针"（即百花齐放、百家争鸣）、"三不主义"的方针（即一定要坚决执行不抓辫子、不戴帽子、不打棍子的方针）以及一定要坚决执行解放思想、破除迷信、一切从实际出发的方针，并斩钉截铁地强调："这些都是三中全会决定了的，现在重申一遍，不允许有丝毫动摇。"①真理标准的确立和党的思想理论问题的研究和讨论方针的确立和强调，解放了法学界的思想禁锢，直接导致了法学界1979年至1982年展开的法治与人治问题的学术争鸣。1979年1月26日，《人民日报》发表了王礼明的《人治和法治》文章，积极主张法治。从1979年第5期起，《法学研究》开辟了"关于法治和人治的讨论专栏"，全面讨论人治与法治的理论问题。1979年12月2日，李步云在《光明日报》上发表《要实行社会主义法治》长篇论文，全面论述了依法治国的客观必然性和现实紧迫性。到1980年，关于人治与法治的讨论已初步形成了百家争鸣的局面，这些学术讨论推动马克思主义法律思想在中国的新发展，是一种非常值得关注的马克思主义系统地中国化现象。

五、实事求是的思想路线与马克思主义法律思想中国化

实事求是是中国共产党的思想路线，实事求是的思想路线本身是马克思主义思想路线中国化的结果。1980年2月29日，邓小平在中共十一届五中全会第三次会议的讲话中，阐述了这个问题，他说："马克思、恩格斯创立了辩证唯物主义和历史唯物主义的思想路线，毛泽东同志用中国语言概括为'实事求是'四个大字。实事求是，一切从实际出发，理论联系实际，坚持实践是检验真理的标准，这就是我们党的思想路线。"②如同马克思、恩格

---

① 《邓小平文选》第二卷，人民出版社1994年版，第183页。
② 《邓小平文选》第二卷，人民出版社1994年版，第278页。

斯创立辩证唯物主义和历史唯物主义的思想路线的要求一样,实事求是也要求一切从实际出发,理论联系实际,坚持实践是检验真理的标准。同时,实事求是作为中国共产党的思想路线,是马克思主义具体化的产物,其更强调坚持从中国实际出发,坚持马克思主义和中国具体实际相结合。实事求是从哲学的认识论上帮助人们认识和掌握马克思主义中国化。在马克思主义中国化的进程中,以毛泽东同志为主要代表的中国共产党人,坚持实事求是的思想路线,走上了一条马克思主义与中国具体实际相结合的实践主导路径,最终形成了毛泽东思想法学理论。

中共十一届三中全会以后,以邓小平同志为主要代表的中国共产党人,坚持实事求是的思想路线,从中国的实际出发,再次启动了中国社会主义法制建设的进程,形成了"有法可依、有法必依、执法必严、违法必究"为主要内容的邓小平法制思想,初步奠定了中国特色社会主义法治思想的基石。

中共十三届四中全会以来,以江泽民同志为主要代表的中国共产党人,坚持党的实事求是的思想路线,在实践中推进马克思主义法律思想中国化。江泽民指出,"如果头脑里没有辩证唯物主义、历史唯物主义的世界观,就不可能以正确的立场和科学的态度来认识纷繁复杂的客观事物,把握事物发展的规律"[1]。要高度重视和发挥哲学社会科学等学科在理论创新中的重要地位和重要作用,"哲学社会科学是人们认识世界、改造世界的重要工具,是推动历史发展和社会进步的重要力量"[2]。正是由于坚持实践第一的马克思主义认识论观点,正是遵循实事求是的思想路线,党领导人民立足于实践,积极探索中国的治国方略,实现了从社会主义法制到社会主义法治认识上的巨大转变。

中共十六大以来,以胡锦涛同志为主要代表的中国共产党人,坚持解放思想、实事求是,坚持辩证唯物主义和历史唯物主义的世界观和方法论,丰

---

[1] 江泽民:《在学习邓小平理论工作会议上的讲话》,人民出版社1998年版,第9页。

[2] 中共中央文献研究室编:《十六大以来重要文献选编》(上),中央文献出版社2005年版,第684页。

富和发展了马克思主义关于发展的理论。胡锦涛在中共十八大报告中指出:"解放思想、实事求是、与时俱进、求真务实,是科学发展观最鲜明的精神实质。实践发展永无止境,认识真理永无止境,理论创新永无止境。"①科学发展观作为马克思主义中国化的理论成果就是中国共产党人解放思想、实事求是、与时俱进的产物。2011 年,吴邦国在全国人大常委会工作报告中指出:"不用西方某些国家的法律体系来套中国特色社会主义法律体系,外国法律体系中有的法律,但不符合我国国情和实际的,我们不搞;外国法律体系中没有的法律,但我国现实生活需要的,我们及时制定。"②这是一种以实事求是为原则的立法思维。人本法律观、依法执政论、社会主义法治理念等马克思主义法律思想中国化的阶段化成果都是在这一阶段生成的。

中共十八大以来,以习近平同志为主要代表的中国共产党人,坚持把马克思主义基本原理同中国具体实际相结合、同中华优秀传统文化相结合,坚持党的实事求是的思想路线,从我国的国情出发,走中国特色社会主义道路,科学回答了新时代坚持和发展什么样的中国特色社会主义、怎样坚持和发展中国特色社会主义等重大时代课题。"实事求是,是马克思主义的根本观点,是中国共产党人认识世界、改造世界的根本要求,是我们党的基本思想方法、工作方法、领导方法。不论过去、现在和将来,我们都要坚持一切从实际出发,理论联系实际,在实践中检验真理和发展真理。"③正是因为始终坚持着党的实事求是的思想路线,坚持辩证唯物主义和历史唯物主义的世界观和方法论,中国共产党人才能够持续不断地推进中国特色社会主义法治实践的进程、持续不断地推进马克思主义法律思想中国化的进程,持续不断地"为发展马克思主义作出中国的原创性贡献"④。

① 《十八大报告辅导读本》,人民出版社 2012 年版,第 10 页。
② 吴邦国:《全国人民代表大会常务委员会工作报告》,载《人民日报》2011 年 3 月 19 日。
③ 《习近平谈治国理政》第一卷,外文出版社 2018 年版,第 25 页。
④ 《习近平谈治国理政》第二卷,外文出版社 2017 年版,第 66 页。

主要参考文献

《马克思恩格斯选集》(第1—4卷),人民出版社 1995 年版。

《毛泽东选集》(第一——四卷),人民出版社 1991 年版。

《毛泽东文集》(第一——二卷),人民出版社 1993 年版;《毛泽东文集》(第三——五卷),人民出版社 1996 年版;《毛泽东文集》(第六——八卷),人民出版社 1999 年版。

《毛泽东早期文稿》,湖南出版社 1990 年版。

《毛泽东思想法学理论论文选》,法律出版社 1985 年版。

《邓小平文选》(第一——二卷),人民出版社 1994 年版;《邓小平文选》(第三卷),人民出版社 1993 年版。

《周恩来选集》(上、下卷),人民出版社 1981、1984 年版。

《刘少奇选集》(上、下卷),人民出版社 1981、1985 年版。

《朱德选集》,人民出版社 1983 年版。

《董必武法学文集》,法律出版社 2001 年版。

《董必武政治法律文集》,法律出版社 1986 年版。

《谢觉哉文集》,人民出版社 1989 年版。

《彭真文集》(1941—1990),人民出版社 1991 年版。

《李达文集》第一卷,人民出版社 1980 年版。

胡绳:《中国共产党七十年》,中共党史出版社 1991 年版。

《江泽民文选》(第一——二卷),人民出版社 2006 年版。

《江泽民论中国特色社会主义》(专题摘编),中央文献出版社 2002 年版。

《胡锦涛文选》(第一——三卷),人民出版社 2016 年版。

《习近平谈治国理政》第一卷,外文出版社 2018 年版。

《习近平谈治国理政》第二卷,外文出版社 2017 年版。

《习近平谈治国理政》第三卷,外文出版社 2020 年版。

习近平:《论坚持全面依法治国》,中央文献出版社 2020 年版。

张希坡、韩延龙:《中国革命法制史》(上)(1921—1949),中国社会科学出版社 1987 年版。

孙国华:《马克思主义法学与当代》,中国金融出版社 2004 年版。

吕世伦:《法理的积淀与变迁》,法律出版社 2001 年版。

张文显:《马克思主义法理学——理论方法和前沿》,高等教育出版社 2003 年版。

徐显明:《和谐社会构建与法治国家建设》,中国政法大学出版社 2006 年版。

付子堂:《马克思主义法律思想研究》,高等教育出版社 2005 年版。

黎国智、付子堂:《意识形态的演进——从马克思到邓小平》,重庆出版社 2000 年版。

李光灿、吕世伦:《马克思、恩格斯法律思想史》,法律出版社 2001 年版。

公丕祥:《马克思的法哲学革命》,浙江人民出版社 1987 年版。

公丕祥:《当代中国的法律革命》,法律出版社 1999 年版。

李龙:《人本法律观研究》,中国社会科学出版社 2006 年版。

李龙、汪习根:《新中国法制建设的回顾与反思》,中国社会科学出版社 2004 年版。

朱景文:《法理学》,中国人民大学出版社 2008 年版。

蔡定剑:《历史与变革——新中国法制建设的历程》,中国政法大学出版社 1999 年版。

许崇德:《中华人民共和国宪法史》,福建人民出版社 2003 年版。

张恒山:《法治与党的执政方式研究》,法律出版社 2004 年版。

沈国明等:《二十世纪中国社会科学》(法学卷),上海人民出版社 2005 年版。

龚廷泰:《列宁法律思想研究》,南京师范大学出版社 2000 年版。

张中秋:《中西法律文化比较研究》,南京大学出版社 1999 年版。

蒋传光:《邓小平法制思想概论》,人民出版社 2009 年版。

刘旺洪：《法律意识论》，法律出版社 2001 年版。

季金华：《当代中国法律本质理论的历史逻辑》，法律出版社 2008 年版。

沈志先：《中国马克思主义法制思想研究》，上海社会科学院出版社 2001 年版。

张一平：《司法正义论》，法律出版社 1999 年版。

孙伯鍨、张一兵：《走进马克思》，江苏人民出版社 2001 年版。

许全兴：《毛泽东与孔夫子——马克思主义中国化个案研究》，人民出版社 2003 年版。

陶德麟、何萍：《马克思主义哲学中国化：历史与反思》，北京师范大学出版社 2007 年版。

崔龙水等：《马克思主义与儒学》，当代中国出版社 1996 年版。

高放：《马克思主义与社会主义》，黑龙江教育出版社 1994 年版。

郑忆石：《马克思的哲学轨迹》，华东师范大学出版社 2007 年版。

王明生等：《思想的力量：马克思主义中国化的历史进程》，江苏人民出版社 2007 年版。

倪志安：《马克思主义哲学方法论研究》，人民出版社 2007 年版。

安启念：《马克思主义哲学中国化研究》，中国人民大学出版社 2006 年版。

丛进：《20 世纪的中国：曲折发展的岁月》，河南人民出版社 1996 年版。

何继龄：《马克思主义中国化问题研究》，中国社会科学出版社 2006 年版。

孙国华等：《"科学、民主、人权、法治"的中国之路探索与理论精髓——马克思主义法学原理中国化六十年》，载《法学杂志》2009 年第 10 期。

张晋藩：《中国法律的传统与近代化的开端》，载《政法论坛》1996 年第 5 期。

黎国智等：《创新与超越：马克思主义法学在当代中国的命运》，载《现代法学》1995 年第 6 期。

张文显：《社会主义法治理念导言》，载《法学家》2006 年第 5 期。

李龙等：《人本法律观：马克思主义法学中国化的重要成果》，载《湘潭大学学报》（哲学社会科学版）2007 年第 2 期。

李龙：《"马克思主义法学中国化"与法学的创新》，载《武汉大学学报》（人文科学版）2005 年第 4 期。

李龙：《马克思主义法学中国化的光辉历程——兼论社会主义法治理念的历史地位》，载《政治与法律》2008 年第 1 期。

文正邦:《马克思主义法哲学中国化研究论纲》,载《法治研究》2008 年第 9 期。

公丕祥:《马克思主义法学中国化进程概览》,载《法制现代化研究》2007 年第 11 卷。

付子堂:《马克思主义法律思想中国化研究论纲——写在〈现代法学〉首任主编黎国智教授 80 寿辰之际》,载《现代法学》2007 年第 5 期。

付子堂、石伟:《民生法治论》,载《中国法学》2009 年第 6 期。

朱苏力:《社会主义法治理念与资本主义法治思想的比较》,载《中国检察官》2009 年第 1 期。

蒋传光:《马克思主义法律思想的中国化及其在当代中国的新发展》,载《上海师范大学学报》(哲学社会科学版)2007 年第 4 期。

蒋传光等:《马克思主义法律思想中国化的哲学路径探析》,载《毛泽东邓小平理论研究》2009 年第 6 期。

张恒山:《马克思主义、法学及其当代主题》,载《学海》2007 年第 4 期。

杨心宇等:《略论苏联法对我国法学的影响》,载《复旦学报》(社会科学版)2002 年第 4 期。

陈金钊:《法学中国化问题探索(笔谈)》,载《山东社会科学》2006 年第 10 期。

李洪雷:《马克思主义法学与当代中国公法学研究的创新》,载《学海》2007 年第 4 期。

周世中:《马克思主义法理学的中国化及其进程》,载《山东社会科学》2006 年第 10 期。

徐亚文:《"马克思主义法学中国化"与当代中国的社会主义法治精神》,载《武汉大学学报》(人文科学版)2005 年第 7 期。

冉井富:《关于马克思主义法学中国化的几点看法》,载《学海》2007 年第 4 期。

马治国:《马克思主义法学的中国化——马克思主义法学对中国特色社会主义法制建设的指导地位》,载《中国特色社会主义研究》2008 年第 5 期。

李婧等:《马克思主义法律思想中国化的历史进程及其经验启示——基于中国特色法律体系构建的视角》,载《马克思主义研究》2009 年第 9 期。

谢冬慧:《全球化视野中的马克思主义法律思想中国化》,载《政治与法律》2008 年第 5 期。

邢冰:《马克思主义法律思想中国化的新发展——社会主义法治理念的产生背

景与内涵探究》，载《学术论丛》2009 年第 5 期。

林国强：《邓小平与马克思主义法学中国化》，载《中共银川市委党校学报》2007 年第 1 期。

杨春贵：《实践范畴在马克思主义哲学体系中的地位问题》，载《理论前沿》2006 年第 10 期。

任平：《论马克思主义的当代出场路径》，载《哲学研究》2004 年第 10 期。

张允熠：《毛泽东与儒学》，载《人文杂志》1999 年第 2 期。

张瑞堂：《对马克思主义中国化的文化反思》，《广西社会科学》2003 年第 8 期。

陈占安：《"马克思主义中国化"的科学内涵》，载《思想理论教育导刊》2007 年第 1 期。

汪信砚：《新世纪马克思主义中国化研究述评》，载《马克思主义研究》2008 年第 3 期。

汪信砚：《视野、论域、方法：马克思主义哲学中国化研究中的三个方法论问题》，载《哲学研究》2003 年第 12 期。

鲁振祥：《〈论党〉对马克思主义中国化的重要贡献——兼述历史上"马克思主义中国化"概念的使用》，载《党的文献》2005 年第 3 期。

许全兴：《全面准确地理解马克思主义中国化的内涵》，载《毛泽东邓小平理论研究》2006 年第 4 期。

冯惠：《六届六中全会与马克思主义中国化》，载《毛泽东邓小平理论研究》1999 年第 2 期。

张远新等：《马克思主义中国化逻辑起点新探》，载《马克思主义研究》2008 年第 6 期。

徐光寿：《对马克思主义中国化起点的探索——兼与几种流行的观点商榷》，载《马克思主义研究》2011 年第 1 期。

马乙玉：《马克思主义中国化的历史起点问题理论辨析》，载《南华大学学报》（社会科学版）2005 年第 6 期。

致　谢

本书是在我的博士后出站报告的基础上，几经修改之后完成的。出站报告的完成以及本书的修改和定稿，离不开诸多良师益友的指导和帮助，在此深表感谢。

首先，感谢我的博士后合作导师付子堂教授。2010年，在完成博士论文《马克思主义法律思想中国化路径研究》以后，我看到了西南政法大学发布了2010年招收博士后研究人员简章，获悉付子堂教授招收博士后研究人员，专门研究马克思主义法律思想中国化的发展历程，心动之余，便决定到西南政法大学博士后流动站完成马克思主义法律思想中国化历程研究。承蒙付子堂教授的厚爱，我顺利地进站、开展研究、完成出站报告、出站，历经三载有余。感谢恩师付子堂教授对我的精心指导。

其次，感谢上海师范大学法政学院蒋传光教授。蒋传光教授是我的博士生导师，在我攻读博士期间，蒋传光教授给了我无微不至的关心和指导。虽然已经博士毕业，但蒋教授仍然非常关心我的书稿研究进展。我有时候也直接给他打电话，请教研究中遇到的问题，蒋教授都会给予有益的指导。更为感动的是，蒋教授提出把拙作纳入他主编的"中国特色社会主义法治理论研究丛书"当中。本书能够出版离不开恩师蒋传光教授的鼓励、支持和帮助。

感谢西南政法大学行政法学院张永和教授、周祖成教授、陈锐教授、雷勇教授、宋玉波教授、郭忠教授、周尚君教授、陆幸福教授、胡兴建教授等人，在博士后流动站工作期间，我得到了他们的学术指导和生活帮助。感谢西南政法大学博士后流动站的江燕老师，她是一位热心助人的好老师。

最后，感谢江苏师范大学刘广登教授、张明新教授、菅从进教授、张峰振教授、张春艳教授、唐其宝副教授等诸位同仁对我一直以来的关心、帮助和支持。我的硕士研究生顾秀文、冯恬两位同学参与了本书目录排版，南京大学法学院研究生张译元同学参与本书的文字校对与修改工作，在此一并感谢。非常感谢人民出版社法律编辑部的李春林编审、张立副编审所付出的辛勤劳动和提供的帮助，是他们认真、耐心和无私的帮助促成了本书的出版。

进入了西南政法大学博士后流动站工作，在身份上，是一名学生还是一名老师，或者二者兼而有之，有时难以区分清楚。虽然在 2014 年出站了，但仍心系西政，我喜欢这个学术气氛非常浓厚的母校，也已将"心系天下，自强不息；和衷共济，严谨求实"的西政精神内化于心，这是我在博士后流动站工作期间的最大收获。

2021 年是建党 100 周年。谨以此书献给党的百年华诞。

张　波

2022 年 7 月 21 日

于江苏师范大学法学院

责任编辑:李春林　张　立
装帧设计:周方亚
责任校对:张红霞

图书在版编目（CIP）数据

马克思主义法律思想中国化发展史:1921—2012/张波 著. —北京：
　人民出版社,2023.12(2024.7 重印)
(中国特色社会主义法治理论研究丛书/蒋传光主编)
ISBN 978－7－01－025635－1

Ⅰ.①马…　Ⅱ.①张…　Ⅲ.①马克思主义-法学-发展-研究-中国-1921-2012
　Ⅳ.①D909.27

中国国家版本馆 CIP 数据核字(2023)第 071667 号

马克思主义法律思想中国化发展史（1921—2012）
MAKESI ZHUYI FALÜ SIXIANG ZHONGGUOHUA FAZHANSHI(1921—2012)

张　波　著

人民出版社 出版发行
(100706　北京市东城区隆福寺街 99 号)

中煤(北京)印务有限公司印刷　新华书店经销

2023 年 12 月第 1 版　2024 年 7 月北京第 2 次印刷
开本:710 毫米×1000 毫米 1/16　印张:15.25
字数:225 千字

ISBN 978－7－01－025635－1　定价:88.00 元

邮购地址 100706　北京市东城区隆福寺街 99 号
人民东方图书销售中心　电话 (010)65250042　65289539